한 권으로
끝내는

중학
영문법
마스터
MASTER

이정우 지음

성림원북스

영어 공부 잘하는 법이요?

중학교 교사 14년, EBS 강사 10년간 영어를 가르쳐오면서 가장 많이 받은 질문은 "선생님, 영어 공부 어떻게 해야 해요?"입니다. 어디서부터 어떻게 시작해야 할지 모르는 답답함 때문에 이런 질문을 하지 않을까 생각합니다. 사실 영어 공부 방법에 특별한 것은 없습니다. 이미 다 알고 있지만 꾸준히 실천하지 못하는 것뿐이지요.

남자들의 로망인 식스팩을 만들고 싶다면 꾸준한 유산소 운동과 복근 운동, 식단 조절, 이 세 가지가 병행되어야 합니다. 윗몸일으키기 같은 복근 운동을 아무리 많이 한다고 해도 지방층이 두꺼우면 식스팩은 눈에 보이지 않지요. 빨리 걷기, 달리기, 자전거 타기 등과 같은 유산소 운동을 통해 지방을 분해해 줘야 안쪽에 감춰진 식스팩이 멋지게 드러나게 됩니다. 근육을 키우고, 지방을 빼기 위한 식단 조절도 필수적으로 뒤따라야 하지요.

이런 정보는 인터넷을 조금만 검색해 봐도 알 수 있습니다. 하지만 멋진 식스팩을 지닌 사람은 매우 드물지요. 왜 그럴까요? 아무리 좋은 방법을 알아도 꾸준히 실천하지 않으면 불가능하기 때문입니다.

이쯤에서 이런 질문을 하는 분들이 계실 겁니다. "그럼 얼마나 꾸준히 해야 하는 건가요?"

영어를 잘하는 사람들에게는 다음의 두 가지 공통점이 있습니다.

첫째, 한동안 영어에 푹 빠져 있었다는 점입니다. 둘째, 실력이 늘지 않는 것 같은 기간에도 꾸준히 공부했다는 것이지요. 아무리 좋은 방법을 사용해도 이 두 가지 없이 영어를 잘하길 기대하기는 힘듭니다. 특히 실력이 늘지 않는 것처럼 보이는 기간에도 꾸준히 공부하는 것이 중요하지요. 물은 이론적으로 99도에서는 끓지 않습니다. 100도가 될 때까지 기다려야 하지요. 하지만 99도까지 물이 펄펄 끓는 모습이 보이지 않는다고 해도 불을 끄지 않는 한 물의 온도는 꾸준히 오릅니다.

공부를 하다 보면 꾸준히 하는데도 실력이 늘지 않는 것 같은 느낌이 들 때가 여러 번 있습니다. 이때 공부를 중단하지만 않는다면 물의 온도가 오르는 것처럼 실력은 꾸준히 오르게 되어 있습니다. 다만 물이 펄펄 끓는 모습처럼 영어의 실력도 확실히 좋아졌다는 느낌을 받지 못했을 뿐이지요.

실력이 늘지 않는 것 같은 느낌을 흔히 슬럼프라고 부르는데, 슬럼프가 왔다는 것은 열심히 하고 있고 실력이 늘고 있다는 강력한 증거이기도 합니다. 그러니 좌절하거나 포기하지 말고 자기 스스로 확실히 실력이 늘었다고 느낄 정도까지만 꾸준히 공부해 보세요. 남들까지 모두 인정할 만큼의 실력이 아니어도 괜찮습니다. 자기 스스로 실력이 늘었다고 느꼈을 때 그 기분! 그 기분을 느껴 본 사람은 그 이후에 절대로 공부를 중단하지 않습니다.

현재 전국 중학교에서 사용하는 교과서는 2015 개정교육과정에 의해 새롭게 출시된 13권 중 하나입니다. 교과서에 따라 단원(Lesson 혹은 Unit)의 수는 다르지만 적으면 7단원, 많게는 9단원으로 구성되어 있으며, 각 단원은 2~3개의 문법(언어 형식)을 포함하고 있지요. 이 책은 전 교과서를 완벽하게 분석하여 주요 문법을 한 권에 모두 정리한 책입니다.

이뿐만이 아닙니다. 많은 학생이 문법 교재를 구입해서 공부하면서, "어! 이거 우리 학교 교과서 내용과 다른데?" 합니다. 당연합니다. 문법의 내용이 교과서마다 달라 어떠한 문법 교재도 특정 교과서의 순서 및 내용과 같을 수 없기 때문이지요. 하지만 이 책은 이런 문제를 시원하게 극복했습니다. 어떤 문법이 어느 교과서, 몇 단원에 나오는지 도표로 정리하여 목차와 함께 실어 놓았습니다. 아울러 유튜브에 교재 전체를 설명하는 고품질 저자 무료 직강을 탑재해 언제라도 필요한 강의를 유튜브를 통해 수강할 수 있도록 했습니다. 그야말로 문법 실력 향상과 내신 시험 대비를 한 권에 끝낼 수 있는 교재라 할 수 있겠습니다.

모쪼록 영어 문법을 공부하는 학생들, 그리고 중학교 영어 문법으로 영어 공부를 다시 시작하려고 마음먹은 모든 분에게 이 책이 용기와 희망을 주는 책이 되기를 바랍니다. 영어에 자신감이 붙고 그 자신감이 놀라운 성과로 이어지는 그 날까지 언제나 여러분을 응원하겠습니다.

저자 이정우

이 책을 효과적으로 공부하는 방법

1. 유튜브 무료 동영상 강의 시청은 필수다

문법을 혼자서 공부하기는 어렵다. 처음 시작하거나 기초가 부족한 학생들이라면 동영상 강의를 통해 기본기를 잡아 주면 시간상으로 훨씬 효율적이다.

2. 학년별 문법 연계표를 확인해라

평소에는 교재의 처음부터 유튜브에 있는 강의를 보며 공부하고, 시험 기간에는 각자 학교에서 사용하는 교과서의 시험 범위에 포함된 문법을 선택해서 공부하면 된다. 예를 들어, 학교에서 천재(이재영) 교과서를 사용하는데 중간고사(1회고사) 범위가 1~2단원이라면 주격 관계대명사, 접속사 if, 목적격 관계대명사, 의문사+to부정사가 해당한다. 학년별 교과서 문법 연계표에서 Concept 번호를 보고 교재와 유튜브 강의를 활용하면 된다.

3. 혼자서 공부하는 시간은 반드시 확보해야 한다

한 시간 강의를 보며 공부했다면 최소한 한 시간은 혼자서 복습해야 한다. 학교, 과외, 학원, 인터넷 강의 등으로 열심히 한 것 같은데 성적이 잘 나오지 않는다면, 혼자서 공부하는 시간이 있는지 점검하자. 선생님과 함께 공부할 때는 다 아는 것 같지만, 분명 빈틈이 많이 있을 것이다. 혼자 공부하며 내가 어떤 것을 모르고, 어떤 것을 잘못 알고 있었는지 확인한 뒤 수정·보완하는 과정을 거쳐야 실력이 오른다.

4. 이 교재를 선택했다면, 최소한 3번은 반복해서 봐라

사실 처음부터 끝까지 한 번을 보기도 쉽지 않다는 것을 알고 있다. 하지만 가능하다면 이른 시간 안에 처음부터 끝까지 봐 주길 바란다. 한 번을 다 보고 나면, 그다음은 조금 더 쉽게 느껴지고 실력도 더 많이 는다. 경험상 세 번째 볼 때 실력이 가장 많이 는다. 이 책, 저 책 옮겨 다니는 것은 시간 낭비다.

1학년 교과서 문법 연계표

동아(윤정미)

단원	문법 요소	Concept	쪽수
1	• be동사	6,7	38
	• 일반동사	8,9,10	43
2	• 일반동사의 의문문	10	48
	• 현재진행형	15	72
3	• 명령문	19	94
	• 조동사 can, will	12	62
4	• be동사와 일반동사의 과거 시제	7,9,10	41
	• there is/are	17	87
5	• 동명사	26	123
	• 비인칭 주어 it	16	84
6	• to부정사의 명사적 용법	22	110
	• 감각동사	28	138
7	• be going to	12	62
	• 비교급, 최상급	32,34,35	164
8	• 접속사 that	39	189
	• 접속사 when, before, after	41	194

동아(이병민)

단원	문법 요소	Concept	쪽수
1	• be동사	6,7	38
	• 일반동사	8,9,10	43
2	• 현재 진행형	15	72
	• 명령문, 감탄문	19,18	94
3	• 조동사 can	12	62
	• 의문문	20	96
4	• 과거 시제	7,9,10,14	41
	• 재귀대명사	46	217
5	• 조동사 will	12	62
	• 수량 형용사	50	231
6	• to부정사의 명사적 용법	22	110
	• 접속사 when	41	194
7	• 수여동사	29	142
	• have to	13	65
8	• 동명사	26	123
	• 비교급	32,34	164

천재(이재영)

단원	문법 요소	Concept	쪽수
1	• be동사	6,7	38
2	• 일반동사	8,9,10	43
3	• 현재진행형	15	72
	• 조동사 will	12	62
4	• there is/are	17	87
	• 조동사 can	12	62
5	• 과거 시제	7,9,10,14	41
	• 동명사	26	123
6	• to부정사의 명사적 용법	22	110
	• 조동사 should	13	65
7	• to부정사의 부사적 용법	25	118
	• 접속사 when	41	194
8	• 수여동사	29	142
	• 비교급	32,34	164

천재(정사열)

단원	문법 요소	Concept	쪽수
1	• 일반동사	8,9,10	43
	• 조동사 will	12	62
2	• 현재진행형	15	72
	• to부정사의 명사적 용법	22	110
3	• 과거 시제	7,9,10,14	41
	• 부가의문문	21	99
4	• 수여동사	29	142
	• to부정사의 부사적 용법	25	118
5	• 재귀대명사	46	217
	• 원급 비교	32, 33	164
6	• 조동사 must	13	65
	• 동명사	26	123
7	• 과거진행형	15	72
	• 최상급	32,36	164
8	• 감탄문	18	91
	• 접속사 when	41	194

1학년 교과서 문법 연계표

YBM(박준언)

단원	문법 요소	Concept	쪽수
1	• be동사	6,7	38
2	• 일반동사	8,9,10	43
SL1	• 현재진행형	15	72
	• 명령문	19	94
3	• 과거 시제	7,9,10,14	41
	• 감각동사 + 형용사	28	138
4	• 조동사 will	12	62
	• 조동사 can	12	62
5	• to부정사의 명사적 용법	22	110
	• 감탄문	18	91
6	• 동명사	26	123
	• 비교급	32,34	164
SL2	• to부정사의 부사적 용법	25	118
	• 수여동사	29	142
7	• 접속사 because	43	201
	• 부가의문문	21	99
8	• 접속사 when	41	198
	• make + 목적어 + 형용사	30	146

YBM(송미정)

단원	문법 요소	Concept	쪽수
1	• be동사	6,7	38
	• 일반동사	8,9,10	43
2	• 일반동사	8,9,10	43
3	• there is / are	17	87
	• 조동사 can	12	62
4	• 과거 시제	7,9,10,14	41
	• 조동사 will	12	62
5	• 현재진행형	15	72
	• 감각동사 + 형용사	28	138
6	• 명령문	19	94
	• 접속사 when	41	194
7	• to부정사의 명사적 용법	22	110
	• 동명사	26	123
8	• 비교급	32,34	164
	• 접속사 because	43	201
9	• 수여동사	29	142
	• 감탄문	18	91

미래엔(최연희)

단원	문법 요소	Concept	쪽수
1	• be동사	6,7	38
	• 일반동사	8,9,10	43
2	• 현재진행형	15	72
	• 조동사 can	12	62
3	• 동명사	26	123
	• 감각동사 + 형용사	28	138
	• there is / are	17	87
4	• 과거 시제	7,9,10,14	41
	• 조동사 will	12	62
5	• be going to	12	62
	• to부정사의 명사적 용법	22	110
6	• 접속사 that	39	189
	• to부정사의 부사적 용법	25	118
	• 수여동사	29	142
7	• have to	13	65
	• 조동사 should	13	65
	• 접속사 when	41	194
8	• 비교급	32,34	164
	• 최상급	32,36	164

비상(김진완)

단원	문법 요소	Concept	쪽수
1	• be동사	6,7	38
	• 일반동사	8,9,10	43
2	• 명령문	19	94
	• 현재진행형	15	72
3	• 과거 시제	7,9,10,14	41
	• 감각동사 + 형용사	28	138
4	• 조동사 will	12	62
	• 수여동사	29	142
5	• 비교급	32,34	164
	• 최상급	32,36	164
6	• to부정사의 명사적 용법	22	110
	• 부가의문문	21	99
7	• to부정사의 부사적 용법	25	118
	• 접속사 that	39	189
8	• 동명사	26	123
	• 접속사 when	41	194

1학년 교과서 문법 연계표

능률(김성곤)

단원	문법 요소	Concept	쪽수
1	• be동사	6,7	38
	• 일반동사	8,9,10	43
2	• 현재진행형	15	72
	• 조동사 can, will	12	62
3	• 과거 시제	7,9,10,14	41
	• 동명사	26	123
4	• 수여동사	29	142
	• to부정사의 명사적 용법	22	110
5	• 비교급	32,34	164
	• 접속사 that	39	189
6	• to부정사의 부사적 용법	25	118
	• 접속사 when	41	194
7	• 감탄문	18	91
	• make + 목적어 + 형용사	30	146
8			

능률(양현권)

단원	문법 요소	Concept	쪽수
1	• 동명사	26	123
	• 동격	특강	특강
2	• be going to	12	62
	• to부정사의 명사적 용법	22	110
3	• 접속사 that	39	189
	• 조동사 must	13	65
4	• to부정사의 부사적 용법	25	118
	• 감탄문	18	91
5	• 접속사 and	37	182
	• 접속사 when	41	194
6	• 부사 too	52	236
	• 수여동사	29	142
7	• 과거진행형	15	72
	• 부가의문문	21	99
8	• 최상급	32,36	164
	• 부정대명사 one	47	220

금성(최인철)

단원	문법 요소	Concept	쪽수
1	• 일반동사	8,9,10	43
2	• 현재진행형	15	72
	• 조동사 will, should	12,13	62
3	• 과거 시제	7,9,10,14	41
	• 감탄문	18	91
4	• 감각동사 + 형용사	28	138
	• 접속사 when	41	194
5	• to부정사의 명사적 용법	22	110
	• 빈도부사	20	96
6	• 접속사 that	39	189
	• to부정사의 부사적 용법	25	118
7	• 수여동사	29	142
	• make + 목적어 + 형용사	30	146
8	• 동명사	26	123
	• 최상급	32,36	164

지학사(민찬규)

단원	문법 요소	Concept	쪽수
1	• 일반동사	8,9,10	43
	• 과거 시제	7,9,10,14	41
	• 조동사 will	12	62
2	• 현재진행형	15	72
	• to부정사의 명사적 용법	22	110
3	• to부정사의 형용사적 용법	24	115
	• 동명사	26	123
4	• 접속사 when	41	194
	• 조동사 should	13	65
5	• to부정사의 부사적 용법	25	118
	• 부가의문문	21	99
6	• 비교급	32,34	164
	• 최상급	32,36	164
7	• 접속사 that	39	189
	• 수여동사	29	142
8			

2학년 교과서 문법 연계표

동아(윤정미)

단원	문법 요소	Concept	쪽수
1	• 수여동사	29	142
	• both A and B	38	185
2	• have to	13	65
	• to부정사의 부사적 용법	25	118
3	• 수동태	73~77	330
	• 동사 + 목적어 + to부정사	31	150
4	• 관계대명사 주격	79,80,81	352
	• 접속사 if	42	198
5	• 관계대명사 목적격	79,80,81	352
	• 동사 + 목적어 + 명사	30	146
6	• 지각동사	31	150
	• so ~ that	62~64	280
7	• 현재완료	53~55	246
	• It ~ to부정사 (가주어-진주어)	60	274
8	• 간접의문문	94,95	415
	• because of	43	201

동아(이병민)

단원	문법 요소	Concept	쪽수
1	• to부정사의 형용사적 용법	24	115
	• 명령문, and/or	19	94
2	• 현재완료	53,56,57	246
	• 동사 + 목적어 + to부정사	31	150
3	• 수동태	73~77	330
	• 접속사 if	42	198
4	• 관계대명사 주격	79,80,81	353
	• 최상급	32,36	164
5	• It ~ to부정사 (가주어-진주어)	60	274
	• 지각동사	31	150
6	• 원급 비교	32,33	164
	• 접속사 although	43	201
7	• so ~ that	62~64	280
	• 관계대명사 목적격	79,80,81	353
8	• 대명사 + 형용사	51	233
	• 간접의문문	94,95	415

천재(이재영)

단원	문법 요소	Concept	쪽수
1	• 관계대명사 주격	79,80,81	353
	• 접속사 if	42	198
2	• 관계대명사 목적격	79,80,81	353
	• 의문사 + to부정사	23	113
3	• It ~ to부정사 (가주어-진주어)	60	274
	• to부정사의 형용사적 용법	24	115
4	• 수동태	73~77	330
	• 원급 비교	33	165
5	• 5형식	30,31	146
	• 접속사 before, after	41	194
6	• 사역동사	31	150
	• too ~ to부정사	62~64	280
7	• 현재완료	53~55	246
	• 분사	68~70	304
8	• 최상급 비교	32,36	164
	• 간접의문문	94,95	415

천재(정사열)

단원	문법 요소	Concept	쪽수
1	• to부정사의 형용사적 용법	24	115
	• 접속사 that	39	039
2	• 접속사 if	42	198
	• 지각동사	31	150
3	• 현재완료	53~55	246
	• 접속사 though	43	201
4	• 관계대명사 주격, 목적격	79,80,81	353
	• 관계대명사의 생략	79,80,81	353
5	• 의문사 + to부정사	23	113
	• 동사 + 목적어 + 형용사	30	146
6	• (a) few / (a) little	50	231
	• 수동태	73~77	330
7	• 분사	68~70	304
	• It ~ to부정사 (가주어-진주어)	60	274
8	• so ~ that 주어 can't	62~64	280
	• 사역동사	31	150

2학년 교과서 문법 연계표

YBM(박준언)

단원	문법 요소	Concept	쪽수
1	• to부정사의 형용사적 용법	24	115
	• 접속사 that	39	189
2	• 의문사 + to부정사	23	113
	• 원급 비교	32, 33	164
3	• 사역동사	31	150
	• 접속사 if	42	198
4	• 관계대명사 주격	79,80,81	353
	• 대명사 + 형용사	51	233
SL1	• 간접의문문	94,95	415
	• 최상급	32,36	164
5	• 수동태	73~77	330
	• so ~ that	62~64	280
6	• It ~ to부정사 (가주어-진주어)	60	274
	• not only A but also B	38	185
7	• 관계대명사 목적격	79,80,81	353
	• 동사 + 목적어 + to부정사	31	150
8	• 현재완료	53~55	246
	• 조동사 may	12	62
SL2	• 지각동사	31	150
	• too ~ to부정사	62~64	280

YBM(송미정)

단원	문법 요소	Concept	쪽수
1	• 최상급	32,36	264
	• to부정사의 부사적 용법	25	118
2	• to부정사의 형용사적 용법	24	115
	• 사역동사	31	150
3	• 의문사 + to부정사	23	113
	• 관계대명사 주격	79,80,81	353
4	• 현재완료	53~55	246
	• 접속사 if	42	198
5	• 부가의문문	21	99
	• 수동태	73~77	330
6	• so ~ that	62~64	280
	• 관계대명사 목적격	79,80,81	353
7	• 지각동사	31	150
	• It ~ to부정사 (가주어-진주어)	60	274
8	• 동사 + 목적어 + to부정사	31	150
	• 분사	68~70	304
9	• 관계부사	86	375
	• 간접의문문	94,95	415

미래엔(최연희)

단원	문법 요소	Concept	쪽수
1	• 관계대명사 주격	79,80,81	353
	• 접속사 while, after	41	194
2	• 현재완료	53~55	246
	• each	49	228
3	• to부정사의 형용사적 용법	24	115
	• It ~ to부정사 (가주어-진주어)	60	274
4	• 관계대명사 목적격	79,80,81	353
	• so ~ that	62~64	280
5	• 접속사 if	42	198
	• 원급 비교	33	165
6	• 수동태	73~77	330
	• 대명사 + 형용사	51	233
7	• 동사 + 목적어 + 형용사	30	146
	• 사역동사	31	150
8	• 지각동사	31	150
	• 동사 + 목적어 + to부정사	31	150

비상(김진완)

단원	문법 요소	Concept	쪽수
1	• 동명사	26	123
	• 동사 + 목적어 + 형용사	30	146
2	• 접속사 if	42	198
	• 동사 + 목적어 + to부정사	31	150
3	• 수동태	73~77	330
	• to부정사의 형용사적 용법	24	115
4	• 관계대명사 주격	79,80,81	353
	• 지각동사	31	150
5	• 관계대명사 목적격	79,80,81	353
	• 현재완료	53~55	246
6	• It ~ to부정사 (가주어-진주어)	60	274
	• 원급 비교	33	165
7	• 간접의문문	94,95	415
	• 사역동사	31	150
8	• so ~ that 주어 can't	62-64	280
	• 분사	68-70	304

2학년 교과서 문법 연계표

능률(김성곤)

단원	문법 요소	Concept	쪽수
1	• 동명사	26	123
	• 감각동사 + 형용사	28	138
2	• 관계대명사 주격	79,80,81	353
	• 빈도부사	20	96
3	• 현재완료	53~55	246
	• so ~ that	62~64	280
4	• 수동태	73~77	330
	• 비교급 강조	34	167
5	• 관계대명사 목적격	79,80,81	353
	• 분사	68~70	304
6	• It ~ to부정사 (가주어-진주어)	60	274
	• 간접의문문	94,95	415
7	• 동사 + 목적어 + to부정사	31	150
	• 접속사 if	42	198

능률(양현권)

단원	문법 요소	Concept	쪽수
1	• 선택의문문	특강	특강
	• 재귀대명사	46	217
2	• 수동태	73~77	330
	• not only A but also B	38	185
3	• It ~ to부정사 (가주어-진주어)	60	274
	• enough to부정사	63	282
4	• 현재완료	53~55	246
	• so that	64	285
5	• 관계대명사 주격	79,80,81	353
	• 조동사 had better	58	264
6	• 간접의문문	94,95	415
	• 도치	97	430
7	• to부정사의 형용사적 용법	24	115
	• 조동사 must	13	65
8	• 동사 + 목적어 + to부정사	31	150
	• (a) few / (a) little	50	231

금성(최인철)

단원	문법 요소	Concept	쪽수
1	• 접속사 if	42	198
	• 부가의문문	21	99
2	• 의문사 + to부정사	23	113
	• so that	64	285
3	• to부정사의 형용사적 용법	24	115
	• 강조의 do	96	428
4	• 간접의문문	94,95	415
	• 수동태	73~77	330
5	• to부정사의 부사적 용법	25	118
	• 현재완료	53~55	246
6	• 관계대명사 주격	79,80,81	353
	• It ~ to부정사 (가주어-진주어)	60	274
7	• 관계대명사 목적격	79,80,81	353
	• 관계대명사 what	85	372
8	• too ~ to부정사	62~64	280
	• 가정법 과거	87~89	388

지학사(민찬규)

단원	문법 요소	Concept	쪽수
1	• one ~, the other ~	48	223
	• 접속사 if	42	198
2	• 의문사 + to부정사	23	113
	• 관계대명사 주격	79,80,81	353
3	• 관계대명사 목적격	79,80,81	353
	• 동사 + 목적어 + to부정사	31	150
4	• 대명사 + 형용사	51	233
	• 현재완료	53~55	246
5	• 수동태	73~77	330
	• 조동사가 있는 수동태	73~77	330
6	• so ~ that	62~64	280
	• 원급 비교	33	165
7	• It ~ to부정사 (가주어-진주어)	60	274
	• How come	특강	특강
8	• 사역동사	31	150
	• 접속사 although	43	201

3학년 교과서 문법 연계표

동아(윤정미)

단원	문법 요소	Concept	쪽수
1	• 간접의문문	94,95	415
	• to부정사의 형용사적 용법	24	115
2	• make + 목적어 + 형용사	30	146
	• so that	64	285
3	• 관계대명사 계속적 용법	83	365
	• It ~ that (가주어-진주어)	91	406
4	• 현재완료 진행형	56	256
	• 의문사 + to부정사	23	113
5	• 분사	68~70	304
	• 원급 비교	33	165
6	• 과거완료	57	258
	• 관계대명사 what	85	372
7	• 분사구문	72	315
	• 접속사 as	93	412
8	• to부정사의 의미상 주어	61	277
	• 가정법 과거	87~89	388

동아(이병민)

단원	문법 요소	Concept	쪽수
1	• to부정사의 의미상 주어	61	277
	• 관계대명사 what	85	372
2	• 수의 일치	99	437
	• 조동사 수동태	73~77	330
3	• 사역동사	31	250
	• It ~ that 강조구문	96	428
4	• the 비교급	35	169
	• 접속사 since	43	201
5	• 가정법 과거	87~89	388
	• 의문사 + to부정사	23	113
6	• so that	64	285
	• enough to부정사	63	282
7	• 관계대명사 소유격	82	363
	• 접속사 while	41	194
8	• 분사구문	72	315
	• 과거완료	57	258

천재(이재영)

단원	문법 요소	Concept	쪽수
1	• 관계대명사 what	85	372
	• 지각동사	31	150
2	• 분사	68~70	304
	• 접속사 since, though	43	201
3	• 현재완료진행형	56	256
	• so ~ that	62~64	280
4	• 관계부사	86	375
	• 접속사 if, whether	42,92	198
5	• 과거완료	57	258
	• It ~ that 강조구문	96	428
6	• to부정사의 의미상 주어	61	277
	• 가정법 과거	87~89	388
7	• 분사구문	72	315
	• 조동사 수동태	73~77	330
8	• 조동사 have p.p.	59	264
	• 관계대명사 계속적용법	83	365

천재(정사열)

단원	문법 요소	Concept	쪽수
1	• 접속사 if / whether	42,92	198
	• 관계대명사 계속적용법	83	365
2	• 과거완료	57	258
	• 비교급 강조	34	167
3	• enough to부정사	63	282
	• not only A but also B	38	185
4	• 분사구문	72	315
	• 관계대명사 what	85	372
5	• 가정법 과거	87~89	388
	• 관계대명사 소유격	82	363
6	• the 비교급	35	169
	• It ~ that 강조구문	96	428
7	• 화법전환	100	442
	• 접속사 if	42,92	198
8	• 부정대명사	47,48	220
	• 5형식	30,31	146

3학년 교과서 문법 연계표

YBM(박준언)

단원	문법 요소	Concept	쪽수
1	• 강조의 do	96	428
	• 관계대명사 what	85	372
2	• 현재완료 진행형	56	256
	• 분사	68~70	304
3	• It ~ that 강조구문	96	428
	• 사역동사	31	150
4	• to부정사의 의미상 주어	61	277
	• 가정법 과거	87~89	388
5	• 과거완료	57	258
	• so that	64	285
6	• 관계대명사 계속적 용법	83	365
	• to부정사의 부사적 용법	25	118
7	• 관계부사 how	86	375
	• the 비교급	35	169
8	• 분사구문	72	315
	• be worth ~ing	27	126
9	• I wish 가정법 과거	87~90	388
	• 간접의문문	94,95	415

YBM(송미정)

단원	문법 요소	Concept	쪽수
1	• too ~ to부정사	62~64	280
	• to부정사의 부정	23	113
2	• 분사구문	72	315
	• 접속사 if	42, 92	198
3	• the 비교급	35	169
	• It ~ that 강조구문	96	428
4	• 접속사 although	43	201
	• seem to부정사	65	287
5	• 관계대명사 what	85	372
	• 현재완료 진행형	56	256
6	• 원급비교	33	165
	• 과거완료	57	258
7	• 가정법 과거	87~89	388
	• so that	64	285
8	• not only A but also B	38	185
	• 접속사 while	41	194

미래엔(최연희)

단원	문법 요소	Concept	쪽수
1	• 관계대명사 what	85	372
	• 접속사 although	43	201
2	• It ~ that 강조구문	96	428
	• 관계대명사 계속적용법	83	365
3	• 분사	68~70	304
	• 강조의 do	96	428
4	• 간접의문문	94,95	415
	• 과거완료	57	258
5	• 분사구문	72	315
	• not only A but als B	38	185
6	• 관계부사	86	375
	• 접속부사 however, thus	44	203
7	• 관계대명사 소유격	82	363
	• 가정법 과거	87~89	388

비상(김진완)

단원	문법 요소	Concept	쪽수
1	• 관계대명사 what	85	372
	• 관계부사	86	375
2	• to부정사의 의미상 주어	61	277
	• 현재완료 진행형	56	256
3	• 접속사 if	42,92	198
	• 과거완료	57	258
4	• 분사	68~70	304
	• 가목적어-진목적어	특강	특강
5	• 분사구문	72	315
	• so that	64	285
6	• 강조구문	96	428
	• 사역동사 + 목적어 + 과거분사	31,70	150
7	• 접속사 as	93	412
	• 수 일치 half of 명	99	437
8	• 가정법 과거	87~89	388
	• with + 목적어 + 분사	71	313

3학년 교과서 문법 연계표

능률(김성곤)

단원	문법 요소	Concept	쪽수
1	• 현재완료진행형	56	256
	• 관계대명사 what	85	372
2	• 관계대명사 계속적 용법	83	365
	• 분사	68~70	304
3	• 과거완료	57	258
	• 접속사 since	43	201
4	• 접속사 if	42,92	198
	• 조동사 수동태	73~77	330
5	• to부정사의 의미상 주어	61	277
	• 관계부사	86	375
6	• the 비교급	35	169
	• 분사구문	72	315
7	• 가정법 과거	87~89	388
	• so that	64	285

능률(양현권)

단원	문법 요소	Concept	쪽수
1	• to부정사의 의미상 주어	61	277
	• 관계대명사 계속적 용법	83	365
2	• It ~ that 강조구문	96	428
	• think + 목적어 + 목적격 보어	특강	특강
3	• 간접의문문	94,95	415
	• 사역동사	31	150
4	• 과거완료	57	258
	• 분사구문	72	315
5	• 의문사 to부정사	23	113
	• the 비교급	35	169
6	• 화법전환	100	442
	• 지각동사	31	150
7	• 가정법 과거	87~89	388
	• so ~ that	62~64	280

금성(최인철)

단원	문법 요소	Concept	쪽수
1	• 사역동사	31	150
	• feel like ~ing	27	126
2	• the 비교급	35	169
	• to부정사의 의미상 주어	61	277
3	• not only A but also B	38	185
	• I wish 가정법 과거	87~90	388
4	• 과거완료	57	258
	• 원급비교	33	165
5	• so ~ that	62~64	280
	• 지각동사	31	150
6	• It ~ that 강조구문	96	428
	• 분사구문	72	315
7	• to부정사의 부사적 용법	25	118
	• 도치: So 동사 주어	97	430
8	• 접속사 whether	92	409
	• it's time 가정법 과거	특강	특강

지학사(민찬규)

단원	문법 요소	Concept	쪽수
1	• 관계대명사 what	85	372
	• 지각동사	31	150
2	• to부정사의 의미상 주어	61	277
	• 분사	68~70	304
3	• not only A but also B	38	185
	• 간접의문문	94,95	415
4	• 과거완료	57	258
	• to부정사의 부사적 용법	25	118
5	• 부정대명사 one	47	220
	• 분사구문	72	315
6	• It ~ that 강조구문	96	428
	• 접속부사 however	44	203
7	• 가정법 과거	87~89	388
	• keep + 목적어 + 형용사	30	146
8	• too ~ to부정사	62~64	280
	• no one	특강	특강

1, 2, 3학년 다락원(강용순) 교과서 문법 연계표

1학년

단원	문법 요소	Concept	쪽수
1	• be동사	6,7	38
	• 재귀대명사	46	217
	• 동명사	26	123
2	• 일반동사	8~10	43
	• 타동사 + 목적어 + 부사구	52	236
	• 감탄문	18	91
3	• 과거 시제	7,9,10,14	41
	• there is / are	17	87
	• to부정사의 명사적 용법	22	110
4	• 명령문	19	94
	• to부정사의 부사적 용법	25	118
	• 부가의문문	21	99
5	• 수여동사	29	142
	• 접속사 that	39	189
	• 접속사 when	41	194
6	• 과거진행형	15	72
	• 수동태	73~77	330
	• any	49	228
7	• 조동사 should	13	65
	• 부사	특강	특강
	• 화법전환	100	442
8	• to부정사의 형용사적 용법	24	115
	• 접속사 if	42,92	198
	• 접속부사 however	44	203

2학년

단원	문법 요소	Concept	쪽수
1	• (a) few (a) little	50	231
	• so that	64	285
	• 비교급	32,34	164
2	• 병렬 구조	특강	특강
	• 지각동사	31	150
	• to부정사의 부사적 용법	25	118
3	• each	49	228
	• It ~ to부정사 (가주어–진주어)	60	274
	• 분사구문	72	315
4	• 현재완료	53~55	246
	• 접속사 though	43	201
	• 동사 + 목적어 + 형용사	30	146
5	• 관계대명사 주격	79,80,81	353
	• 동명사	26	123
	• too ~ to부정사	62~64	280
6	• 간접의문문	94,95	415
	• 비교급 강조	34	167
	• 사역동사	31	150
7	• 의문사 + to부정사	23	113
	• don't need to	특강	특강
	• 원급 비교	33	165
8	• 상관접속사	38	185
	• one, the other	48	223
	• 대동사 do	특강	특강
9	• used to 동사원형	58	264
	• so ~ that	62~64	280
	• 접속사 as	93	412

3학년

단원	문법 요소	Concept	쪽수
1	• 최상급	32,36	164
	• 접속사 since	43	201
	• 관계대명사 what	85	372
2	• ask + 목적어 + to부정사	31	150
	• 분사	68~70	304
	• 관계대명사 소유격	82	363
3	• 관계대명사 목적격	79,80,81	353
	• 조동사 수동태	73~77	330
	• 가정법 과거	87~89	388
4	• 현재완료	53~55	246
	• enough to부정사	63	282
	• the 비교급	35	169
5	• 강조의 do	96	428
	• 접속사 while	41	194
	• 과거완료	57	258
6	• be worth ~ing	27	126
	• 접속사 whether	92	409
	• to부정사 명사적 용법	22	110
7	• 관계대명사 계속적 용법	83	365
	• the 형용사	특강	특강
	• 가목적어–진목적어	특강	특강
8	• feel like ~ing	27	126
	• 도치: Here V S	97	430
	• some ~, others	48	223
9	• It ~ that 강조구문	96	428
	• have + 목적어 + 과거분사	70	310
	• I wish 가정법 과거	87~90	388

1

문장의 기초,
be동사, 일반동사

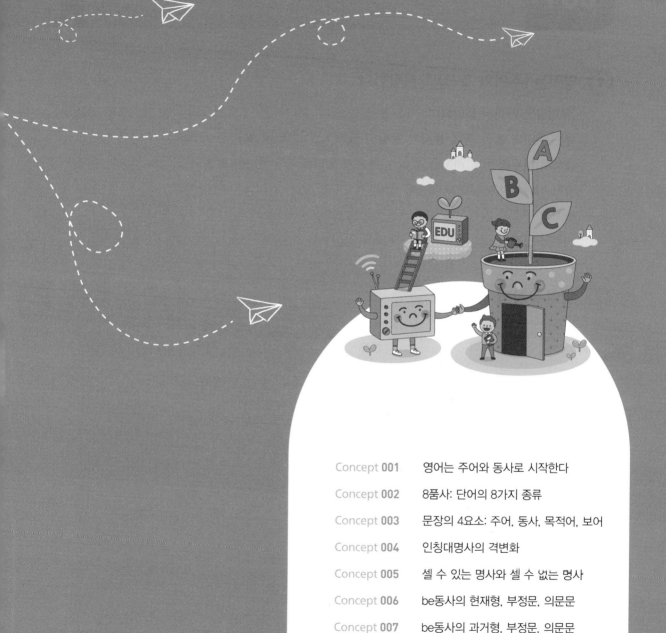

Concept 001 영어는 주어와 동사로 시작한다

① 영어는 [주어와 동사]로 시작한다

"우리말은 끝까지 들어봐야 안다."는 말이 있다. 왜냐하면 의미 전달의 가장 핵심적인 역할을 하는 주어와 동사 중에 **동사가 문장의 끝**에 나오기 때문이다. 즉 우리말은 주어로 시작해서 동사로 마무리된다. 하지만 **영어는 빠르게 의미를 전달하려는 특징**이 있어서 **주어와 동사를 먼저 이야기하고 나머지 말들을 정리**한다. 이때 동사 자리에 어떤 동사가 나오느냐에 따라서 문장의 구조가 달라진다. 아직 무슨 말을 하는지 하나도 모를 수도 있다. 걱정하지 말자. 이제부터 반복적으로 아주 자세하게 다룰 것이다.

② 영어 문장의 기본 구조

주어 (은/는/이/가)	동사 (~다.)		나머지(동사에 따라 달라짐)
명사	(조동사)	be동사 일반동사	보　어 (명사, 형용사) 목적어 (명사) 아무 말도 오지 않을 수도 있음.

- 너는 나의 가장 친한 친구이다.
  → **You are** my best friend.

- 그녀는 저 집에 산다.
  → **She lives** in that house.

- 나는 이 강에서 수영할 수 있다.
  → **I can swim** in this river.

- 아빠와 엄마는 거실에서 TV를 보고 계신다.
  → **Dad and Mom are watching** TV in the living room.

개념 확인 문제

 〈보기〉와 같이 우리말과 영어의 주어와 동사에 각각 밑줄을 그으시오.

보기

토끼 한 마리가 물을 마시기 위해 연못으로 **왔다.**
A rabbit came to a pool to drink water.

1. 그는 키가 크다.

→ He is tall.

2. 그녀는 피아노를 잘 친다.

→ She plays the piano well.

3. 나는 친한 친구가 세 명 있다.

→ I have three close friends.

4. 나의 오빠와 나는 같은 학교에 다닌다.

→ My brother and I go to the same school.

5. 나는 올해 덜 말하고 더 많이 들을 것이다.

→ I will talk less and listen more this year.

6. 야구는 한국에서 매우 인기 있다.

→ Baseball is very popular in Korea.

7. 엄마와 나는 어제 시장에 갔다.

→ Mom and I went to the market yesterday.

8. 친구들과 나는 이번 주말에 영화 보러 갈 예정이다.

→ My friends and I are going to go to the movies this weekend.

8품사:
단어의 8가지 종류

영어의 모든 단어는 8가지 종류로 분류할 수 있고, 이 8가지 종류의 단어를 8품사라고 한다. 이제부터 단어를 암기할 때는 반드시 품사를 정확하게 암기해 주기 바란다. 하나의 단어는 여러 가지 품사로 사용되는 경우가 많고, 품사에 따라 문장 내에서의 위치와 의미가 다르기 때문이다. 처음 시작할 때 이 습관을 잘 잡아 두어야 한다. 잘못된 습관은 영어 공부를 하는 데 두고두고 여러분들의 발목을 잡을 수 있다.

① 명사

(1) 개념: 모든 사람, 사물, 동물의 **이름을** 나타낸다.

(2) 역할: 문장에서 주어, 보어, 목적어가 된다.

(3) 종류: book, car, peace, Edison, tiger, English, love, water 등

> • **Sandy** likes **English.** Sandy는 영어를 좋아한다.
>   주어   목적어
>
> • My favorite subject is **math.** 내가 가장 좋아하는 과목은 수학이다.
>   보어

② 대명사

(1) 개념: 앞에 나온 명사를 대신한다.

(2) 역할: 대명사도 명사이므로 문장에서 주어, 보어, 목적어가 된다.

(3) 종류

    ① 인칭대명사: I, my, me, mine, myself, she, her, he, his, him 등

        ↳ 소유대명사(mine, hers, his 등)와 재귀대명사(myself, yourself 등)를 포함한다.

    ② 지시대명사: it, this, these, that, those 등

    ③ 부정대명사: one, another, some, others 등

③ 동사

(1) 개념: 주어의 동작이나 상태를 나타낸다.

(2) 해석: 우리말에서 [∼다]로 정리된다.

(3) 종류

① be동사: am, are, is, was, were

② 일반동사: be동사를 제외한 나머지 동사 전체

③ 조동사: be동사와 일반동사를 도와주는 동사

→ can, may, will, should, must 등

- I **am** a teacher. I **teach** English. You **can be** a teacher, too.
  나는 교사이다. 나는 영어를 가르친다. 당신 또한 교사가 될 수 있다.

④ 형용사

(1) 개념 및 역할: 수식어구의 한 종류로 명사를 수식하거나 보어가 된다.

(2) 해석: 우리말에서 [ㄴ, ∼의]와 같은 말들로 정리된다.

(3) 종류: kind, handsome, beautiful, delicious, interesting 등

- Look at the **handsome** boy. 잘생긴 소년을 보아라.
  ↳ 뒤에 있는 명사 [boy]를 수식하고 있다.
- Sam is **handsome**. Sam은 잘생겼다.
  ↳ 주어인 [Sam]을 보충 설명하는 주격보어이다.

⑤ 부사

(1) 개념 및 역할: 수식어구의 한 종류로 형용사, 다른 부사, 동사, 문장전체를 수식한다.

(2) 형태 및 해석: 보통 [형용사 + ly] 형태이며, 우리말 [이, 히, 리, 게]가 연결되지만, 그렇지 않은 경우도 많이 있다.

(3) 종류: very, fast, slowly, fortunately 등

① 형용사 수식: This is a **very** delicious cake. 이것은 정말 맛있는 케이크이다.

② 부사 수식: You ate **too** much. 너는 너무 많이 먹는다.

③ 동사 수식: She can run **fast**. 그녀는 빨리 달릴 수 있다.

④ 문장 전체 수식: **Luckily**, I passed the exam. 다행히 나는 시험에 통과했다.

⑥ 전치사

(1) 개념: 연결어 중 하나로 명사나 대명사 앞에 쓰여서 장소, 시간 등을 나타낸다.

(2) 역할: 전치사부터 명사까지 하나의 덩어리가 되어 대부분 부사구의 역할을 하지만, 명사 뒤에서 명사를 수식하는 형용사구가 되기도 한다.

(3) 전치사 다음에 동사가 나올 때는 반드시 동명사(동사원형+ing)가 나와야 한다.

(4) 종류: in, on, at, from, to, by, with 등

> • Your book is **on the desk.** 너의 책은 책상 위에 있다.
> ↳ 의미상 동사 [is]와 연결된 부사구
>
> • The book **on the table** is mine. 책상 위에 있는 그 책은 나의 것이다.
> ↳ 명사 뒤에서 명사를 수식하는 형용사구
>
> • She is good **at singing.** 그녀는 노래를 잘 부른다.
> ↳ 전치사 [at] 다음에 동사 [sing]이 [singing]의 형태로 되어 있다.

⑦ 접속사

(1) 개념: 연결어 중 하나로 단어와 단어, 문장과 문장 등을 연결한다.

(2) 종류: 등위접속사, 상관접속사, 종속접속사

→ and, or, but, because, when, if 등

> • Who do you like better, father **or** mother? 너는 아빠랑 엄마 중 누구를 더 좋아해?
> ↳ 등위접속사
>
> • You can call me **when** you need my help. 나의 도움이 필요할 때 나에게 전화해도 돼.
> ↳ 종속접속사

⑧ 감탄사

(1) 개념: 놀람, 기쁨 등 감정을 나타낸다.

(2) 종류: oh, wow, oops 등

> • **Oops,** I'm very sorry. 어이쿠, 정말 죄송합니다.

개념 확인 문제

A. 밑줄 친 단어의 품사를 쓰시오.

1. I am a <u>singer</u>. (   )

2. <u>This</u> is my pen. (   )

3. I <u>like</u> your smile. (   )

4. She is <u>very</u> tall. (   )

5. Look at that <u>cute</u> dog. (   )

6. I <u>will</u> leave Korea. (   )

7. Your smart phone is <u>on</u> the table. (   )

8. I like playing soccer <u>and</u> baseball. (   )

9. She is <u>lovely</u>. (   )

10. <u>Health</u> is the most important thing. (   )

B. 밑줄 친 단어의 품사를 쓰시오.

> **보기**
>
> <u>We</u> <u>are</u> <u>good</u> <u>friends</u>.
> 대명사 동사 형용사 명사

1. <u>This</u> <u>is</u> <u>very</u> <u>expensive</u>.

2. <u>Put</u> <u>the</u> <u>toys</u> <u>in</u> <u>the</u> <u>box</u>

3. <u>I</u> <u>like</u> <u>English</u> <u>and</u> <u>math</u>.

4. <u>Oh</u>, <u>that</u> <u>sounds</u> <u>great</u>.

5. <u>The</u> <u>cat</u> <u>looks</u> <u>really</u> <u>cute</u>.

문장의 4요소
: 주어, 동사, 목적어, 보어

8품사는 단어를 8가지 종류로 구분한 것이고, 이 8가지 단어를 적절한 자리에 배치하여 문장을 만들게 된다. 8품사 중 (대)명사는 주어, 보어, 목적어가 될 수 있고, 동사는 동사 자리에 들어가며, 형용사는 명사를 수식하거나 보어가 될 수 있다. 이들 주어, 동사, 보어, 목적어를 문장을 구성하는 필수 4요소라 부른다.

1 주어(Subject)

(1) 개념: 동사의 주체이다.

(2) 해석: 우리말 조사 [은 / 는 / 이 / 가]가 연결된다.

(3) 주어가 될 수 있는 품사: **명사** (대명사, 동명사, to부정사 등도 포함)

- **Mom** knows everything. 엄마는 모든 것을 아신다.
- **They** are in the classroom. 그들은 교실에 있다.

2 동사(Verb)

(1) 개념: 주어의 동작이나 상태를 나타낸다.

(2) 해석: 우리말 조사 [~이다 / ~하다]가 연결된다.

(3) 종류: be동사, 일반동사, 조동사

3 목적어(Object)

(1) 개념: 동사가 의미하는 동작의 대상이 된다.

(2) 해석: 우리말 조사 [을 / 를 / 에게]가 연결된다.

(3) 목적어가 될 수 있는 품사: **명사** (대명사, 동명사, to부정사 등도 포함)

- I eat **an apple** in the morning. 나는 아침에 사과를 먹는다.

      ↳ [을/를]이라고 해석되는 목적어를
      [직접목적어]라고 한다.

- Mom gives **me an apple** in the morning. 엄마는 아침에 나에게 사과를 주신다.

    [에게]라고 해석되는 목적어를 [간접목적어]라고 한다. ↵   ↳ 직접목적어

④ 보어(Complement)

(1) 개념: 주어나 목적어를 보충하는 말이다.

(2) 보어가 될 수 있는 품사: **명사, 형용사**

(3) 종류

　① 주격 보어: 주어를 보충하는 말

- 동사 다음에 있는 명사가 주어와 같으면 주격 보어이다.

  I am **a singer.** 나는 가수이다.

  → be동사 [am] 다음에 있는 명사 [a singer]는 주어 [I]와 같다. 왜냐고? 내가 가수이니까. 따라서 주
    격 보어이다.

- 동사 다음에 있는 형용사가 주어의 상태를 나타내면 주격 보어이다.

  I am **happy.** 나는 행복하다.

  → be동사 [am] 다음에 있는 형용사 [happy]는 주어 [I]의 상태를 나타낸다. 왜냐고? 내가 행복한 것이
    니까. 따라서 주격 보어이다.

📋 최상위로 가는 비법 노트

✏️ 동사 다음에 나오는 명사가 보어야 목적어야?

[주어+동사+형용사]인 경우 동사 다음에 나오는 형용사는 주어를 보충하는 주격 보어이다. 그런데 [주어+동사+명사]인 경우 이 명사가 보어인지 목적어인지 혼란스럽다. 아주 간단하게 구별하는 방법을 소개한다.

1. 우리말 조사 [을/를]이 붙으면 목적어이고, 그렇지 않으면 보어이다.

2. 동사 다음에 있는 명사가 주어와 같으면 보어이고, 같지 않으면 목적어이다.

❶ 동사 다음에 있는 명사가 주어와 같으면 주격 보어이다.

- I am **a singer**. 나는 가수이다.
    ↳ = ↵

❷ 동사 다음에 있는 명사가 주어와 같지 않으면 목적어이다.
    단, 재귀대명사의 재귀적 용법의 경우는 제외이며, 따로 자세하게 설명한다.

- I like **the singer**. 나는 그 가수를 좋아한다.
    ↳ ≠ ↵

두 문장 모두 동사 다음에 명사가 나온 경우이다. be동사 다음에 나온 [a singer]는 문장의 주어인 [I]와 같으므로 주격 보어이다. 반면에 일반동사 [like] 다음에 나온 [the singer]는 문장의 주어인 [I]와 같지 않으므로 목적어이다.

② 목적격 보어: 목적어를 보충하는 말

- 동사 다음에 명사 두 개가 연속해서 나왔는데, 둘이 같으면 목적격 보어이다.

  You can call me **a singer**. 당신은 나를 가수라고 부를 수 있다.

  → 동사 [call] 다음에 명사 [me]와 명사 [a singer]가 연속해서 나왔고 이 둘은 같다. 왜냐고? 나를 가수라고 부를 수 있으니까. 이 문장에서 [me]는 목적어이고 [a singer]는 목적어를 보충하는 목적격 보어가 된다.

- 동사 다음에 [명사 + 형용사]가 나왔는데 형용사가 명사의 상태를 설명하면 목적격 보어이다.

  You make me **happy.** 당신은 나를 행복하게 만든다.

  → 동사 [make] 다음에 명사 [me]와 형용사 [happy]가 나왔고, 형용사 [happy]는 앞에 있는 명사 [me]의 상태를 설명한다. 왜냐고? 당신이 행복해지는 것이 아니라 내가 행복해지는 것이니까. 이 문장에서 [me]는 목적어이고 [happy]는 목적어를 보충하는 목적격 보어가 된다.

개념 확인 문제

[보기]와 같이 밑줄 친 부분을 주어, 동사, 보어, 목적어 중 하나로 쓰시오.

보기

This food is delicious.
주어 　 동사 　 주격 보어

1. Everybody likes me.

2. We are strong.

3. He makes me happy.

4. Dad teaches me English.

5. She is my homeroom teacher.

6. You can do it.

7. People call her Ice Princess.

인칭대명사의 격변화

① 인칭대명사의 개념

인칭대명사란 나(1인칭), 너(2인칭), 그/그녀/그것 등(3인칭)을 나타내는 말이다. 별로 어렵지 않은 부분인데, 우리말과 다른 부분이기도 하고 암기를 해야 하는 부분이라서 힘들다고 생각하는 부분이다. 이미 언급했듯이 우리말에는 [조사]가 있어서 같은 단어가 주어(나는)인지, 목적어(나를)인지, 소유격(나의)인지 등이 쉽게 구별된다. 그런데 영어는 조사가 없어서 단어 자체를 변형시켜서 즉, I (나는), me (나를), my (나의) 등으로 만든 뒤 정해진 자리에 배치한다.

② 인칭대명사는 자리가 정해져 있으며, 다른 자리에 들어가면 안 된다

(1) 주격은 주어가 될 수 있는 자격이 있다는 말이다. 따라서 주어 자리에 들어간다.

(2) 목적격은 목적어가 될 수 있는 자격이 있다는 말이다. 따라서 목적어 자리에 들어간다.

(3) 소유격은 소유 관계를 나타내며, 명사 앞에 위치한다.

(4) 소유대명사는 [소유격 + 명사]의 형태로 나타낼 수 있으며, 명사이므로 주어, 보어, 목적어 자리에 자유롭게 들어갈 수 있다.

③ 인칭대명사의 종류

수	인칭	주격 (은/는/이/가)		소유격 (~의)		목적격 (을/를/에게)		소유대명사 (~의 것)	
단수	1인칭	I	나는	my	나의	me	나를	mine	나의 것
	2인칭	you	너는	your	너의	you	너를	yours	너의 것
	3인칭	he	그는	his	그의	him	그를	his	그의 것
		she	그녀는	her	그녀의	her	그녀를	hers	그녀의 것
		it	그것은	its	그것의	it	그것을	X	
복수	1인칭	we	우리는	our	우리의	us	우리를	ours	우리의 것
	2인칭	you	너희는	your	너희들의	you	너희들을	yours	너희들의 것
	3인칭	they	그들은	their	그들의	them	그들을	theirs	그들의 것

A. 다음 괄호 안에서 알맞은 말을 고르시오.

1. It is (his / him) car.

2. (You / Your) are very cute.

3. I know (their / them) names.

4. (I / My) sister plays the piano well.

5. My parents like (my / me) very much.

B. 빈칸에 알맞은 인칭대명사를 쓰시오.

1. Look at the boy. Do you know _____?

2. I like Tom. _____ is always nice to me.

3. Mom and Dad love me. I love _____, too.

4. Mr. Lee teaches us English. He is _____ teacher.

5. I am Kevin and this is Paul. _____ are from L.A.

6. My sister is fourteen years old. _____ hobby is dancing.

7. This is my father. _____ is friendly. I like _____ very much.

8. This is my mother. _____ cooks very well. I like _____ very much.

9. These are my shoes. _____ are old. I don't like _____ any more.

10. This man is our school guard. He protects _____ from danger.

11. It is my smart phone. I like _____ color and design.

12. I like penguins. _____ are really cute.

13. A: What is your brother's name?

　　B: _____ name is Brian.

14. A: This is my grandmother.

　　B: Wow, _____ looks very healthy.

15. A: Do you like your little brother?

　　B: Yes, I like _____

셀 수 있는 명사와 셀 수 없는 명사

① 영어의 명사에는 단수와 복수의 개념이 존재한다

영어에서 [수 일치]라는 개념은 정말 중요하다. 수 일치는 기본적으로 주어와 동사의 단수 또는 복수를 일치시키는 것을 말한다. 쉽게 말해서 주어가 단수이면 동사도 단수, 주어가 복수이면 동사도 복수가 되어야 한다는 것이다. 이때 단수란 한 개를 의미하고, 복수는 두 개 이상을 의미한다. 영어에서 이 원칙은 가장 기본이면서 가장 중요하다고도 할 수 있다. 그런데 갑자기 왜 수 일치 이야기일까? 주어가 될 수 있는 품사는 명사라는 것을 기억하는가? 주어 자리에 들어가는 명사가 셀 수 있는 명사의 단수형인가 복수형인가, 혹은 셀 수 없는 명사인가에 따라 동사의 수가 결정된다.

② 셀 수 있는 명사: 보통명사, 집합명사

(1) 보통명사: 사람, 사물, 동물 등을 지칭하는 가장 일반적인 명사

- person, student, book, computer, apple, tiger, lion 등

(2) 집합명사: 다수가 하나의 집단을 이루는 명사

- class, team, family, police 등

(3) 단수일 경우 앞에 [a]나 [an]을 붙이고, 복수일 경우 뒤에 복수형으로 만든다.

- a student, an apple, students, apples 등

❸ 셀 수 없는 명사: 고유명사, 추상명사, 물질명사

(1) 고유명사: 사람 이름, 국가명 등 세상에 하나밖에 없는 것을 지칭하는 명사

> • Tom, Edison, Seoul, Korea 등

(2) 추상명사: 눈에 보이지 않는 개념을 나타내는 명사

> • love, peace, friendship 등

(3) 물질명사: 액체, 기체, 가루, 빵, 고기와 같이 일정한 형태가 없는 명사

> • water, juice, air, sugar, bread, meat 등

(4) 셀 수 없으므로 a나 an을 붙일 수 없고, 복수형으로도 만들 수 없다.

> • a peace, an air, sugars (X)

❹ 셀 수 있는 명사의 복수형

명사의 형태	방법	예
대부분의 명사	−s	dogs, cats, books,
자음 + y	−ies	baby → babies, lady → ladies
모음 + y	−s	boy → boys, day → days
−s, −sh, −ch, −o, −x	−es	bus → buses, box → boxes
−f(e)	−ves	leaf → leaves, knife → knives
불규칙	불규칙	woman → women, foot → feet, child → children

* 모음은 [a, e, i, o, u]를 말하고, 나머지는 모두 자음이다.

개념 확인 문제

A. 명사의 복수형을 쓰시오.

    1. dish   (   )

    2. woman   (   )

    3. child   (   )

    4. tomato   (   )

    5. puppy   (   )

    6. leaf   (   )

    7. foot   (   )

    8. story   (   )

    9. toy   (   )

    10. bench   (   )

B. 다음 명사를 셀 수 있으면 복수형으로, 셀 수 없으면 X를 쓰시오.

    1. bread   (   )

    2. month   (   )

    3. money   (   )

    4. photo   (   )

    5. water   (   )

    6. hero   (   )

Concept 006
be동사의 현재형, 부정문, 의문문

① 영어의 핵심은 동사에 있다

영어에 동사는 딱 두 종류이며, 다음과 같은 중요한 역할을 한다.

> • be동사: am, are, is, was, were → 5개
> • 일반동사: be동사를 제외한 나머지 동사 전부

(1) 문장의 가장 핵심적인 의미를 전달한다.

(2) 이 동사들의 모양을 조금씩 변형시켜 시제(시간)를 표현한다.

(3) 이 동사들의 모양을 조금씩 변형시켜 능동태와 수동태를 표현한다.

(4) 15개 정도의 조동사가 be동사와 일반동사에 앞에 위치하여 의미를 다양하게 한다.

② be동사는 우리말 [~이다, ~하다, ~있다]에 해당한다

(1) 종류: am, are, is

(2) 의미: ～이다, ～하다, ～있다

(3) 주어에 따라 형태가 변한다.

> **잠깐!**
> [be]는 am, are, is, was, were의 원형이다.
> 변화되지 않은 원래 형태 ↵

	단 수			복 수		
	주어	be동사	축약형	주어	be동사	축약형
1인칭	I	**am**	I'm	we		we're
2인칭	you	~~are~~	you're	you	**are**	you're
3인칭	she he it	**is**	she's he's it's	they		they're

- I **am** a student. 나는 학생이다.
- My mother **is** happy. 나의 엄마는 행복하다.
- You and I **are** in the same class. 너와 나는 같은 반에 있다. (= 같은 반이다.)
  ↳ 주어는 [I]가 아니라 [You and I]이다. 따라서 be동사는 [am]이 아니라 [are]가 된다.

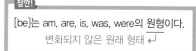

✎ 도대체 be동사는 언제 사용하는 거야?

영어를 배울 때 가장 먼저 배우는 동사이고 내용도 어렵지 않은데, be동사를 도대체 언제 사용해야 하는지 질문하는 학생이 정말 많다. 이번 기회에 확실히 정리해 두자.

1. 우리말의 [~이다, ~하다, ~에 있다]를 영어로 표현할 때 be동사를 사용한다. be동사 뒤에 어떤 말이 나오는지 주의 깊게 보자.

❶ be동사 + 명사: ~이다   I **am** a teacher. 나는 교사이다.

❷ be동사 + 형용사: ~하다   You **are** happy. 너는 행복하다.

❸ be동사 + 장소부사(구): ~에 있다   He **is** in his room. 그는 그의 방에 있다.

2. 명사, 형용사, 장소의 부사(구) 앞에 be동사를 붙이면 덩어리로 동사가 된다.

> • happy 형 행복한 → be happy 동 행복하다
> • a singer 명 가수 → be a singer 동 가수이다
> ※ 단어를 품사까지 정확히 암기해야 활용하기 쉽다.

[나는 행복하다.]를 영어로 [I happy.]라고 하면 될까? [happy]는 형용사이다. 우리말에서는 동사(행복하다)로 표현되어 있으므로 형용사 [happy] 앞에 [be동사]를 붙여 [I am happy.]로 해 주어야 한다.

❸ be동사가 사용된 문장의 부정문은 be동사 다음에 not을 붙인다.

(1) 형태: am / are / is + not

(2) 의미: ~이 아니다, ~에 없다

be동사	not	축약형	예문
am		X	I'**m not** sleepy now. 나는 지금 졸리지 않다.
are	**not**	aren't	You **aren't** a child. 너는 어린아이가 아니다.
is		isn't	He **isn't** my homeroom teacher. 그는 나의 담임 선생님이 아니다.

❹ be동사가 사용된 문장의 의문문은 be동사를 주어 앞으로 보낸다.

(1) 형태: Am / Are / Is + 주어 ~?

(2) 의미: ~이니? 있니?

(3) 응답: Yes, 주어 + be동사 / No, 주어 + be동사 + not

> A: **Are** you from Canada? 너는 캐나다 출신이니?
> B: Yes, I **am**. / No, I'**m not**. 응. / 아니.

개념 확인 문제

A. 빈칸에 알맞은 be동사를 쓰시오.

1. This _____ my uncle.

2. He _____ my classmate.

3. You _____ pretty tall.

4. We _____ in the same class.

5. They _____ our teachers.

6. It _____ your key.

7. She _____ in the living room.

8. I _____ a middle school student.

9. Our parents _____ in the kitchen.

10. Sally and I _____ famous in our school.

B. 빈칸에 알맞은 be동사를 쓰시오.

1. _____ I pretty?

2. _____ you ready?

3. _____ she healthy?

4. _____ Tom and Jane from America?

5. _____ your brother a high school student?

C. 다음 문장을 부정문과 의문문으로 바꾸시오.

1. We are late for school.

→ (부정문)_____

→ (의문문)_____

2. These boxes are heavy.

→ (부정문)_____

→ (의문문)_____

be동사의 과거형, 부정문, 의문문

1 be동사의 과거형

(1) 종류: was, were

(2) 의미: ~이었다, ~있었다

(3) 주어에 따라 형태가 변한다.

　① 1, 3인칭 단수: was (am / is → was)

　② 2인칭, 복수: were (are → were)

- He **was** at home yesterday. 그는 어제 집에 있었다.
- Junho and I **were** in the same class. 준호와 나는 같은 반이었다.

2 be동사 과거형의 부정문

(1) 형태: was / were + **not**

(2) 의미: ~아니었다, ~없었다

be동사	not	축약형	예문
was	not	wasn't	I **wasn't** tired yesterday. 나는 어제 피곤하지 않았다.
were		weren't	They **weren't** honest. 그들은 정직하지 않았다.

3 be동사 과거형의 의문문

(1) 형태: Was / Were + 주어 ~?

(2) 의미: ~이었니? 있었니?

(3) 응답: Yes, 주어 + be동사 / No, 주어 + be동사 + not

A: **Were** you sick yesterday? 너는 어제 아팠니?
B: Yes, I **was**. / No, I **wasn't**. 응. / 아니.

개념 확인 문제

A. 괄호 안에서 알맞은 말을 고르시오.

1. My uncle (was / were) a pilot.

2. (Was / Were) your book interesting?

3. My sister and I (was / were) sad last night.

4. You and your friend (wasn't / weren't) in the garden.

B. 괄호 안의 지시대로 문장을 바꿔 쓰시오.

1. The news was true.
→ (부정문)_____

2. The books were cheap.
→ (의문문)_____

3. I was in the kitchen.
→ (부정문)_____

4. Lou Gehrig was a great baseball player.
→ (의문문)_____

Concept 008 일반동사의 3인칭, 단수, 현재형

① 일반동사의 개념

(1) be동사를 제외한 나머지 동사 전체를 일반동사라고 한다.

(2) 일반동사 중에 공통된 특징을 가지고 있는 동사들을 모아 감각동사, 수여동사, 지각동사, 사역동사와 같이 부르기도 한다.

> • live, like, play, eat, see…

📓 **최상위로 가는 비법 노트**

be동사와 일반동사는 연속해서 사용하지 않는다. **(극히 일부 예외 있음)**

I am like soccer. (×)

I am a soccer player. (○) 나는 축구선수이다.

I like soccer. (○) 나는 축구를 좋아한다.

---

② 주어가 3인칭, 단수이며, 시제가 현재일 경우 일반동사에 –(e)s를 붙인다.

동사의 형태	방법	예
대부분의 동사원형	–s	likes, eats,
자음 + y	–ies	study → studies, try → tries
모음 + y	–s	plays, says
–s, –sh, –ch, –o, –x	–es	passes, pushes, teaches, goes, fixes
불규칙	불규칙	have → has

개념 확인 문제

 다음 동사의 3인칭, 단수, 현재형을 쓰시오.

1. read _____

2. go _____

3. fly _____

4. have _____

5. cry _____

6. enjoy _____

7. wash _____

8. do _____

9. show _____

10. carry _____

11. pay _____

12. start _____

13. catch _____

14. listen _____

15. swim _____

16. stop _____

17. worry _____

18. buy _____

19. write _____

20. give _____

21. send _____

22. walk _____

23. take _____

24. want _____

25. ask _____

26. miss _____

27. watch _____

28. mix _____

29. play _____

30. visit _____

일반동사의 과거형

1 **일반동사에 과거 시제를 표현할 수 있다**

(1) 동사는 시제를 표현할 수 있으므로, 일반동사에도 시제를 표현할 수 있다.

(2) 일반동사를 과거 시제로 만들 때 대부분 동사원형에 [-ed]를 붙이지만 그렇지 않은 경우도 있다.

2 **규칙변화: 일반동사의 과거형을 만들 때 동사원형에 [-ed]를 붙이는 경우**

동사의 형태	방법	예
대부분의 동사	동사원형 + ed	walk → walked
e로 끝나는 동사	동사원형 + d	like → liked
[자음 + y]로 끝나는 동사	y를 i로 바꾸고 + ed	study → studied try → tried
[모음 + y]로 끝나는 동사	동사원형 + ed	play → played enjoy → enjoyed
[단모음+단자음]으로 끝나는 1음절 동사	마지막 자음을 한 번 더 쓰고 + ed	stop → stopped plan → planned

3 **불규칙변화: 일반동사의 과거형을 만들 때 동사원형에 -[ed]를 붙이지 않는 경우**

원형	과거형	원형	과거형
do	did	give	gave
go	went	tell	told
come	came	think	thought
make	made	say	said
take	took	read	read

개념 확인 문제

✍ 다음 동사의 과거형을 쓰시오.

1. save   _____

2. go   _____

3. say   _____

4. read   _____

5. make   _____

6. show   _____

7. play   _____

8. take   _____

9. love   _____

10. put   _____

11. swim   _____

12. cry   _____

13. come   _____

14. listen   _____

15. think   _____

일반동사의 부정문과 의문문

① 일반동사의 부정문

(1) 형태: 주어 + do / does / did + not + 동사원형

   ① do: 동사가 3인칭, 단수, 현재가 아닌 경우에 사용한다.

   ② does: 동사가 3인칭, 단수, 현재인 경우에 사용한다.

   ③ did: 시제가 과거이며, 인칭과 수는 신경 쓰지 않아도 된다.

(2) [do / does / did + not] 다음에는 반드시 동사원형이 와야 한다.

- You **have** breakfast. 너는 아침 식사를 한다.
  - → You don't **have** breakfast. 너는 아침을 먹지 않는다.
    - ↳ don't의 영향을 받으므로 반드시 동사원형을 쓴다.
    - ↳ 일반동사 have가 3인칭, 단수, 현재가 아니라서
      do not(=don't)을 사용하여 부정문을 만들었다.

- She **eats** an apple in the morning. 그녀는 아침에 사과를 먹는다.
  - → She doesn't **eat** an apple in the morning. 그녀는 아침에 사과를 먹지 않는다.
    - ↳ doesn't의 영향을 받으므로 반드시 동사원형을 쓴다.
    - ↳ 일반동사 eats가 3인칭, 단수, 현재이기 때문에
      does not (=doesn't)을 사용하여 부정문을 만들었다.

- They **came** to the party. 그들은 파티에 왔다.
  - → They didn't **come** to the party. 그들은 파티에 오지 않았다.
    - ↳ didn't의 영향을 받으므로 동사원형인 come을 쓴다.
      절대로 came을 써서는 안 된다.
    - ↳ 일반동사 came이 과거이기 때문에
      did not (=didn't)을 사용하여 부정문을 만들었다.

---

② 일반동사의 의문문

(1) 형태: Do / Does / Did + 주어 + 동사원형

(2) Do / Does / Did를 쓰는 것은 부정문 때와 같다.

(3) 주어 다음에는 반드시 동사원형이 와야 한다.

- You **have** breakfast. 너는 아침 식사를 한다.
  - → Do you **have** breakfast? 너는 아침 식사를 하니?
    - ↳ Do의 영향을 받으므로 동사원형을 쓴다.
    - ↳ 일반동사 have가 3인칭, 단수, 현재가 아니라서 Do를 주어 앞으로 보내 의문문을 만들었다.

- She **eats** an apple in the morning. 그녀는 아침에 사과를 먹는다.
  - → Does she **eat** an apple in the morning?
    - ↳ Does의 영향을 받으므로 주어 she에 현혹되지 말고 동사원형을 쓴다.
    - ↳ 일반동사 eats가 3인칭, 단수, 현재를 의미하기 때문에 Does를 주어 앞으로 보내 의문문을 만들었다.

- They **came** to the party. 그들은 파티에 왔다.
  - → Did they **come** to the party? 그들은 파티에 왔니?
    - ↳ Did의 영향을 받으므로 동사원형인 come을 쓴다. 절대로 came을 써서는 안 된다.
    - ↳ 일반동사 came이 과거를 의미하기 때문에 Did를 주어 앞으로 보내 의문문을 만들었다.

(4) [Do / Does / Did]를 통해서 질문하면 [do / does / did]를 활용해서 답해야 한다.

A: Do you like me? 너 나 좋아하니?
B: Yes, I am. No, I'm not. (X)
B: Yes, I do. / No, I don't. (O) 응, 좋아해. / 아니, 안 좋아해.

✎ Are you happy?일까, Do you happy?일까?

1. 주어 다음에 무엇이 나오는지만 확인하면 된다.

   ❶ 주어 다음에 일반동사의 원형이 나온다면 Do / Does / Did를 쓴다.

   ❷ 주어 다음에 명사, 형용사, 장소의 부사(구)가 나온다면 be동사를 쓴다.

2. 위 문장을 보면 주어 [you] 다음에 형용사인 [happy]가 나와 있으므로
   주어 [you]에 맞춰 be동사 [Are]가 사용되어야 한다.

3 일반동사 do vs 조동사 do

(1) 일반동사: [~하다]라는 의미로 사용된다.

> • I always **do** my homework after dinner. 나는 항상 저녁 식사 후에 숙제를 한다.

(2) 조동사 do: 일반동사의 의문문, 부정문을 만든다.

> • **Do** you **like** me? 너는 나를 좋아하니?
> • I **don't like** you. 나는 너를 좋아하지 않아.
> • I **didn't do** my homework last night. 나는 어제 저녁에 숙제를 하지 않았다.
>   ↳ [~하다]라는 의미로 쓰인 일반동사이다.
>   ↳ 일반동사 [do]를 부정하기 위해 사용된 조동사 [did]이다.

개념 확인 문제

A. 다음 문장을 부정문으로 바꿔 쓰시오.

1. I like fish.

→ _____

2. Paul goes to school alone.

→ _____

3. He read a newspaper last night.

→ _____

4. I wear a school uniform.

→ _____

5. Sam and Marry watched TV at night.

→ _____

B. 다음 문장을 의문문으로 바꿔 쓰시오.

1. You like math.

→ _____

2. Jenny has long hair.

→ _____

3. You went to the park yesterday.

→ _____

01 **Review Test** 학교 시험에 꼭 나오는 문제

C 004

1. 다음 빈칸에 들어갈 말로 적절하지 않은 것은?

> _____ new friends are nice.

① My   ② Our   ③ Her
④ Him   ⑤ Their

C 006

2. 다음 대화의 빈칸에 들어갈 말로 가장 적절한 것은?

> A: Are you good at science?
> B: _____. But I like it.

① Yes, I am.   ② Yes, you are.   ③ No, I don't
④ No, I am not.   ⑤ No, you aren't.

C 006

3. 빈칸에 들어갈 be동사 중 다른 하나는?

① We _____ special.
② My brothers _____ tall.
③ You _____ good at math.
④ Suji and Suho _____ classmates.
⑤ The girl with glasses _____ Amy.

C 007

4. 다음 중 어법상 어색한 것은?

① My mother was at home then.

② Were you and Kevin good friends?

③ A baby were here ten minutes ago.

④ The students were at the party yesterday.

⑤ The baseball game wasn't exciting last night.

C 007

5. 밑줄 친 부분이 어법상 어색한 것은?

① I wasn't tall last year.

② Were you busy yesterday?

③ That tall man was my homeroom teacher.

④ Kevin and I was in the bus at that time.

⑤ My cellphone was in my bag this morning.

C 010

6. 다음 중 어법상 옳은 것은?

① Does she has a pet dog?

② Do they listen to the radio?

③ Did he watched TV last night?

④ Does her friends study together?

⑤ Does Minjun and Minho walk to school?

7. 밑줄 친 동사의 형태가 옳지 <u>않은</u> 것은?

① Mina <u>has</u> many talents.

② Suho <u>plays</u> tennis every day.

③ My sister <u>studies</u> English hard.

④ Hojin <u>goes</u> hiking every weekend.

⑤ Mom <u>teachs</u> history in a middle school.

8. 다음 문장을 의문문으로 바르게 바꾼 것은?

> Jueun goes to work by subway.

① Do Jueun go to work by subway?

② Do Jueun goes to work by subway?

③ Did Jueun goes to work by subway?

④ Does Jueun go to work by subway?

⑤ Does Jueun goes to work by subway?

9. 두 문장의 빈칸에 공통으로 들어갈 동사의 형태로 알맞은 것은?

> • My cat _____ like fish.
> • He _____ have a brother.

① is   ② is not   ③ are not

④ do not   ⑤ does not

C 006 - 010

10. 빈칸에 알맞은 말을 차례대로 나열한 것은?

> • (Is / Does) Jiyun wear glasses?
> • (Are / Do) you free this afternoon?
> • (Does / Did) you watch the soccer game yesterday?

① Is － Are － Does
② Is － Do － Does
③ Does － Are － Does
④ Does － Do － Did
⑤ Does － Are － Did

C 010

11. 빈칸에 들어갈 말로 알맞은 것은?

> A: _____ he buy the book?
> B: No, he went to the library.

① Is
② Are
③ Do
④ Did
⑤ Does

C 005 - 010

12. 질문과 대답이 바르게 짝지어진 것은?

① Do you like dancing? － Yes, I am.
② Are you hungry? － No, you aren't.
③ Did you sleep well? － Yes, I do.
④ Is this your smartphone? － Yes, it is.
⑤ Does your mom like flowers? － No, she does.

C 005 - 010

13. 어법상 옳은 문장은?

① My foot are big.

② She have a cute smile.

③ He read a book last night.

④ The children is playing soccer.

⑤ He and I goes to the same school.

C 010

14. 주어진 문장을 부정문으로 바르게 바꾼 것은?

My sister did her homework yesterday.

① My sister didn't her homework yesterday.

② My sister didn't do her homework yesterday.

③ My sister didn't did her homework yesterday.

④ My sister doesn't do her homework yesterday.

⑤ My sister doesn't did her homework yesterday.

C 006 - 010

15. 어법상 올바른 문장은?

① I were sad last night.

② Are you sleepy now?

③ Do your sister like a dog?

④ Does they work together?

⑤ Did you brushes your teeth?

C 010

16. 다음 문장을 지시대로 바꾸시오.

She came to school today.

(1) 부정문: _____
(2) 의문문: _____

C 010

17. 다음 문장을 의문문으로 바꾸고, 부정의 대답을 쓰시오.

He lives in Seoul.

(1) 의문문: _____
(2) 부정의 대답: _____

C 010

18. 밑줄 친 부분을 참고하여 빈칸에 알맞은 말을 쓰시오.

Today Jinsu <u>goes</u> to a movie with his girlfriend. He <u>wakes</u> up early in the morning and <u>takes</u> a shower. Before he <u>meets</u> his girlfriend, he <u>buys</u> some flowers for her. After they <u>watch</u> the movie, they <u>eat</u> pizza for dinner.

Yesterday Jinsu _____ to a movie with his girlfriend. He _____ up early in the morning and _____ a shower. Before he _____ his girlfriend, he _____ some flowers for her. After they _____ the movie, they _____ pizza for dinner.

Chapter

2

조동사와 시제 1

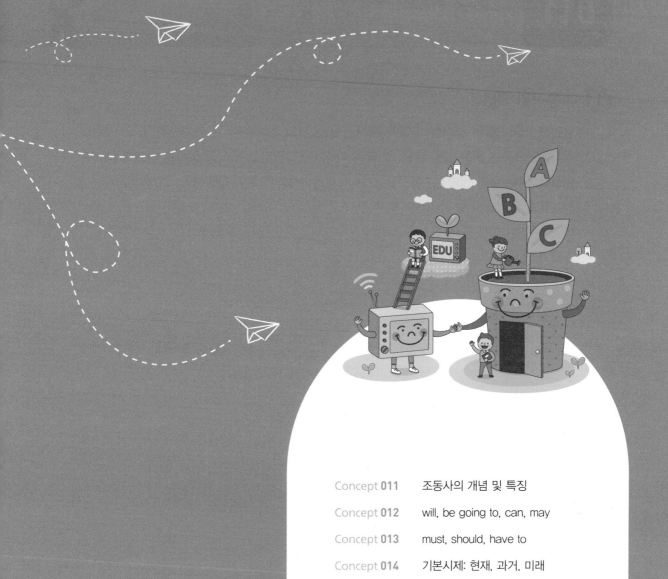

Concept 011 조동사의 개념 및 특징

① 조동사의 개념

앞에서 이야기했던 것처럼 영어에 동사는 be동사와 일반동사 두 가지밖에 없다. 그런데 이 동사들만으로는 하고 싶은 말을 다 할 수가 없다. 그렇다고 무작정 동사를 만들어 내기도 곤란하다. 단어 수가 많아질수록 사용하는 사람들이 불편해하기 때문이다. 그래서 기존에 있는 동사들과 연결하여 쓸 수 있는 동사 몇 개만 만들어 내기로 했다. 그것이 바로 조동사이다. 이 조동사는 쉽게 말해 동사를 도와주는 역할을 하며 be동사나 일반동사 앞에 쓰여 조동사 자체가 가지고 있는 의미를 뒤에 나오는 be동사와 일반동사에 더해 준다.

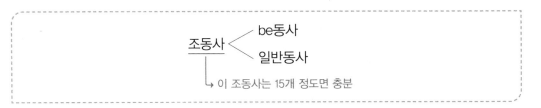

- I **study** English. 나는 영어를 **공부한다**.
- I **will study** English. 나는 영어를 **공부할 것이다**.
  ↳ will: ~할 것이다 + study: 공부한다 = 공부할 것이다
- I **can study** English. 나는 영어를 **공부할 수 있다**.
  ↳ can: ~할 수 있다 + study: 공부한다 = 공부할 수 있다

얼마나 획기적인 방식인가? 만약에 동사가 100개라고 한다면 조동사 15개를 곱해서 이론적으로는 1,500개로 늘려 사용할 수 있게 된 것이다. 다시 말해서, 총 100개의 동사와 조동사 15개만 알면 1,500의 동사를 알고 있는 효과를 누릴 수 있게 된 것이다. 따라서 조동사에게 고마워하는 마음으로 공부를 해 보는 것은 어떨까?

② 조동사의 일반적인 특징

↱ 변화되지 않은 동사의 가장 기본 형태

(1) 조동사 뒤에는 be동사 또는 일반동사의 <u>원형</u>이 온다.

> • He **can run** fast. 그는 빨리 달릴 수 있다.
> • He **can runs** fast. (X)
>   ↳ 주어가 3인칭 단수인 [He]라고 해서 [run]에 [－s]를 붙여서는 안 된다.

(2) 조동사는 주어에 따라 바뀌지 않는다.

> • She **can play** the piano. 그녀는 피아노를 칠 수 있다.
> • She **cans play** the piano. (X)
>   ↳ 주어가 3인칭 단수인 [She]라고 해서 조동사 [can]에 [－s]를 붙여서는 안 된다.

(3) 조동사는 두 개를 연속으로 쓸 수 없다.

> • She **will can** pass the test. (X)
> • She **will be able to pass** the test. 그녀는 시험을 통과할 수 있을 것이다.

📋 최상위로 가는 비법 노트

이 문장을 영작해 보자.

• 그녀는 피아노를 칠 수 있을 것이다.

[할 수 있을 것이다]라는 우리말을 보고 조동사 [can]과 [will]이 떠오르는가? 영어로 표현해 보면 다음과 같다.

• She will can play the piano.

그런데 조동사는 두 개 연속해서 사용할 수 없으므로 조동사 [will]과 [can]이 연속해서 사용된 위 문장은 틀렸다. 그러면 어떻게 해야 할까? 조동사의 일반적인 특징 (1)번을 활용해서 두 번째 나온 조동사 [can]을 같은 의미의 be동사나 일반동사로 바꾸어 주면 어떨까? 그래서 같은 의미를 표현하는 [be able to]를 사용하였다.

③ 조동사의 부정문과 의문문

(1) 부정문: 조동사 + **not** + 동사원형

> • I **can't make** pizza. 나는 피자를 만들 수 없다.

(2) 의문문: **조동사** + 주어 + **동사원형** ~?

> A: **Can** you **play** the guitar? 너는 기타를 칠 수 있니?
> B: Yes, I **can**. / No, I **can't**. 응. / 아니.
> 　　　조동사로 물어보면 조동사를 활용해서 답해야 한다.

📓 최상위로 가는 비법 노트

조동사가 사용된 문장을 부정할 때는 조동사 바로 뒤에 [not]을 붙여 주면 되고, 의문문으로 만들 때는 조동사를 주어 앞으로 이동시키면 된다. 이 의문문에 대한 대답은 긍정이든 부정이든 의문문에 사용된 조동사를 사용한다. 앞으로 조동사가 사용된 문장은 모두 같은 방식으로 부정문과 의문문을 만들면 된다. 혹시 조동사 뒤에 be동사나 일반동사가 있어도 조동사를 기준으로 부정문과 의문문을 만들면 된다.

개념 확인 문제

A. 어법상 <u>어색한</u> 부분을 찾아 바르게 고쳐 쓰시오.

1. I can played the piano.　　　＿＿＿＿＿ → ＿＿＿＿＿

2. He cans dance very well.　　　＿＿＿＿＿ → ＿＿＿＿＿

3. Can your mother drives a car?　　　＿＿＿＿＿ → ＿＿＿＿＿

4. You will can pass the audition.　　　＿＿＿＿＿ → ＿＿＿＿＿

5. She can makes delicious spaghetti.　　　＿＿＿＿＿ → ＿＿＿＿＿

6. It may is true.　　　＿＿＿＿＿ → ＿＿＿＿＿

B. 다음 문장을 괄호 안의 지시대로 바꿔 쓰시오.

1. (부정문) You can use my phone.

→ ＿＿＿＿＿＿＿＿＿＿＿＿＿＿＿＿＿＿＿＿＿＿＿＿＿

2. (의문문) I may go to the bathroom.

→ ＿＿＿＿＿＿＿＿＿＿＿＿＿＿＿＿＿＿＿＿＿＿＿＿＿

3. (부정문) I will invite my friends.

→ ＿＿＿＿＿＿＿＿＿＿＿＿＿＿＿＿＿＿＿＿＿＿＿＿＿

4. (의문문) He will come to the party.

→ ＿＿＿＿＿＿＿＿＿＿＿＿＿＿＿＿＿＿＿＿＿＿＿＿＿

Concept 012 — will, be going to, can, may

❶ will + 동사원형

(1) 단순한 미래 표현: ~일 것이다

> • It **will snow** tomorrow. 내일 눈이 올 것이다.

(2) 주어의 의지: ~할 것이다

> • I **won't give up.** 나는 포기하지 않을 거야.
> • I **will prove** my innocence by myself. 나는 혼자서 나의 무죄를 증명할 것이다.

(3) be going to 동사원형: 계획적이고 비교적 확실한 미래를 표현

> • I **am going to go** to the movies this weekend. 나는 이번 주말에 영화 보러 갈 것이다.

❷ be going to 동사원형

(1) 의미: ~할 예정이다
(2) 용법: 미래의 계획이나 의도를 표현할 때
(3) be동사는 주어의 인칭, 수, 시제에 따라 바뀐다.
(4) to 다음에는 반드시 동사원형이 온다.

> • I **am going to** visit Canada this summer. 나는 이번 여름에 캐나다를 방문할 예정이다.
> • We **are going to** play soccer after school. 우리는 방과 후에 축구를 할 예정이다.

(5) 부정문: be not going to 동사원형

> • I **am not going to visit** the museum on Sunday.
> 나는 일요일에 박물관을 방문하지 않을 예정이다.

(6) 의문문: Be동사 + 주어 + going to 동사원형

> A: **Are** you **going to do** your homework after dinner?
> 너는 저녁 식사 후에 숙제를 할 예정이니?
> B: Yes, I **am**. / No, I**'m not**. 응. / 아니.

③ can + 동사원형

(1) 능력: ～할 수 있다 (= be able to 동사원형)

> • You **can do** it. 너는 할 수 있어.

(2) 허락: ～해도 좋다 (= may)

> • You **can use** my pen. = You **may use** my pen. 너는 나의 펜을 사용해도 돼.

④ may + 동사원형

(1) 추측: ～일지도 모른다

> • He **may be** in his room. 그는 그의 방에 있을지도 모른다.

(2) 허락: ～해도 좋다 (= can)

> • You **may go** now. 너는 지금 가도 돼.

A. 밑줄 친 may가 나타내는 의미를 괄호 안에서 고르시오.

1. It <u>may</u> snow tomorrow.　　(추측 / 허락)

2. You <u>may</u> come in now.　　(추측 / 허락)

3. <u>May</u> I park here?　　(추측 / 허락)

4. She <u>may</u> be an angel.　　(추측 / 허락)

5. You <u>may</u> use my car.　　(추측 / 허락)

B. 다음 우리말과 일치하도록 빈칸에 알맞은 말을 쓰시오.

1. 내일 비가 내릴 것이다.

= It _____ _____ tomorrow.

2. 우리는 이번 주말에 쇼핑을 갈 것이다.

= We _____ _____ _____ go shopping this weekend.

3. 그는 내일 너의 집을 방문할 것이다.

= He _____ _____ _____ visit your house tomorrow.

4. 당신은 어떤 것이든 할 수 있어요.

= You _____ _____ anything.

Concept 013   must, should, have to

① **must + 동사원형**

(1) 의무: ～해야 한다

> • I **must clean** my room. 나는 나의 방을 청소해야 한다.

(2) 강한 추측: ～임에 틀림없다

> • You **must be** sleepy. 너는 졸린 것이 틀림없다.

(3) 부정문: ～해서는 안 된다

> • You **must not park** here. 당신은 여기에 주차하시면 안 됩니다.

📋 최상위로 가는 비법 노트

[must]에 밑줄을 그어놓고 의미가 [의무]인지 [추측]인지를 묻는 문제가 자주 출제된다. [must] 다음에 [be동사]가 나오는 경우 추측의 의미로 쓰이는 경우가 많다. 하지만 해석을 통해서 반드시 확인을 해야 한다.

② **should + 동사원형**

(1) 의무: ～해야 한다

> • We **should follow** the school rules. 우리는 학교 규칙을 따라야 한다.

(2) 충고: ～하는 것이 좋다

- You **should listen** to the teachers in class.
  너는 수업 중에 선생님 말씀을 잘 듣는 것이 좋다.
- You **should see** a doctor and **take** some rest.
  너는 진찰받고 휴식을 좀 취하는 것이 좋겠어.

(3) 부정문: ～해서는 안 된다

- You **should not skip** breakfast. 너는 아침을 거르면 안 된다.

③ have to + 동사원형

※ 주어의 인칭이나 시제에 따라 has to나 had to의 형태로 변형된다.

(1) 의무, 필요: ～해야 한다

- We **have to wear** school uniforms. 우리는 교복을 입어야 한다.
- He **has to finish** his work by this Friday. 그는 이번 주 금요일까지 그의 일을 끝내야 한다.

(2) 의문문: Do / Does / Did + 주어 + have to 동사원형 ～?

- **Does** he **have to** get up early? 그는 아침에 일찍 일어나니?

(3) 부정문(불필요): 주어 + don't / doesn't / didn't have to 동사원형

- ～할 필요가 없다
- I **don't have to go** to school **today**. 나는 오늘 학교에 갈 필요가 없다.

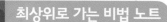

[have to]는 be동사나 일반 동사 앞에서 [~해야 한다]라는 의미를 더해 주는 조동사와 같은 기능을 한다.
하지만 부정문이나 의문문을 만들 때는 일반동사의 부정문과 의문문을 만들 때와 같다.

CHAPTER

02

④ must, should, have to 비교

	must, should	have to
긍정	의무 (~해야 한다)	
부정	**금지** ~해서는 안 된다	**불필요** ~할 필요가 없다

- You **must not cheat** in an exam. 너는 시험에서 부정행위를 해서는 안 된다.
- You **don't have to get up** early tomorrow morning.
  너는 내일 아침 일찍 일어날 필요가 없다.

A. 밑줄 친 must가 나타내는 의미를 괄호 안에서 고르시오.

1. You <u>must</u> be a genius.　　　　　(의무 / 강한 추측)

2. You <u>must</u> wear a helmet.　　　　(의무 / 강한 추측)

3. The baby <u>must</u> be hungry.　　　(의무 / 강한 추측)

4. We <u>must</u> follow the traffic rules.　(의무 / 강한 추측)

5. We <u>must</u> be careful.　　　　　　(의무 / 강한 추측)

B. 우리말과 일치하도록 괄호 안에서 알맞은 것을 고르시오.

1. 그는 내일 일찍 일어날 필요가 없다.

= He (must not / doesn't have to) get up early.

2. 너는 영화를 다운로드해서는 안 된다.

= You (must not / don't have to) download movies.

3. 우리는 그것에 대해 걱정할 필요가 없다.

= We (must not / don't have to) worry about it.

4. 너의 선생님은 화가 나신 게 틀림없어.

= Your teacher (must / has to) be angry.

C. 다음 문장을 괄호 안의 지시대로 바꿔 쓰시오.

1. (의문문으로) I should leave now.

→ _____

2. (의문문으로) I have to go to the dentist.

→ _____

3. (부정문으로) You had to tell the truth.

→ _____

4. (부정문으로) We should talk loudly in the library.

→ _____

5. (부정문으로) Julia has to finish the report by tomorrow.

→ _____

기본시제: 현재, 과거, 미래

Concept 014

↳ 시제는 동사가 담당한다. 동사를 집중해서 보자!

1 현재시제는 현재의 상황뿐만 아니라 과거에도 그랬고, 지금 현재도 그렇고, 앞으로도 그럴 가능성이 높을 때도 쓴다.

(1) 현재의 상황

> • I **am** sleepy now. 나는 지금 졸리다.

(2) 습관적인 일

> • I **eat** an apple in the morning. 나는 아침에 사과를 먹는다.

(3) 일상적인 상황

> • I **teach** English at a middle school. 나는 중학교에서 영어를 가르친다.

(4) 일반적인 사실

> • Exercising regularly **is** good for your health. 규칙적으로 운동하는 것은 건강에 좋다.

(5) 보편적 진리

> • The earth **goes** around the sun. 지구는 태양 주위를 돈다.

(6) 속담 및 격언

> • Honesty **is** the best policy. 정직이 최선의 방책이다.

- 습관이라는 것은 어제도 그랬고, 오늘도 그렇고, 큰 이변이 없는 한 내일도 그럴 것을 의미한다.
- 일상적인 상황이라는 것은 반복적으로 일어나는 상황으로 어제도 그랬고, 오늘도 그렇고, 큰 이변이 없는 한 내일도 그럴 것을 의미한다.
- 일반적인 사실은 오랜 기간 많은 사람에게 사실로 인정받은 것으로 과거, 현재, 미래를 모두 포함하는 개념이다.
- 보편적 진리는 언제, 어디서든 인정되는 사실이다. 어제는 그랬는데 오늘은 그렇지 않다면 보편적인 진리가 아니다.
- 사람들이 종종 "옛말 틀린 거 하나도 없다."라고 말한다. 예전에 통했던 말이 지금도 통한다는 것이고, 그 말은 또한 앞으로도 통할 것 같은 느낌이다. 그런 말을 보통 속담이나 격언이라고 한다.

② **과거 시제는 특정 시점에 일어났던 동작, 상태, 역사적 사실을 표현하며, 현재와는 아무런 관련이 없다.**

(1) 주로 과거의 특정한 시점을 나타내는 말과 함께 쓰인다.

> - yesterday, last night, two days ago, then, at that time 등
> - I **lived** in Incheon **10 years ago.** 나는 10년 전에 인천에 살았다.

(2) 역사적 사실은 무조건 과거 시제로 표현한다.

> - The Korean War **broke out** in 1950. 한국전쟁은 1950년도에 발생했다.

③ **미래시제는 미래에 대한 예상, 계획 등을 표현하는 데 사용한다.**

(1) will + 동사원형: 미래 상황에 대한 예상이나 주어의 즉흥적인 의지를 표현
(2) be going to + 동사원형: 미리 계획되었거나 예정되어 있는 일 표현
(3) 주로 미래의 특정한 시점을 나타내는 말과 함께 쓰인다.

> - tomorrow, next week, in the future 등

개념 확인 문제

✍ 괄호 안에서 알맞은 말을 고르시오.

1. He (gets / got / will get) up early every morning.

2. They (move / moved / will move) to Gwangju two years ago.

3. I (send / sent / will send) you an email tomorrow.

4. My dad is going to (fix / fixes / fixed) your bike.

5. I (am / was / will be) born in 2001.

6. The sun (rise / rises / rose / will rise) in the east, not in the west.

7. World War II (breaks / broke / will break) out in 1939.

8. I (go / went / will go) to the movies last weekend.

진행시제: 현재진행, 과거진행, 미래진행

① **진행시제는 동사의 모양이 [be동사 + 동사 ing]이다**

구분	동사 ing 만드는 법	예
대부분의 동사	동사원형 + ing	go → going teach → teaching
e로 끝나는 동사	e를 빼고 + ing	take → taking come → coming
ie로 끝나는 동사	ie를 y로 바꾸고 + ing	lie → lying die → dying
단모음 + 단자음으로 끝나는 동사	마지막 자음을 한 번 더 쓰고 + ing	run → running, swim → swimming

> ※ 특이사항(정말 궁금한 학생들만 보면 된다.)
>
> 1. [단모음 + 단자음]으로 끝나는 1음절 동사 중 -w/x로 끝나는 경우
>
>   show → showing, fix → fixing
>
> 2. [단모음 + 단자음]으로 끝나는 2음절 동사 중 강세가 뒤에 있는 경우
>
>   prefer → preferring, admit → admitting
>
> 3. [단모음+단자음]으로 끝나는 2음절 동사 중 강세가 앞에 있는 경우
>
>   visit → visiting, listen → listening

② **현재진행형 : 현재 시점에 진행되고 있는 동작이나 상태를 나타낸다**

(1) 형태: am / are / is + 동사 ing

(2) 의미: ~ 하고 있다, 하고 있는 중이다

> • I **am reading** a book now. 나는 지금 책을 읽고 있다.

(3) 부정문 : am / are / is + not + 동사 ing

- I **am not reading** a book now. 나는 지금 책을 읽고 있지 않다.

(4) 의문문: Am / Are / Is + 주어 + 동사 ing ~ ?

- **Are** you **reading** a book now? 너는 지금 책을 읽고 있니?
- Yes, I **am.** / No, I **am not.**

3 **과거진행형 : 과거 시점에 진행되고 있던 동작이나 상태를 나타낸다**

(1) 형태: was / were + 동사 ing
(2) 의미: ~ 하고 있었다, 하고 있던 중이었다

- I **was watching** TV when you called me. 나는 네가 나에게 전화했을 때 TV를 보고 있었다.

(3) 부정문: was / were + not + 동사 ing

- I **was not watching** TV when you called me.
  나는 네가 나에게 전화했을 때 TV를 보고 있지 않았다.

(4) 의문문: Was / Were + 주어 + 동사 ing ~?

- **Were** you **watching** TV when I called you?
  너는 내가 너에게 전화했을 때 TV를 보고 있었니?
- Yes, I **was.** / No, I **wasn't.**

✎ 진행형의 부정문과 의문문

진행형에는 be동사가 사용되기 때문에 be동사가 사용된 문장의 부정문과 의문문 만드는 방식과 같다. 즉, 부정문을 만들기 위해서는 be동사 다음에 not을 써주고, 의문문을 만들기 위해서는 be동사와 주어의 자리를 바꾸면 된다.

하지만 시험 문제 중에 일반동사가 사용된 문장을 주고 진행형으로 바꾸라고 하는 경우가 종종 있다. 예를 통해서 보자.

• I didn't play computer games last night. 나는 어젯밤에 컴퓨터 게임을 하지 않았다.

이 문장은 일반동사 [play]가 사용된 문장을 [didn't]를 사용하여 부정한 문장이다. 만약에 이 문장을 [진행형]으로 바꾸라고 하면 아주 신중하게 접근해야 한다.

먼저, 위 문장은 [didn't play]를 통해 시제는 과거이며, 일반동사가 사용되었다는 것을 알 수 있다. 따라서 진행형으로 바꿀 때 [과거진행형]으로 바꿔야 한다. [과거진행형]은 [was/were + 동사ing]이고, 위 문장이 부정문이므로 [was/were + not + 동사ing] 형태가 되어야 한다.

• I wasn't playing computer games last night. 나는 어제 밤에 컴퓨터 게임을 하고 있지 않았다.

④ 미래진행형 : 미래 시점에 진행되고 있을 동작이나 상태를 나타낸다

(1) 형태: will be + 동사ing

(2) 의미: ～ 하고 있을 것이다

• I **will be waiting** for you there. 나는 거기에서 너를 기다리고 있을 거야.

개념 확인 문제

A. 다음 동사들을 − ing형태로 쓰시오.

1. am / are / is _____ **16.** bring _____

2. make _____ **17.** listen _____

3. cut _____ **18.** live _____

4. say _____ **19.** get _____

5. refer _____ **20.** lie _____

6. swim _____ **21.** win _____

7. run _____ **22.** come _____

8. play _____ **23.** go _____

9. do _____ **24.** have _____

10. meet _____ **25.** cry _____

11. sleep _____ **26.** visit _____

12. write _____ **27.** eat _____

13. take _____ **28.** walk _____

14. die _____ **29.** stop _____

15. ride _____ **30.** study _____

B. 다음 괄호 안에서 알맞은 말을 고르시오.

1. I (am read / am reading) a comic book.

2. Mom (is / was) talking to Dad last night.

3. Are they (watch / watching) TV?

CHAPTER 02

4. I (was / did) taking a shower then.

5. I (am not / not am) listening to music.

6. What (are / were) you doing at that time?

7. I (am / was) studying when you entered my room.

8. My friends (is / are) playing badminton.

9. He (works / working) in a bank.

10. Nancy (is / was) swimming in the pool an hour ago.

C. 다음 문장을 괄호 안의 지시대로 바꿔 쓰시오.

1. (현재진행형으로) I don't water the plants.

→ _____

2. (현재진행형으로) Do you have breakfast?

→ _____

3. (과거진행형으로) Did you do your homework last night?

→ _____

4. (과거진행형으로) We didn't play with the ball.

→ _____

02 **Review Test** 학교 시험에 꼭 나오는 문제

C 010

1. 밑줄 친 do의 쓰임이 다른 하나는?

① <u>Do</u> we have P.E. today?

② <u>Do</u> you have an eraser?

③ I <u>do</u> not like vegetables.

④ I <u>do</u> my homework after dinner.

⑤ <u>Do</u> they go to the same school?

C 011

2. 빈칸에 들어갈 말로 가장 적절한 것은?

He can _____ the piano and the violin.

① plays   ② play   ③ played

④ playing   ⑤ to play

C 011

3. 다음 중 어법상 옳은 것은?

① He cans ride a bike.

② You will can speak English soon.

③ You will be famous in the future.

④ Jimin will goes to the movies tonight.

⑤ Will Junho comes to the party today?

C 014

4. 다음 중 어법상 옳은 것은?

① I didn't like milk two years ago.

② Did he write the story next week?

③ Will you visit Toronto last month?

④ Mr. Kim works at the bank last year.

⑤ We took a walk in the park tomorrow.

C 012

5. 밑줄 친 may의 의미가 나머지 넷과 다른 하나는?

① It may be true.

② May I come in?

③ You may go home.

④ You may use my eraser.

⑤ May I ask you a question?

C 013

6. 밑줄 친 must의 의미가 나머지 넷과 다른 하나는?

① You must come back by 9p.m.

② We must recycle cans and bottles.

③ You must keep your word this time.

④ She must be sad because her son is sick.

⑤ I must return this book to the library today.

C 012 - 013

7. 두 문장의 의미가 같지 <u>않은</u> 것은?

① You can go now.

= You may go now.

② We can win the game.

= We are able to win the game.

③ You must not park here.

= You don't have to park here.

④ You should not run in the classroom.

= You must not run in the classroom.

⑤ I will go camping this weekend.

= I am going to go camping this weekend.

C 012

8. 다음 빈칸에 들어갈 말로 가장 적절한 것은?

I am going to go to the movies this Friday.

= I _____ go to the movies this Friday.

① will   ② can   ③ may

④ must   ⑤ should

C 013

9. 다음 중 어법상 옳은 것은?

① He has to seeing a doctor.

② You has to bring your cup.

③ Mom has to sends an email.

④ She have to buy a new dress.

⑤ We have to rent a car for a week.

C 011 - 012

10. 다음 문장을 괄호 안의 지시대로 바꾸시오.

> You can solve this math problem.

(1) 부정문: _____

(2) 의문문: _____

C 011 - 013

11. 다음 중 어법상 옳은 문장의 개수는?

> ⓐ He can swims very well.
>
> ⓑ Can I see your passport?
>
> ⓒ She doesn't has to go there.
>
> ⓓ Mom must be angry with you.
>
> ⓔ You not should run in the classroom.

① 1개   ② 2개   ③ 3개   ④ 4개   ⑤ 5개

C 014

12. 다음 중 어법상 어색한 것은?

① I exercise every day.

② I was help my mom.

③ Sejin is drawing cartoons.

④ Were they waiting for you?

⑤ The early bird catches the worm.

C 013

13. 다음 우리말을 영어로 바르게 옮긴 것은?

나는 오늘 일찍 일어날 필요가 없다.

① I have to get up early today.

② I must not get up early today.

③ I should not get up early today.

④ I have not to get up early today.

⑤ I don't have to get up early today.

C 014

14. 빈칸에 들어갈 말로 적절하지 않은 것은?

We are going to move to Busan _____.

① soon   ② next week   ③ yesterday

④ tomorrow   ⑤ this Friday

C 015

15. 다음 문장을 진행형으로 바꾸시오.

(1) Minho doesn't play computer games.

→ _____

(2) What did you do last night?

→ _____

(3) Does Cindy listen to music?

→ _____

Chapter

3

문장의 종류

비인칭 주어 it, 지시대명사

① 날씨, 시간, 계절, 요일, 거리, 온도, 명암 등을 표현할 때 주어 자리에 쓰는 it을 비인칭 주어라고 하며, 해석하지 않는다

> **It + be동사 + 날씨, 시간, 계절, 요일, 거리, 온도, 명암 등**
> ↳ It 다음에 나오는 이 부분의 내용을 보고 판단한다.

날씨	It is sunny. 날씨가 맑다.
시간	It is eight o'clock. 8시다.
계절	It is summer. 여름이다.
요일	It is Sunday. 일요일이다.
날짜	It is September 20th. 9월 20일이다.
거리	It is 2 kilometers from here. 여기서 2킬로미터이다.
명암	It is getting dark. 어두워지고 있다.

📝 최상위로 가는 비법 노트

✏️ 대명사 it과 비인칭 주어 it

[it]에 밑줄을 그어놓고 무엇으로 쓰였는지 구분하라는 문제가 자주 출제된다.

1. 대명사 it: 앞에 있는 명사를 대신하며, [그것]이라고 해석된다.

- **It** is my pen. I bought **it** yesterday. 그것은 나의 펜이다. 나는 어제 그것을 샀다.

2. 비인칭 주어 it: 해석되지 않으며, [it] 다음에 날씨, 시간, 계절 등이 연결된다.

- **It** is very hot and humid. 매우 덥고 습하다.

② 지시대명사

(1) this와 these는 상대적으로 가까운 것을 that과 those는 상대적으로 멀리 있는 것을 지칭한다.

단수		복수	
this	이것	these	이것들
that	저것	those	저것들

(2) 지시대명사 this의 다양한 쓰임

① 사물을 지칭할 때: **This** is my book. 이것은 나의 책이다.

② 사람을 소개할 때: **This** is my brother. 이 사람은 저의 형입니다.

③ 전화통화 시 전화를 걸거나 받은 사람을 가리킬 때

- Who's speaking, please? 누구세요?
- Hi, **this** is John. 안녕, 나 John이야.

(3) 지시대명사는 명사를 수식하는 지시형용사로도 쓰인다.

- **This** is my book. 이것은 나의 책이다.
- **This book** is interesting. 이 책은 재미있다.
  ↳ 지시형용사로 쓰이는 경우 [this]나 [that] 뒤에 단수 명사가 있고 [이 / 저]라고 해석된다.
- **Those** are my books. 저것들은 나의 책이다.
- **Those books** are boring. 저 책들은 지루하다.
  ↳ 지시형용사로 쓰이는 경우 [these]나 [those] 뒤에 복수 명사가 있고 [이 / 저]라고 해석된다.

개념 확인 문제

A. 밑줄 친 [it]의 쓰임을 괄호 안에서 고르시오.

1. It's too dark. I can't see anything.　　　(대명사 / 비인칭 주어)

2. It is dangerous to your health.　　　(대명사 / 비인칭 주어)

3. What day is it today?　　　(대명사 / 비인칭 주어)

4. What time is it now in New York?　　　(대명사 / 비인칭 주어)

5. A: How's the weather in London?
　 B: It's raining cats and dogs.　　　(대명사 / 비인칭 주어)

6. A: I can't find my phone.
　 B: It is on your desk.　　　(대명사 / 비인칭 주어)

B. 괄호 안에서 알맞은 것을 고르시오.

1. (This / These) is my pen.

2. (That / Those) are not my friends.

3. Do you see (this / that) man over there? He is my father.

4. (This is / I am) Tony speaking. Who's calling, please?

Concept 017 there is / are

① 평서문, 부정문, 의문문

(1) 평서문: ~이 있다

① There is + 단수 명사 (또는 셀 수 없는 명사)

└ 수 일치 ┘

- There **is a boy** at the bus stop. 버스 정류장에 한 명의 소년이 있다.
  ↳ 단수 명사가 나왔으므로 be동사는 [is]이다.

② There are + 복수 명사

└ 수 일치 ┘

- There **are several boys** at the bus stop. 버스 정류장에 몇 명의 소년들이 있다.
  ↳ 복수 명사가 나왔으므로 be동사는 [are]이다.

(2) 부정문: ~이 없다

① There is not 단수 명사 (또는 셀 수 없는 명사) (= There isn't ~)

- There isn't a park in my town. 우리 마을에는 공원이 없다.

② There are not 복수 명사 (= There aren't ~.)

- There aren't students in the classroom. 교실에는 학생들이 없다.

(3) 의문문: ~이 있니?

① Is there 단수 명사 (또는 셀 수 없는 명사)

- Is there a bank near here? 이 근처에 은행이 있나요?

② Are there **복수 명사**

> • Are there many students on the playground? 운동장에 학생들이 많이 있나요?

② 과거일 때는 there was / were, 미래일 때는 there will be

> • There **were** some children in the park. 공원에 아이들이 있었다.
> • There **weren't** any children in the park. 공원에 아이들이 없었다.
> • There **will be** some children in the park. 공원에 아이들이 있을 것이다.

③ 주로 장소나 위치를 나타내는 말과 함께 쓰인다

(1) in: ~(안)에

> • There is a cat **in** the box. 상자 안에 고양이 한 마리가 있다.

(2) on: ~(위)에

> • There are two cats **on** the table. 테이블위에 고양이 두 마리가 있다.

(3) in front of: ~의 앞에

> • There is a dog **in front of** the box. 상자 앞에 강아지 한 마리가 있다.

(4) behind: ~의 뒤에

> • There was a dog **behind** the tree. 나무 뒤에 강아지 한 마리가 있었다.

(5) under: 〜의 아래에

• Is there a cat **under** the table? 테이블 아래로 고양이 한 마리가 있니?

(6) over: 〜의 위에

• There are black clouds **over** our heads. 비구름이 우리의 머리 위에 있다.

(7) next to: 〜의 옆에

• There were two bears **next to** the tree. 나무 옆에 곰 두 마리가 있었다.

(8) around: 〜의 주변에

• We sat **around** the campfire. 우리는 모닥불 주변에 앉았다.

(9) across from: 〜의 맞은편에

• There is a school **across from** my house. 우리 집 맞은편에 학교가 있다.

(10) between A and B: A와 B 사이에

• There is a bank **between** the library **and** the post office.
도서관과 우체국 사이에 은행이 있다.

✍ 다음 괄호 안에서 알맞은 말을 고르시오.

1. There (is / are) many vegetables in bibimbap.

2. There (was / were) not enough time for me.

3. How many people (is / are) there in your family?

4. There (was / were) many stars in the sky.

5. (Is / Are) there a book about an iguana? Yes, there (is / are).

6. There (is / are) some money on the table.

Concept 018 감탄문

1 What으로 시작하는 감탄문

> **What + (a[n]) + 형용사 + 명사 + (주어 + 동사)!**
> = 주어 + 동사 + (a[n]) + **very** + 형용사 + 명사

- What a kind boy you are! 너는 정말 친절한 소년이구나!
  = You are a **very** kind boy. 너는 정말 친절한 소년이다.
- What cute **girls** you are! 너희들은 정말 귀여운 소녀들이구나!
  ↳ 복수 명사이므로 앞에 관사 [a]가 없다.
  = You are **very** cute girls. 너희들은 정말 귀여운 소녀들이다.

2 How로 시작하는 감탄문

> **How + 형용사/부사 + (주어 + 동사)!**
> = 주어 + 동사 + **very** + 형용사/부사

- How handsome he is! 그는 정말 잘생겼구나!
  = He is **very** handsome. 그는 정말 잘생겼다.
- How hard he works! 그는 정말 열심히 일하는구나!
  = He works **very** hard. 그는 정말 열심히 일한다.

✏️ 빈칸 다음에 형용사가 바로 보이는 경우의 대처법

• _____ beautiful flowers they are!

빈칸에 [what]과 [how] 중 어느 것이 들어가야 할까? 빈칸 다음에 형용사 [beautiful]이 보여서 [How]가 들어가야 한다고 확신하기 쉽다. 하지만 아니다. 형용사 [beautiful] 다음에 복수명사 [flowers]가 나왔기 때문에 관사 [a]가 생략되어 있는 것이므로 [What]이 들어가야 한다.

여기에 속지 않기 위해서는 형용사 다음에 복수명사가 있고, 그다음에 주어와 동사가 연결되었는지 확인해야 한다. 물론 주어와 동사는 생략되어 있을 수도 있지만, 복수명사가 있는지는 반드시 확인하도록 하자.

개념 확인 문제

A. 빈칸에 what 또는 how를 넣어 감탄문을 완성하시오.

1. _____ fast you are!

2. _____ a kind girl she is!

3. _____ clean her room is!

4. _____ difficult questions they are!

5. _____ wonderful the weather is!

B. 두 문장의 의미가 같도록 문장을 완성하시오.

1. You are very funny.
   = How _____ !

2. It is a very interesting festival.
   = What _____ !

3. Your school is very big.
   = How _____ !

4. They are very beautiful flowers.
   = What _____ !

Concept 019 명령문

1 다른 사람에게 명령, 충고, 조언 등을 할 때 사용하는 문장을 명령문이라고 한다

(1) 긍정명령문: 동사원형 ~.

- **Be** careful. 조심해라.
- **Look at** me. 나를 봐라.
- **Sit down**, please. 앉으세요.

(2) 부정명령문: Don't 동사원형 ~.

- **Don't make** a noise. 시끄럽게 하지 마세요.
- **Don't be** late again. 또다시 늦지 마세요.

2 명령문, and / or

(1) 명령문, **and** + 긍정적 결과: ~해라, 그러면

- Get up now, **and** <u>you will catch the school bus.</u>
  　　　　　　　　　긍정적 결과
  지금 일어나라, 그러면 너는 학교버스를 탈 수 있을 것이다.

(2) 명령문, **or** + 부정적 결과: ~해라, 그렇지 않으면

- Get up now, **or** <u>you will miss the school bus.</u>
  　　　　　　　　부정적 결과
  지금 일어나라, 그렇지 않으면 너는 학교버스를 놓칠 것이다.

A. 다음 괄호 안에서 알맞은 말을 고르시오.

1. (Be / Open) the door.

2. (Be / Do) nice to your friends.

3. (Don't / Doesn't) use bad words.

4. (Not be / Don't be) late for school again.

B. 다음 괄호 안에서 알맞은 말을 고르시오.

1. Hurry up, (and / or) you will get there on time.

2. Turn right, (and / or) you'll see the building.

3. Take an umbrella, (and / or) you will get wet.

4. Wear this winter Jacket, (and / or) you won't catch a cold.

Concept 020 의문사가 있는 의문문, 빈도부사

① 의문사의 종류

누가	언제	어디서	무엇	어떻게	왜	어느 것
who	when	where	what	how	why	which

- **Who** are you? 너 누구니?
- **When** is your birthday? 너의 생일은 언제야?
- **Where** did you buy these shoes? 이 신발 어디에서 샀어?
- **What** do you want to do now? 너 지금 뭐 하고 싶어?
- **How** did you solve this problem? 너 어떻게 이 문제를 풀었어?
- **Why** does she want to meet me? 그녀가 날 왜 만나고 싶어 하는 거야?
- **Which** do you like better, summer or winter? 너는 여름 혹은 겨울 어느 것이 더 좋아?

② 의문사가 있는 의문문 만들기

(1) 어순: 의문사 + 동사 + 주어

(2) 의문사가 있는 의문문에는 yes나 no로 대답할 수 없다.

be동사인 경우	의문사 + be동사 + 주어 ~ ?
일반동사인 경우	의문사 + do / does / did + 주어 + 동사원형 ~ ?
조동사인 경우	의문사 + 조동사 + 주어 + 동사원형 ~?

- What are you doing? 너 지금 뭐 하고 있어?
- What did you eat for lunch? 당신은 점심으로 무엇을 드셨나요?
- Where can I see the Milky Way? 은하수를 어디에서 볼 수 있나요?

3 **빈도부사**

(1) 개념: 빈도부사는 얼마나 자주(횟수)를 표현하는 부사이다.

(2) 종류와 빈도

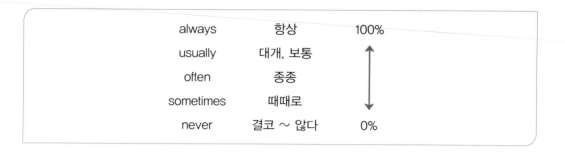

always	항상	100%
usually	대개, 보통	
often	종종	
sometimes	때때로	
never	결코 ~ 않다	0%

(3) 빈도부사의 위치: be동사나 조동사 뒤, 일반동사 앞

- I **am always** happy. 나는 항상 행복하다.
- I **will always trust** you. 나는 항상 너를 믿을 거야.
- I **always go** to bed before 10. 나는 항상 10시 전에 잠자리에 든다.

A. 다음 대화의 빈칸에 알맞은 의문사를 쓰시오.

1. A: _____ is the man?

B: He is my father.

2. A: _____ does your school start?

B: It starts at 8:30.

3. A: _____ do you live?

B: I live in ABC apartment.

4. A: _____ does your father do?

B: He is a fire fighter.

5. A: _____ do you go to school?

B: I walk to school.

6. A: _____ are you angry?

B: Because my little brother read my diary.

B. 괄호 안에서 알맞은 것을 고르시오.

1. I (always am / am always) tired.

2. She (usually wakes / wakes usually) up early.

3. You (never will find / will never find) it.

Concept 021 부가의문문

1 자신이 한 말에 대해 상대방의 동의를 구하거나 확인하고자 할 때 문장 끝에 붙이는 [동사 + 대명사 주어?] 형태의 의문문을 부가의문문이라고 한다.

📓 최상위로 가는 비법 노트

부가의문문을 만들 때는 콤마(,) 앞에 문장의 종류를 반드시 확인해야 한다. 왜냐하면 문장의 종류(평서문, 명령문, 제안문)에 따라 부가의문문 만드는 방법이 달라지기 때문이다.

2 평서문의 부가의문문 만들기

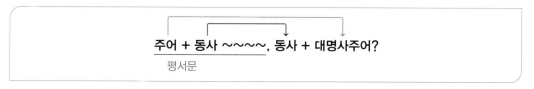

(1) 주어는 반드시 대명사의 형태가 되어야 한다.

(2) 동사는 동사의 종류를 먼저 확인한다. 단, 시제는 동일하다.

    – be 동사라면 be 동사 그대로 이동

    – 조동사라면 조동사 그대로 이동

    – 일반동사라면 do, does, did 중 하나로 이동

(3) 콤마(,) 앞의 문장이 긍정문이면 부가의문문은 부정문으로, 부정문이면 긍정문으로 바꾼다.

    • Jane likes math, doesn't she? Jane은 수학을 좋아해, 그렇지 않니?

1. 주어 [Jane]은 대명사인 [she]로 바뀌었다.
2. 동사는 일반동사의 3인칭, 단수, 현재형이다. 따라서 [does]를 써야 하는데,
3. 콤마(,) 앞의 문장이 긍정문이므로, 부가의문문은 부정형인 [doesn't]가 되었다.

• Jane doesn't like math, does she? Jane은 수학을 좋아하지 않아, 그렇지?

③ 부가의문문의 억양과 의미

📝 최상위로 가는 비법 노트

1. 주어 [Jane]은 대명사인 [she]로 바뀌었다.
2. 동사 [doesn't like]는 조동사 [does]가 사용된 부정형이므로, 부가의문문은 긍정형인 [does]가 되었다.

(1) 이미 알고 있는 상태에서 사실 확인을 하고 싶을 때

• You are hungry, aren't you? ↘
상대방이 배고프다고 생각을 하고 실제로 배고픈지 확인만 하면 되는 상황. 배고프다고 하면 바로 먹을 것을 제공하려는 의도를 느낄 수 있음.

(2) 궁금해서 물어보고자 할 때

• You are hungry, aren't you? ↗
상대방이 배고픈지 아닌지 궁금해서 질문하는 상황

4 명령문, 제안문의 부가의문문 만들기

(1)
동사원형
Don't 동사원형 , will you?
명령문　　　　　알겠어?

- Go to bed early, **will you?** 일찍 자거라, 알겠니?

(2) **Let's 동사원형**, shall we?
제안문　　　　어때?

- Let's go camping, **shall we?** 캠핑하러 가자, 어때?

📝 **최상위로 가는 비법 노트**

[동사원형] 혹은 [Don't 동사원형]으로 시작하는 명령문은 고민할 것 없이 [will you?]를 쓰면 되고,
[Let's 동사원형]으로 시작하는 제안문은 고민할 것 없이 [shall we?]를 쓰면 된다.

개념 확인 문제

✍ 빈칸에 알맞은 말을 넣어 문장을 완성하시오.

1. Your brother can swim, _____ _____?

2. You didn't go to the party last night, _____ _____?

3. Bill and Tom like pizza, _____ _____?

4. James could ride a bike when he was seven, _____ _____?

5. Today is Thursday, _____ _____?

6. Let's not go out today, _____ _____?

7. Don't use your cell phone, _____ _____?

8. Kate always helps you, _____ _____?

9. Be careful with the knife, _____ _____?

10. You won the race, _____ _____?

C 016

1. 밑줄 친 It의 쓰임이 다른 하나는?

① It is Friday.

② It is your fault.

③ It is sunny and clear.

④ It rains a lot in summer.

⑤ It is the first day of school.

C 017

2. 다음 중 어법상 어색한 것은?

① There is a lake in my town.

② There isn't a book on the desk.

③ Are there pictures in this book?

④ There are many stars in the sky.

⑤ There was many people in the park.

C 020

3. 다음 중 어법상 옳은 것은?

① I always am happy.

② I usually wear blue jeans.

③ I go often to the movies.

④ She never will forget you.

⑤ He sometimes is late for class.

C 018

4. 빈칸에 들어갈 말이 나머지 넷과 <u>다른</u> 것은?

① _____ tall he is!

② _____ a good view it is!

③ _____ a happy smile she has!

④ _____ sweet candies they are!

⑤ _____ expensive cars they are!

C 019

5. 어법상 옳은 것을 <u>모두</u> 고르시오.

① Takes some rest.

② Tell me the answer.

③ Don't sits on the chair.

④ Doesn't open the book, please.

⑤ Never speak when you are eating.

C 020

6. 대화의 빈칸에 들어갈 말로 가장 적절한 것은?

A: How often do you exercise?

B: _____.

① Yes, I do

② In the park

③ For 30 minutes

④ Three times a week

⑤ With my father and my brother

7. 밑줄 친 부분 중 어법상 옳은 것은?

① His sister is smart, <u>is she</u>?

② He can play the flute, <u>can he</u>?

③ She likes to play tennis, <u>isn't she</u>?

④ You went to the museum, <u>didn't you</u>?

⑤ Don't take your cell phone to school, <u>do you</u>?

8. 다음 중 대화가 <u>어색한</u> 것은?

① A: Who is he?

   B: He is my friend, Andy.

② A: How is the weather today?

   B: It's very hot.

③ A: Where do your grandparents live?

   B: They live in Busan.

④ A: How does your father go to work?

   B: He goes to work early in the morning.

⑤ A: Why is she so angry?

   B: Because she didn't do well on the exam.

9. 빈칸에 알맞은 부가의문문을 넣어 문장을 완성하시오.

(1) He can drive, _____ _____?

(2) Call me tonight, _____ _____?

(3) You did your homework, _____ _____?

(4) You aren't busy right now, _____ _____?

(5) Let's go fishing this weekend, _____ _____?

10. 다음 빈칸에 들어갈 말이 차례대로 연결된 것은?

> • There _____ a museum in this city.
>
> • There _____ many candies in this basket.
>
> • _____ there any interesting programs on TV?

① is – is – are   ② is – are – is

③ is – are – are   ④ are – is – are

⑤ are – are – is

11. 다음 중 어법상 옳은 것은?

① Do your best, shall we?

② What an wonderful world!

③ What beautiful flowers they are!

④ Study hard, or you will get a good grade.

⑤ Close the window, and you will catch a cold.

12. 다음 빈칸에 알맞은 말을 쓰시오.

(1) If you work hard, you will succeed.

   = Work hard, _____ you will succeed.

(2) If you don't hurry up, you will miss the train.

   = Hurry up, _____ you will miss the train.

C 018

13. 괄호 안의 말을 이용하여 같은 의미의 문장으로 바꾸어 쓰시오.

(1) It is a very cute dog. (What)

= _____

(2) This food is really cheap. (How)

= _____

C 019

14. 괄호 안의 단어를 이용하여 표지판에 대한 명령문을 완성하시오.

(1)  (feed)

(2)  (take)

C 020

15. 다음은 원어민 선생님(Sandy)과 학생 기자와의 인터뷰이다. 주어진 대답에 알맞은 질문을 쓰시오.

> Reporter: (1) _____
>
> Sandy: I am from Scotland.
>
> Reporter: (2) _____
>
> Sandy: My favorite Korean food is bibimbap.
>
> Reporter: (3) _____
>
> Sandy: My hobby is knitting.

4

to부정사와
동명사 1

to부정사의 개념 및 명사적 용법

① to부정사의 개념 및 형태

(1) 개념: 동사원형 앞에 to를 붙여 동사를 명사, 형용사, 부사로 바꾼 것이다.

(2) 형태: to + 동사원형

② to부정사의 명사적 용법

(1) 해석: ~하는 것, ~하기

(2) 용법: 문장에서 주어, 보어, 목적어로 사용된다.

📝 최상위로 가는 비법 노트

명사적 용법은 일단 [~하는 것] 또는 [~하기]라고 해석된다. 명사적 용법이 주어, 보어, 목적어 중 어느 것으로 사용되었는지를 판단하려면 우리말 조사를 확인하면 된다. [은/는/이/가]가 붙어 있다면 주어로, [이다]가 붙어 있다면 보어로, [을/를/로]가 붙어 있다면 목적어로 판단하면 된다. 모두 이렇게 구별되지는 않지만 대부분의 경우 이렇게 구별할 수 있어 명사적 용법을 이해하는 데는 큰 도움이 된다.

① 주어: ~하는 것은, ~하기는

• **To master** English is not easy. 영어를 정복하는 것은 쉽지 않다.
↳ 1. 주어 자리에 쓰였다는 것을 알면 최고!
2. [**정복하는 것은**]이라고 해석되므로 명사적 용법의 주어임.

※ 주어로 쓰인 to부정사는 동명사와 바꾸어 쓸 수 있다.

• **Mastering** English is not easy.

② 보어: 하는 것이다

• My dream is **to master** English. 나의 꿈은 영어를 정복하는 것이다.
　　　　　↳ 1. 보어 자리에 쓰였다는 것을 알면 최고!
　　　　　　 2. [**정복하는 것**이다]라고 해석되므로 명사적 용법의 보어임.

※ 보어로 쓰인 to부정사는 동명사와 바꾸어 쓸 수 있다.

• My dream is **mastering** English.

③ 목적어: ～하는 것을, ～하기를, ～하기로

※ 주로 like, want, hope, plan, decide 등과 함께 쓰이므로 숙어처럼 암기하여 사용하는 것이 좋으며, to부정사와 동명사를 함께 설명할 때 암기에 도움이 되는 설명을 추가로 할 것이다.

• I want **to master** English. 나는 영어를 정복하기를 원한다.
　　　　　↳ 1. 동사 [want]의 목적어 자리에 쓰였다는 것을 알면 최고!
　　　　　　 2. [**정복하는 것**을/ **하기**를]이라고 해석이 되므로 명사적 용법의 목적어임.

• I decided **to master** English. 나는 영어를 정복하기로 결심했다.
　　　　　↳ 1. 동사 [decided]의 목적어 자리에 쓰였다는 것을 알면 최고!
　　　　　　 2. [**정복하기**로]라고 해석되므로 명사적 용법의 목적어임.

A. 괄호 안에서 밑줄 친 to부정사의 역할을 고르시오.

1. I hope <u>to see</u> you again. (주어 / 보어 / 목적어)

2. They decided <u>to cross</u> the bridge. (주어 / 보어 / 목적어)

3. My hobby is <u>to see</u> stars in the sky. (주어 / 보어 / 목적어)

4. She wants <u>to take</u> a walk in the park. (주어 / 보어 / 목적어)

5. He plans <u>to exercise</u> regularly. (주어 / 보어 / 목적어)

6. My plan is <u>to travel</u> all around the world. (주어 / 보어 / 목적어)

7. <u>To see</u> is to believe. (주어 / 보어 / 목적어)

B. 다음 중 어법상 <u>어색한</u> 부분을 찾아 바르게 고치시오.

1. She wants to has a cat.

2. She decided going on a diet.

3. Break bad habits is not easy.

4. My plan is drink water often.

Concept 023 의문사 + to부정사, to부정사의 부정

① [의문사 + to부정사]의 개념 및 종류

(1) 개념: [의문사 + to부정사]는 하나의 덩어리로 명사가 된다. 따라서 주어, 보어, 목적어자리에 사용된다. 그중에서도 주로 목적어 자리에 사용된다.

(2) 종류 및 의미

what to V	무엇을 ~해야 할지	I don't know **what to eat** for lunch. 나는 점심으로 무엇을 먹어야 할지 모르겠다.
when to V	언제 ~해야 할지	Let me know **when to start**. 언제 시작해야 할지 알려 주세요.
where to V	어디서 ~해야 할지	Please, tell me **where to go**. 어디로 가야 할지 말해 주세요.
how to V	어떻게 ~해야 할지 ~하는 방법	Can you explain **how to use** this machine? 이 기계 사용하는 방법을 설명해 주실 수 있나요?

※ why to V는 거의 쓰지 않으므로 신경 쓰지 않아도 된다.

CHAPTER

04

② [의문사 + 주어 + should 동사원형]으로 바꾸어 쓸 수 있다

- I don't know **what to do**. 저는 무엇을 해야 할지 모르겠어요.
  = I don't know **what I should do**.
- Let me know **when to start**. 언제 시작해야 할지 알려 주세요.
  = Let me know **when I should start**.

③ to부정사의 부정: to부정사 바로 앞에 not 또는 never를 붙인다

- Mom told me to help my little sister.
  엄마는 나에게 여동생을 도와주라고 하셨다.
- Mom told me **not to help** my little sister.
  엄마는 나에게 여동생을 도와주지 말라고 하셨다.

A. 다음 우리말과 일치하도록 빈칸에 알맞은 말을 쓰시오.

1. 너는 거기에 가는 방법을 아니?

= Do you know _____ _____ _____ there?

2. 언제 가야 할지 그리고 어디로 가야 할지 말해 주세요.

= Please, tell me _____ _____ _____ and _____ _____ _____.

3. 그는 먼저 무엇을 할지 결정했다.

= He decided _____ _____ _____ first.

4. 우리는 무엇을 가져갈지에 대해 이야기할 것이다.

= We will talk about _____ _____ _____.

5. 소진이는 쿠키를 굽는 방법을 설명했다.

= Sojin explained _____ _____ _____ cookies.

B. 두 문장의 뜻이 같도록 빈칸에 알맞은 말을 쓰시오.

1. Tell me when to push this button.

= Tell me _____.

2. I don't know what to eat for dinner.

= I don't know _____.

3. Can you show me where to find a Chinese restaurant?

= Can you show me _____?

C. 다음 우리말과 일치하도록 빈칸에 알맞은 말을 쓰시오.

1. 가장 좋은 방법은 너무 많이 먹지 않는 것이다.

= The best way is _____ _____ _____ too much.

2. 그는 다시는 담배를 피우지 않기로 약속했다.

= He promised _____ _____ _____ again.

Concept 024 to부정사의 형용사적 용법

① **to부정사가 앞에 있는 명사를 수식하는 경우 형용사적 용법이다**

(1) 반드시 앞에 수식해야 할 명사가 있어야 한다.

(2) [~할] 또는 [~하는]으로 해석되어야 한다.

명사　　　　to 동사원형

~할 또는 ~하는

- You have the ability **to master** English. 너는 영어를 정복할 능력이 있다.
- I have many friends **to help** me. 나는 나를 도와줄 친구가 많다.

📝 **최상위로 가는 비법 노트**

to부정사 앞에 명사가 있다고 해서 모두 다 형용사적 용법은 아니다. 반드시 해석을 통해서 형용사적 용법이 맞는지 확인해야 한다.

- I went to the market **to buy** some fruit. 나는 과일을 사기 위해서 시장에 갔다.

여기서 to부정사는 앞에 명사 [the market]이 있지만 형용사적 용법이 아니다. 다음에 학습하게 될 부사적 용법의 [목적]의 의미로 사용되었다.

2 형용사적 용법의 경우 to부정사에 자동사가 사용되면
전치사가 필요할 때가 있다

- I need a pen **to write with.** 나는 가지고 쓸 펜이 하나 필요하다.
    ↳ 펜을 쓰는 것이 아니라 펜을 **가지고** 무언가를 쓰는 것이다.
- I need a piece of paper **to write on.** 나는 쓸 종이가 한 장 필요하다.
    ↳ 종이를 쓰는 것이 아니라 종이 **위에** 무언가를 쓰는 것이다.
- Will you give me a chair **to sit on?** 앉을 의자를 하나 주시겠어요?
    ↳ 의자를 앉는 것이 아니라 의자 **위에** 앉는 것이다.
- She tried to make friends **to talk with.** 그녀는 함께 이야기 할 친구를 사귀려고 노력했다.
    ↳ 친구를 이야기하는 것이 아니라 친구**와** 이야기하는 것이다.

📝 최상위로 가는 비법 노트

✎ I need a pen to write?

매우 헷갈리는 부분이니까 한 번에 이해되지 않는다고 속상해할 필요 없다. 일단 해석을 해 보면 [나는 쓸 펜이 필요하다.]로 별문제가 없어 보인다. 하지만 문법상으로는 틀린 문장이다. to부정사에 사용된 [write]는 [도구 등을 사용하다]라는 의미가 아니라 [글 등을 쓰다]는 의미이다. 글 등을 쓸 때는 펜을 가지고 쓰는 것이라고 표현해야 맞다. 따라서 [I need a pen to write with.]가 되어야 한다.

A. 괄호 안에서 밑줄 친 to부정사의 용법을 고르시오.

1. My plan is <u>to visit</u> London this summer vacation. (명사적 용법 / 형용사적 용법)

2. Jenny decided <u>to meet</u> Jack in the park. (명사적 용법 / 형용사적 용법)

3. I looked for something <u>to eat</u> last night. (명사적 용법 / 형용사적 용법)

4. Jinhae is a nice city <u>to visit</u> for cherry blossoms. (명사적 용법 / 형용사적 용법)

5. Do you have time <u>to talk</u> with me? (명사적 용법 / 형용사적 용법)

6. Many foreigners want <u>to learn</u> Korean. (명사적 용법 / 형용사적 용법)

7. I need some books <u>to read</u>. (명사적 용법 / 형용사적 용법)

B. 빈칸에 들어갈 말을 쓰시오. (단, 필요 없으면 X를 쓰시오.)

1. I'm looking for a house to live _____.

2. He has a lot of things to do _____.

3. I have many friends to play _____.

4. I need a piece of paper to write _____.

5. I have nothing to eat _____.

6. I couldn't find a seat to sit _____.

to부정사의 부사적 용법

1 **목적: ~하기 위해서, ~하러 (= in order to, so as to)**

(1) 부사적 용법 중에서 가장 많이 사용된다.

(2) 우리말 [~하기 위해서]라는 말을 영어로 표현하고 싶을 때 to부정사를 사용하면 된다.

(3) [목적]의 의미를 명확히 해 주기 위해 to부정사 앞에 [in order] 또는 [so as]를 붙여 주기
도 한다.

> • I study hard **to master** English.
>
>   나는 영어를 정복하기 위해서 열심히 공부한다.
>
> = I study hard **in order to master** English.
>
> = I study hard **so as to master** English.
>
> • **To master** English, you should study hard.
>
>   영어를 정복하기 위해서 너는 열심히 공부해야 한다.

📋 **최상위로 가는 비법 노트**

✏️ **to부정사로 문장이 시작되는 경우**

to부정사로 문장이 시작되는 두 가지 경우가 있다. 구별법은 전혀 어렵지 않으니 공식처럼 기억해 두면
아주 큰 도움이 된다.

1. to부정사로 시작했는데 동사가 또 나오는 경우

　　　　　　　┌ **문장의 동사**이며, to부정사가 주어이기 때문에 단수로 받는다.

<u>To V ~~~~</u> V

　　└ 문장의 주어로 쓰인 명사적 용법이다. 따라서 [~하는 것은]이라고 해석한다. 하지만, 이런 경우 대부분 가
　　　주어−진주어 구문을 사용한다.

• To study English is not easy. 영어를 **공부하는 것**은 쉽지 않다.

2. to부정사로 시작했는데 콤마(,)가 나온 후, [주어+동사]가 나오는 경우

To V ~~~~~🔍, S V

↳ 부사적 용법의 [목적]의 의미이다. 따라서 [~하기 위해서]라고 해석한다.

• To study English, I read short stories every day.

영어를 공부하기 위해서, 나는 매일 짧은 이야기를 읽는다.

② 감정의 원인 (감정 형용사 + to부정사): ~해서

(1) 부사적 용법 중에서 두 번째로 많이 사용된다.

(2) 감정을 나타내는 형용사 다음에 그런 감정이 왜 들었는지 설명하고 싶을 때, 혹은 우리말의 [~해서]라는 말을 영어로 표현하고 싶을 때 to부정사를 사용하면 된다.

(3) 감정 형용사: happy, glad, sad, surprised, excited, disappointed 등

• I am really **happy to master** English. 나는 영어를 정복해서 정말 기쁘다.

↳ to부정사 앞에 있는 이 형용사를 잘 보면 된다.

• She was **surprised** to see me there. 그녀는 그곳에서 나를 봐서 놀랐다.

③ 판단의 근거: ~하는 것을 보니, ~하다니

(1) 사람이나 상황에 대해 개인적인 판단을 내리고 그에 대한 근거를 제시할 때 사용한다.

(2) 우리말에 [~하다니] 또는 [~하는 것을 보니]를 영어로 표현하고 싶을 때 to부정사를 사용하면 된다.

• You must be diligent **to master** English. 영어를 정복하다니 너는 부지런함에 틀림없어.

↳ 왜 부지런하다고 판단했는지 근거를 제시하고 있음.

↳ 상대가 부지런하다고 판단을 내리고 있음.

to부정사 앞에 있는 [must be]에 주목해 보자. 이때 [must be]는 [~임에 틀림없다]라고 해석이 되는 경우로, 반드시 그런 것은 아니지만 to부정사 앞에 [must be]가 있는 경우 판단의 근거일 가능성이 높다. [~임에 틀림없다]라고 해석이 되는지 추가적으로 확인해 보자.

④ 결과: ~해서 (결과적으로) ~이 되다

(1) 부사적 용법의 [결과]는 판단하기 쉽지 않다. 특히 부사적 용법의 [목적]과 혼동되니 주의하자.

    ① 결과: to부정사 앞에 있는 동사가 주어의 의지와 관련이 없다.

    ② 목적: to부정사 앞에 있는 동사가 주어의 의지와 관련이 있다.

(2) 주로 live to-V, grow up to-V, wake up to-V 형태로 쓰인다.

- My grandmother lived **to be** ninety. 나의 할머니는 90세까지 사셨다.
- She grew up **to be** an English teacher. 그녀는 자라서 영어교사가 되었다.
  - * She studied hard **to be** an English teacher.

    그녀는 영어교사가 되기 위해서 열심히 공부했다.
- He woke up **to find** himself in a strange place.

  그는 깨어보니 자신이 이상한 곳에 있는 것을 알게 되었다.
  - * He woke up early **to catch** the first train. 그는 첫 기차를 타기 위해서 일찍 일어났다.

여전히 [결과]와 [목적]이 잘 구별이 안 되면, 이렇게라도 해 보자. 동사 부분을 해석할 때 [일부러]를 넣어서 [목적]의 의미로 해석해 보고 자연스러우면 [목적], 그렇지 않으면 [결과]로 판단하자.

- My grandmother lived **to be** ninety.

  [나의 할머니는 90세가 되기 위해서 일부러 사셨다.]는 어색하다. 따라서 [결과]의 의미이다.
- She grew up **to be** an English teacher.

  [그녀는 영어교사가 위기 위해서 일부러 자랐다.]도 어색하다. 따라서 [결과]의 의미이다.

- She studied hard **to be** an English teacher.

  [그녀는 영어교사가 되기 위해서 일부러 열심히 공부했다.]는 자연스럽다. 따라서 [목적]의 의미이다.

- He woke up **to find** himself in a strange place.

  [그는 자신이 이상한 곳에 있는 것을 알기위해서 일부러 깨었다.]는 어색하다. 따라서 [결과]의 의미이다.

- He woke up early **to catch** the first train.

  [그는 첫 기차를 타기 위해서 일부러 일찍 일어났다.]는 자연스럽다. 따라서 [목적]의 의미이다.

⑤ 형용사 수식 (쉬움/어려움 형용사 + to부정사): ~하기에

(1) to부정사가 앞에 있는 형용사를 수식하는 경우로 [정도]라고 부르기도 한다.

(2) to부정사 앞에 주로 쉽거나 어려운 정도를 나타내는 형용사가 온다.

- English isn't **easy to master.** 영어는 **정복하기에** 쉽지 않다.
- This puzzle is difficult **to solve.** 이 수수께끼는 **풀기에** 어렵다.

✎ 괄호 안에서 밑줄 친 to부정사의 의미를 고르고 해석하시오.

1. The students are very difficult to <u>teach</u>. (목적 / 원인 / 근거 / 결과 / 정도)

해석: _____

2. I am happy to <u>have</u> such a nice friend. (목적 / 원인 / 근거 / 결과 / 정도)

해석: _____

3. She woke up to <u>find</u> herself famous. (목적 / 원인 / 근거 / 결과 / 정도)

해석: _____

4. She woke up early to <u>see</u> the sunrise. (목적 / 원인 / 근거 / 결과 / 정도)

해석: _____

5. I am sorry to <u>hear</u> that. (목적 / 원인 / 근거 / 결과 / 정도)

해석: _____

6. What should I do to <u>lose</u> weight? (목적 / 원인 / 근거 / 결과 / 정도)

해석: _____

7. I turned on the computer to <u>use</u> the Internet. (목적 / 원인 / 근거 / 결과 / 정도)

해석: _____

8. They were disappointed to <u>hear</u> the news. (목적 / 원인 / 근거 / 결과 / 정도)

해석: _____

9. You must be kind to <u>help</u> the elderly people. (목적 / 원인 / 근거 / 결과 / 정도)

해석: _____

10. Chopsticks are not easy to <u>use</u>. (목적 / 원인 / 근거 / 결과 / 정도)

해석: _____

11. He lived to <u>be</u> seventy. (목적 / 원인 / 근거 / 결과 / 정도)

해석: _____

12. He must be foolish to <u>behave</u> like that. (목적 / 원인 / 근거 / 결과 / 정도)

해석: _____

동명사의 개념 및 용법

1 동명사의 개념 및 형태

(1) 개념: 동사원형에 ing를 붙여 동사를 명사로 바꾼 것이다.

따라서 문장에서 주어, 보어, <u>목적어</u>가 된다.

　　　　　　　　　　↳ 동사의 목적어 / 전치사의 목적어

(2) 형태: 동사원형– ing

(3) 의미: ～하는 것 또는 ～하기

> **잠깐!**
> 전치사 다음에 나오는 명사를 전치사의 목적어라고 한다.

2 동명사의 역할 및 의미

(1) 주어: ～하는 것은, ～하기는

> • **Reading** books is fun. 책을 **읽는 것은** 재미있다.
>
> 　= To read books is fun.

※ 주어로 쓰인 동명사는 to부정사와 바꾸어 쓸 수 있다.

📓 최상위로 가는 비법 노트

동명사가 문장의 주어로 사용되면 동사는 단수로 받아준다. 여기서 주의해야 할 것이 있다. 동사 바로 앞에 있는 명사를 주어라고 생각해서 그 명사에 따라 동사의 수를 결정하면 절대로 안 된다.

　　　　　　↱ [movies]는 동명사 [watching]의 목적어이지 문장 전체의 주어가 아니다.

• <u>Watching movies</u> **is** my favorite hobby.

　　　　↳ 동명사구가 문장의 주어

그러나 동명사 덩어리가 두 개 이상일 경우에는 동사는 복수가 된다.

• <u>Watching movies</u> and <u>playing basketball</u> **are** my favorite hobbies.

　↳ 동명사구 두 개가 접속사 [and]로 연결되어 있음. ↵

(2) 보어: ~하는 것이다

> • My hobby is **reading** books. 나의 취미는 책을 읽는 것이다.
>   ↳ 이 부분이 혹시 현재진행형 아닌가 궁금하다면 Concept 015로 이동
>
>   = My hobby is **to read** books.

※ 보어로 쓰인 동명사는 to부정사와 바꾸어 쓸 수 있다.

(3) 목적어: ~하는 것을, 하기를

> • I enjoy **reading** books. 나는 책 **읽는 것**을 즐긴다.
> • I finished **doing** my homework. 나는 **숙제하는 것**을 끝냈다.

📝 최상위로 가는 비법 노트

동사의 목적어로 사용되는 동명사는 to부정사와 마음대로 바꿔 쓸 수 없다. 이 부분은 시험에 아주 자주 나오는 부분이지만, 아직 이것까지 공부할 단계는 아니라서 추후에 자세하게 설명하도록 한다. 지금 단계에서는 몇 개만 숙어처럼 암기해 두자.
- enjoy ~ing: ~하는 것을 즐기다
- finish ~ing: ~하는 것을 마치다/끝내다
- keep ~ing: 계속 ~하다

(4) 전치사의 목적어

> • I am interested **in reading** books. 나는 책 읽기에 관심이 있다.
> • Thank you **for helping** me. 저를 도와주셔서 감사합니다.

📝 최상위로 가는 비법 노트

원칙적으로 전치사 다음에는 명사가 나오게 된다. 그런데 이 명사가 들어갈 자리에 동사가 들어가야 할 때가 있다. 그럼 어떻게 해야 할까? 바로 그거다. 동사를 명사로 바꾸어 주는 것이다. 동사를 명사로 바꾼 것? 지금 우리가 하고 있는 동명사이다. 그래서 전치사 다음에 동사가 나올 때는 무조건 동명사라고 기억해 두면 좋다.

전치사 + 명사 / 동명사

참고 to부정사의 명사적 용법도 명사이기 때문에 전치사 뒤에 나올 수 있을 것 같지만 극히 일부 예외만 있을 뿐이기 때문에 신경 쓰지 않아도 된다.

괄호 안에서 알맞은 것을 고르고 해석하시오. (복수 정답 가능)

1. She is good at (cook / to cook / cooking).

해석: _____

2. I enjoy (eat / to eat / eating) Chinese food.

해석: _____

3. Your job is (take / to take / taking) care of children.

해석: _____

4. The most important thing is (eat / to eat / eating) well.

해석: _____

5. I am not interested in (watch / to watch / watching) TV.

해석: _____

6. I couldn't finish (read / to read / reading) the book.

해석: _____

7. Thank you for (come / to come / coming) to my birthday party.

해석: _____

8. I love (draw / to draw / drawing) a cartoon.

해석: _____

9. Going camping with my friends (is / are) always fun.

해석: _____

10. (Take / To take / Taking) photos (is / are) my hobby.

해석: _____

Concept 027 동명사의 관용표현

1 시험에 자주 출제되는 동명사 관용표현

(1) look forward to ~ing: ~하기를 고대하다

> • I **am looking forward to meeting** you. 저는 당신을 만나길 고대하고 있습니다.
>   ↳ 전치사 [to]이므로 반드시 동명사가 와야 한다.

(2) be used to ~ing: ~하는 데 익숙하다
   ※ be used to V: ~하기 위해 사용되다
      used to V: ~하곤 했다. (과거에는 했지만, 지금은 하지 않는다)

> • I am **used to eating** kimchi. 나는 김치를 먹는 데 익숙하다.
>   ↳ 전치사 [to]이므로 반드시 명사 또는 동명사가 와야 한다.
> • The web **is used to catch** insects. 거미줄은 곤충을 잡는 데 사용된다.
>   ↳ to부정사에 사용되는 [to]이므로 반드시 동사원형이 와야 한다.
> • I **used to** go fishing every Sunday. 나는 일요일마다 낚시하러 가곤 했다.
>   ↳ [used to]는 조동사이기 때문에 다음에 [동사원형]이 와야 한다.

2 기타 동명사 관용표현

(1) go ~ing: ~하러 가다

> • Let's **go shopping**. 쇼핑하러 가자.

(2) be busy ~ing: ~하느라 바쁘다

> • I **was busy doing** my homework. 나는 숙제하느라 바빴다.

(3) feel like 〜ing: 〜하고 싶다

> • I **feel like drinking** some cold water. 차가운 물을 좀 마시고 싶다.

(4) keep 〜 ing: 계속 〜하다

> • The people behind us **kept talking**. 우리 뒤에 있던 사람들이 계속 이야기했다.

(5) spend 시간/돈 〜ing: 〜하는 데 돈/시간을 쓰다

> • She **spent her whole life helping** people in need.
> 그녀는 도움이 필요한 사람들을 돕는 데 그녀의 인생 전체를 보냈다.

(6) have trouble/difficulty 〜ing: 〜하는 데 어려움을 겪다

> • I **have trouble falling** asleep these days. 난 요즘 잠드는 데 어려움을 겪는다.

(7) keep/stop/prevent A from 〜ing: A가 〜하지 못하게 하다

> • The heavy rain **kept us from going** camping. 우리는 폭우 때문에 캠핑하러 가지 못했다.

(8) be worth 〜ing: 〜할 가치가 있다

> • This book is **worth reading**. 이 책은 읽을 가치가 있다.
> = It is worth reading this book.
> • Dokdo is **worth going** to. 독도는 가 볼 만한 가치가 있다.
> = It is worth going to Dokdo.

개념 확인 문제

A. 괄호 안에서 알맞은 것을 고르시오.

1. He is used to (eat / eating) Korean food.

2. My hair (used to / was used to) be longer than now.

3. A lot of chemicals are used to (make / making) toys.

4. I am looking forward to (see / seeing) you soon.

5. Mom was busy (take / to take / taking) care of my little brother.

6. I spent all of my money (buy / to buy / buying) new clothes.

7. I (used to / am used to) be a housewife for 20 years.

B. 괄호 안의 말을 활용하여 우리말에 맞게 빈칸에 알맞은 말을 쓰시오.

1. 나는 요즘 공부하고 싶지 않다. (feel)

→ I don't _____ _____ _____ these days.

2. 우산은 네가 젖는 것을 막아 줄 것이다. (prevent)

→ An umbrella will _____ _____ _____ getting wet.

Review Test 학교 시험에 꼭 나오는 문제

C 026

1. 빈칸에 들어갈 말로 알맞은 것은?

_____ to school is a good exercise.

① Walk   ② Walks   ③ Walked

④ Walking   ⑤ Be walking

C 022, 024, 025

2. 밑줄 친 부분과 쓰임이 같은 것은?

I want <u>to be</u> a pilot.

① This box is easy <u>to move</u>.

② I am happy <u>to see</u> you again.

③ I have many friends <u>to help</u> me.

④ He decided <u>to exercise</u> every day.

⑤ I studied hard <u>to get</u> good grades.

C 025, 026

3. 밑줄 친 부분 중 어법상 어색한 것은?

① My sister isn't good at <u>playing</u> chess.

② They spent a lot of money <u>traveling</u>.

③ We are thinking of <u>getting</u> a new car.

④ We talked about <u>going</u> to the concert.

⑤ I went to the bakery to <u>buying</u> some bread.

4. 다음 중 어법상 <u>어색한</u> 것은?

① I'm used to play baseball.

② Trees are used to make paper.

③ She used to be an English teacher.

④ They used to play soccer in the rain.

⑤ Ted used to go camping on weekends.

5. 다음 중 어법상 <u>어색한</u> 것은?

① I have trouble sleeping at night.

② What about going fishing with me?

③ I spent my money buying new clothes.

④ I am looking forward to see you soon.

⑤ Tony is used to paying for his younger friends now.

6. 밑줄 친 부분과 쓰임이 같은 것은?

> I have something <u>to tell</u> you.

① My plan is <u>to get</u> up early.

② I hope <u>to visit</u> your country.

③ There are many books <u>to read</u>.

④ We were happy <u>to win</u> the game.

⑤ I saved money <u>to buy</u> a new backpack.

C 022, 024, 025

7. 밑줄 친 부분의 쓰임이 <u>다른</u> 하나는?

① She jumps rope <u>to lose</u> weight.

② He must be rich <u>to buy</u> that house.

③ I went to the library <u>to return</u> books.

④ We got up early <u>to take</u> the first bus.

⑤ I took the subway <u>to get</u> there on time.

C 024

8. 빈칸에 들어갈 말이 나머지 넷과 <u>다른</u> 것은?

① I have no friends to talk _____.

② Dad needs a pencil to write _____.

③ I couldn't find a chair to sit _____.

④ She wants some toys to play _____.

⑤ Do you want someone to go _____?

C 026

9. 다음 중 어법상 옳은 것은?

① Play with dogs is a lot of fun.

② I am not good at play the piano.

③ Eating vegetables is good for you.

④ People enjoy to eat chicken and pizza.

⑤ One of my bad habits is shake my legs.

C 024

10. 대화의 빈칸에 들어갈 말로 알맞은 것은?

> A: Can you give me something _____?
> B: Sure. Here is a pen.

① write   ② to write

③ write with   ④ to write with

⑤ to write on

C 026

11. 밑줄 친 부분의 쓰임이 다른 하나는?

① I am playing the piano now.

② Sam loves eating out on Fridays.

③ My favorite activity is riding a bike.

④ Eating junk food is bad for your health.

⑤ My goal is traveling all around the world.

C 024

12. 밑줄 친 부분이 어법상 올바른 것은?

① Pass me the chair to sit.

② He didn't bring a coat to wear on.

③ She borrowed a pencil to write with.

④ Do you want something cold to drink with?

⑤ She has some friends to talk when she feels sad.

C 026

13. 빈칸에 들어갈 말로 알맞은 것은? (2개)

> She is interested in _____.

① classic music   ② take photos

③ studies history   ④ to ride a horse

⑤ going camping

C 026

14. 밑줄 친 부분 중 쓰임이 나머지와 <u>다른</u> 것은?

① I love <u>dancing</u>.

② John is <u>listening</u> to music.

③ Do you enjoy <u>playing</u> tennis?

④ My hobby is <u>drawing</u> pictures.

⑤ She feels sorry for <u>giving</u> you work.

C 022, 024, 025

15. 밑줄 친 부분과 쓰임이 같은 것은?

> I went to the market <u>to buy</u> some fruit.

① I love <u>to ride</u> a bike.

② I need something <u>to eat</u>.

③ My dream is <u>to lose</u> weight.

④ He worked in a factory <u>to help</u> his family.

⑤ It is dangerous <u>to ride</u> a bicycle without a helmet.

16. 빈칸에 들어갈 말의 형태로 알맞은 것은? (2개)

> _____ a great musician is my dream.

① Be   ② Been   ③ To be
④ To being   ⑤ Being

17. 빈칸에 들어갈 말로 알맞은 것은?

> A: Do you know _____ to use this vending machine?
> B: Sure. I'll show you how.

① how   ② why   ③ what
④ when   ⑤ where

18. 밑줄 친 부분 중 어법상 어색한 것은?

> Staying healthy need a lot of effort.
>   ①   ②   ③   ④   ⑤

C 025

19. 두 문장의 의미가 같도록 할 때, 빈칸에 들어갈 알맞은 말을 쓰시오.

> He took a taxi to get to the office in time.
>
> = He took a taxi _____ _____ _____ _____ to the office in time.

C 023

20. 두 문장이 같은 뜻이 되도록 빈칸에 알맞은 말을 쓰시오.

> You're supposed to teach me how to write an essay in English.
>
> = You're supposed to teach me _____ _____ _____ _____ an essay in English.

C 025

21. 다음 두 문장을 같은 의미가 되도록 to부정사를 사용하여 한 문장으로 쓰시오.

> Michael came to Korea. He wanted to learn taekwondo.
>
> = _____.

5

문장의 5형식

Concept 028 1형식, 2형식 문장(감각동사)

① 문장의 형식이란?

(1) 영어는 동사에 따라 뒤에 나오는 패턴이 대체로 정해져 있다. 동사에 따른 패턴을 얼마나 빠르고 확실하게 자신의 것으로 만드는가가 영어의 실력을 결정한다.

(2) 영어에는 이런 동사에 따른 패턴이 5가지가 있고, 이를 문장의 5형식이라고 부른다.

(3) 문장의 5형식에 수식어구(형용사, 부사)를 붙여 문장이 복잡해지는 것인데, **문장의 5형식을 확실히 암기하고 수식어구를 구별해 낼 수 있으면** 문장 구조는 어렵지 않게 보인다.
　　　　　　　　　　　↳ 구별하는 방법은 다 알려 준다. 몇 개 안되는 동사부터 확실하게 암기해 두자!

② 1형식: 주어 + 동사 + (수식어구)

(1) 주어와 동사만으로도 문장이 성립한다.

(2) 필요한 경우 동사 뒤에 수식어(구)가 나올 수도 있다. 이때 수식어(구)는 동사를 수식하는 부사(구)이며, 부사(구)는 문장의 형식에 영향을 주지 않는다.

> • **He runs fast.** 그는 빨리 달린다.
> 　주어　동사　부사
> • **Birds sing in the tree.** 새들이 나무에서 노래를 부른다.
> 　주어　　동사　　↳ 전치사구가 앞에 있는 동사를 수식하는 부사구로 사용되었다.

③ 2형식: 주어 + 동사 + 주격 보어

(1) be동사 + 명사/형용사

> • She is my teacher. 그녀는 나의 선생님이다.
> • She is very kind. 그녀는 매우 친절하다.

(2) become, get, grow, turn + 형용사: ~한 상태가 되다

- She became curious about the painting. 그녀는 그 그림에 대해 궁금해졌다.
- My face turned red. 나의 얼굴이 빨개졌다.
- It grew darker. 더 어두워졌다.

④ 2형식 대표동사: 감각동사

(1) 우리의 감각과 관련된 동사를 감각동사라고 한다.

(2) 감각동사 다음에는 형용사가 연결된다.

look	~처럼(하게) 보이다	You **look** beautiful today. 너 오늘 아름다워 보여.
sound	~처럼(하게) 들리다	Your story **sounds** true. 너의 이야기는 사실처럼 들린다.
smell	~한 냄새가 나다	These cookies **smell** really good. 이 쿠키는 정말 좋은 냄새가 난다.
taste	~한 맛이 나다	This soup **tastes** terrible. 이 수프는 형편없는 맛이 난다. (이 수프는 맛이 형편없다.)
feel	~하게 느껴진다	This blanket **feels** soft. 이 담요는 부드럽게 느껴진다.

📋 최상위로 가는 비법 노트

중학교 1, 2학년 과정에서 정말 자주 출제되는 문법이다. 감각동사 다음에는 형용사가 나와야 하는데, 부사를 넣어 놓으면 해석상 아주 그럴듯하기 때문이다. 해석상 아무리 자연스러워도 감각동사 다음에는 부사가 아니라 형용사가 나와야 한다.

한 가지 더 주의할 점이 있다. 다음 문장을 보자. [These cookies smell really good.] 이 문장에서 [really]는 감각동사 다음에 연결된 부사가 아니라, 뒤에 있는 형용사 [good]을 수식하는 부사이다. 따라서 여전히 감각동사 다음에 형용사 [good]이 연결된 구조이며, [really]가 [good]을 수식하고 있을 뿐이므로 문법상으로 틀리지 않은 것이다.

(3) 감각동사 다음에 형용사만 오는 것이 아니라 명사도 올 수 있다. 하지만 그 경우에는 [감
각동사 + like + 명사]의 구조가 되어야 한다.

- You **look** an angel. (X)
  ↳ 감각동사 다음에 명사가 바로 연결될 수 없다.
- You **look like** an angel. 너는 천사처럼 보인다.
  ↳ 감각동사 다음에 명사가 연결될 때에는 전치사 [like]가 있어야 한다.

🖊 최상위로 가는 비법 노트

✎ like가 전치사라고?

[like]는 [좋아하다]라는 의미의 동사로 알고 있는 학생들이 많다. 하지만 [like]는 전치사로도 사용이 가
능하며 [~처럼, ~와 같은]이란 의미를 지닌다. [like]가 동사로 쓰였는지, 전치사로 쓰였는지 구분하라는
시험 문제가 종종 출제되지만 해석만 적용해 보면 쉽게 구별할 수 있으니 걱정할 필요 없다.

(4) lovely, friendly 등 [명사 + ly]로 된 단어는 부사가 아니라 형용사이다.
따라서 감각동사 다음에 나올 수 있다.

- The dog **looks lovely.** 그 개는 사랑스러워 보인다.
- Don't they **look friendly?** 그들은 친절해 보이지 않니?

개념 확인 문제

A. 다음 문장의 형식을 괄호 안에서 고르시오.

1. My cat is on the sofa.   (1형식 / 2형식)

2. My sister became a vet.   (1형식 / 2형식)

3. I worked hard yesterday.   (1형식 / 2형식)

4. You look tired today.   (1형식 / 2형식)

5. Your cat is really lovely.   (1형식 / 2형식)

B. 다음 괄호 안에서 알맞은 것을 고르시오.

1. You look (beautiful / beautifully) today.

2. That (sounds / sounds like) great.

3. This shirt looks (nice / nicely) on you.

4. This pizza tastes (delicious / deliciously).

5. You (look / look like) an angel.

6. This pillow feels (soft / softly).

CHAPTER

05

Concept 029 3형식, 4형식 문장(수여동사)

① 3형식: 주어 + 동사 + 목적어

(1) 주어와 동사 다음에 목적어가 있는 문장이다.

(2) 목적어는 우리말 조사 [을/를]이 자연스럽게 연결된다.

> • I like you. 나는 너를 좋아한다.
> • I have many friends. 나는 많은 친구를 가지고 있다. (나는 친구가 많다.)

② 4형식: 주어 + 동사 + 간접목적어 + 직접목적어

(1) 개념: 4형식 문장에 쓰이는 동사를 수여동사라고 하며,

　　　　수여동사 다음에는 **간접목적어**와 **직접목적어**가 연결된다.

　　　　　　　　　↳ [에게]라고 해석됨. ↳ [을/를]이라고 해석됨.

(2) 의미: ~에게 ~을/를 (해)주다

(3) 종류: give, send, bring, show, teach, make, buy, cook, do, get, ask 등

> • John gave **her a big present.** John은 그녀에게 큰 선물을 주었다.
> 　　　　　　　↳ 큰 선물을 (직접목적어)
> 　　　↳ 그녀에게 (간접목적어)
>
> • My grandmother told **me a funny story.** 나의 할머니는 나에게 웃긴 이야기를 말해 주셨다.
> 　　　　　　　　　　↳ 웃긴 이야기를 (직접목적어)
> 　　　↳ 나에게 (간접목적어)

(4) 반드시 [~에게] [~을/를]의 순서로 되어야 하며,

　　[~을/를] [~에게]의 순서로 되면 [~에게] 앞에 전치사가 있어야 한다.

- He gave **his girlfriend** **some flowers**. 그는 그의 여자 친구에게 약간의 꽃을 주었다.
  - ↳ 약간의 꽃을 (직접목적어)
  - ↳ 그의 여자친구에게 (간접목적어)

- He gave **some flowers** **his girlfriend**. (X)
  - ↳ 그의 여자친구에게 (간접목적어)
  - ↳ 약간의 꽃을 (직접목적어)

- He gave some flowers **to** his girlfriend.

③ 4형식 ↔ 3형식으로 전환하기

(1) 4형식 문장은 3형식 문장으로 바꿀 수 있다.

　① 4형식 : 주어 + 동사 + 간접목적어 + 직접목적어

　② 3형식 : 주어 + 동사 + 직접목적어 + **전치사** + 간접목적어

　　　　　　↳ 전치사구는 수식어구이므로 문장 형식에 영향을
　　　　　　주지 않으므로 [주어 + 동사 + 목적어]로 이루어
　　　　　　진 3형식 문장이 되는 것이다.

(2) 간접목적어 앞에 전치사는 동사에 따라 결정된다.

to	give, send, bring, show, teach 등
for	make, buy, cook, find, do, get 등
of	ask 등

- Jenny **taught** her sister English. Jenny는 그녀의 여동생에게 영어를 가르쳤다.
  - → Jenny **taught** English **to** her sister.

- Mom **made** me delicious cookies. 엄마는 나에게 맛있는 쿠키를 만들어 주셨다.
  - → Mom **made** delicious cookies **for** me.

- I **asked** him a question. 나는 그에게 질문을 했다.
  - → I **asked** a question **of** him.

1. [of]가 쓰이는 경우는 [ask] 하나만 기억해 두자.

2. [for]가 쓰이는 경우는 [엠비씨 에프엠 포유]를 외워 보자. 운전을 하며 라디오를 듣는데 [MBC FM for you]가 들리는 순간, 간접목적어 앞에 사용되는 전치사를 암기할 때 활용하면 좋겠다는 생각을 했다. [make, buy, cook, find] 이 동사들은 전치사 [for]와 연결해 보자. 여기에 딱 **두 개**만 더 외워 보자. 바로 do(두), get(겟)이다.

3. 나머지 동사들은 모두 [to]를 사용하면 된다.

A. 다음 문장의 형식을 괄호 안에서 고르시오.

1. A man gave me a candy. (3형식 / 4형식)

2. A man gave a candy to me. (3형식 / 4형식)

3. I have a lot of homework today. (3형식 / 4형식)

4. We must teach children history. (3형식 / 4형식)

B. 괄호 안에서 알맞은 것을 고르시오.

1. I sent a thank-you card (to / for / of) my teacher.

2. I made seaweed soup (to / for / of) my mother.

3. Can I ask a favor (to / for / of) you?

C. 다음 4형식 문장을 3형식 문장으로 바꿔 쓰시오.

1. She made her son a cake. → _____

2. She showed me her pictures. → _____

3. My brother cooked me ramen. → _____

4. She asked me many questions. → _____

5. Mom bought me a new backpack. → _____

CHAPTER

05

5형식 문장 1

① 주어 + call / name + 목적어 + 명사

> • People **call** her Ice Princess. 사람들은 그녀를 얼음공주라고 부른다.
> • My parents **named** me Jiho. 나의 부모님은 나를 지호라고 (이름 지어) 불렀다.

📝 최상위로 가는 비법 노트

✏️ 동사 다음에 명사 두 개가 연속해서 나오는 경우

1. 두 명사가 같은 말이면 5형식이다.

• People call <u>her Ice Princess.</u>
         명사 = 명사

사람들이 그녀를 얼음공주라고 부른다는 것이다. 그녀가 얼음공주란 의미이므로, 두 명사는 같은 말이다. 이런 경우, 첫 번째 명사는 목적어, 두 번째 명사는 목적어를 보충 설명하는 목적격 보어이다.

2. 두 명사가 같은 말이 아니면 4형식이다.

• I taught <u>my little brother Korean history.</u>
         명사   ≠   명사

내가 나의 남동생에게 한국 역사를 가르쳤다는 의미이다. 사람인 나의 남동생과 한국 역사는 같은 말이 될 수 없다. 이런 경우, 첫 번째 명사는 간접목적어, 두 번째 명사는 직접목적어이다.

② 주어 + make / keep / find + 목적어 + 형용사

(1) 주어 + make + 목적어 + 형용사: 목적어를 ~하게 만들다

- The movie **made** me **happy**. 그 영화가 나를 행복하게 만들었다.
- The movie **made** me **happily**. (X)

 최상위로 가는 비법 노트

✎ 목적격 보어가 뭐야?

시험에 정말로 자주 출제되는 부분이다. 목적어 다음에 나오는 형용사를 어려운 말로 목적격 보어라고 하는데, 주격 보어의 경우와 동일하게 이 목적격 보어 자리에 부사가 들어가면 우리말 해석이 너무나도 자연스럽다. 하지만 보어(주격 보어이든 목적격 보어이든)가 될 수 있는 품사는 명사와 형용사 둘뿐이다. 따라서 해석이 아무리 자연스러워도 부사가 들어가면 절대로 안 된다. 이게 바로 시험 포인트다. 그럼 이제 목적격 보어가 무엇인지 구별만 할 수 있으면 된다.

1. 동사 다음에 [명사 + 명사]가 나왔는데 명사 둘이 같은 말이면 두 번째 명사는 목적격 보어이다.

- People call **her Ice Princess**. 사람들은 그녀를 얼음공주라고 부른다.
  　　　　　　명사　　명사
  → 사람들이 그녀를 얼음공주라고 부른다는 것은 결국 [그녀 = 얼음공주]라는 공식이 성립한다.

- He gave **her some flowers**. 그는 그녀에게 약간의 꽃을 주었다.
  　　　　　명사　　　명사
  → [명사 + 명사]의 구조이지만 두 명사는 같은 말이 아니다. 따라서 두 번째 명사인 [some flowers]는 목적격 보어가 아니다. 이미 다루었던 4형식 문장으로 첫 번째 명사는 간접목적어, 두 번째 명사는 직접목적어이다.

2. 동사 다음에 [명사 + 형용사]가 나왔는데 형용사가 명사와 의미상으로 밀접한 관련이 있으면 형용사는 목적어를 보충하는 목적격 보어이다.

- He makes **me happy**. 그는 나를 행복하게 만든다.
  　　　　　　명사　형용사
  → "그는 나를 행복하게 만든다."고 할 때, 내가 행복한 상태가 되는 것이기 때문에, 형용사 [happy]는 명사인 [me]와 밀접한 관련이 있고 [me]는 [나를]이라고 해석되는 목적어이다. 따라서 형용사 [happy]는 목적어를 보충 설명하는 목적격 보어이다. 여기서 주의할 것은 [happy]의 해석이 [행복하게]로 부사처럼 해석이 된다고 하더라도 목적격 보어이므로 반드시 형용사로 써 주어야 한다는 것이다.

(2) 주어 + keep + 목적어 + 형용사: 목적어를 ~하게 유지하다

- This coat **will keep** you **warm**. 이 코트가 너를 따뜻하게 해 줄 거야.
- This coat **will keep** you **warmly**. (X)

(3) 주어 + find + 목적어 + 형용사: 목적어가 ~하다고 생각하다

- I **found** the book **difficult**. 나는 그 책이 어렵다고 생각했다.

📓 최상위로 가는 비법 노트

[find]가 [찾았다]는 의미일 경우는 목적어 다음에 형용사가 나오지 않는다.

- She **found** the shop **easily**. (O) 그녀는 그 가게를 쉽게 찾았다.
- She **found** the shop **easy**. (X) [그녀는 그 가게가 쉽다고 생각했다.]는 매우 어색하다.

A. 괄호 안에서 알맞은 것을 고르시오.

1. Your story made me (sad / sadly).

2. How do you keep your room (tidy / tidily)?

3. I found the movie (interested / interesting).

4. Computers can make your life (convenient / conveniently).

5. Some people think money can make everything (possible / possibly).

B. 우리말에 맞도록 빈칸을 채우시오.

1. Jack은 그 책이 유용하다는 걸 알게 되었다.

= Jack found the book _____.

2. 내 남동생은 엄마를 화나게 만들었다.

= My little brother made Mom _____.

3. 너의 미소는 나를 행복하게 만든다.

= Your smile makes me _____.

Concept 031

5형식 문장 2
(지각동사, 사역동사)

① 주어 + want / tell / ask / advise / allow + **목적어** + to 동사원형

want	+ 목적어 + to 동사원형	목적어가 ~하기를 원하다
tell	+ 목적어 + to 동사원형	목적어에게 ~하라고 말하다
ask	+ 목적어 + to 동사원형	목적어에게 ~해달라고 부탁/요청하다
advise	+ 목적어 + to 동사원형	목적어에게 ~하라고 조언/충고하다
allow	+ 목적어 + to 동사원형	목적어가 ~하도록 허락하다

- I **want** you **to clean** your room. 나는 네가 너의 방 청소를 하길 원해.
- Mom **told** me **to go** to bed early. 엄마는 나에게 일찍 자라고 하셨다.
- She **asked** me **to help** her. 그녀는 나에게 그녀를 도와달라고 부탁했다.
- The doctor **advised** me **to take** a rest.
  의사 선생님께서 나에게 휴식을 취하라고 조언하셨다.
- Dad **allowed** me **to go** camping with my friends.
  아빠는 내가 친구들과 캠핑 가는 것을 허락해 주셨다.

📖 최상위로 가는 비법 노트

아주 많이 사용되는 문장구조이다. 당연히 시험에도 자주 출제된다. 출제 포인트는 2가지이다.

1. 목적어 자리에는 목적격이 나와야 한다.

목적어 자리에는 [목적어가 될 수 있는 자격]을 갖춘 [목적격]이 들어가는 것은 너무나 당연한데, 이 부분
이 막상 시험에 나오면 종종 실수를 하게 된다.

- She wanted **he** to help her. (X)

  ↳ [he]는 주어 자리에 오는 주격이므로 어법상 어색한 문장이다.

- She wanted **his** to help her. (X)
  ↳ [his]는 명사 앞에 오는 소유격이므로 어법상 어색한 문장이다.
- She wanted **him** to help her. (O)
  ↳ [him]은 목적어 자리에 오는 목적격이므로 어법상 옳은 문장이다.

2. 목적격 보어 자리에는 to부정사가 나와야 한다.
절대로 동사원형, 3인칭–단수–현재형, 과거형 등이 나와서는 안 된다. 이 부분은 바로 다음에 나오는
사역동사와 지각동사 부분과 함께 설명하도록 한다.

② 주어 + <u>make / have / let</u> + 목적어 + 동사원형
  ↳ 사역동사

(1) [~하게 하다]라는 의미를 지닌 동사를 사역동사라고 한다.

(2) 사역동사가 사용되면 목적격 보어 자리에는 동사원형이 나온다. [to 동사원형]이 나와서
   는 절대 안 된다.

make	+ 목적어 + 동사원형	목적어를 ~하게 만들다
have	+ 목적어 + 동사원형	목적어를 ~하게 하다
let	+ 목적어 + 동사원형	목적어를 ~하게 허락하다

- He always **makes** me **laugh.** 그는 항상 나를 웃게 만든다.
- I **had** him **fix** my car. 나는 그가 자동차를 수리하게 했다.
- Mom **let** me **go** camping with my friends.
  엄마는 내가 친구들과 캠핑하러 가도록 허락해 주셨다.

(3) get + 목적어 + to 동사원형
  → 사역동사와 같은 의미를 갖지만 목적격 보어 자리에 동사원형이 아니라 to부정사가 나온다.

- I **got** him **to fix** my car. 나는 그가 자동차를 수리하게 했다.

(4) help + 목적어 + (to) 동사원형

→ help 동사는 목적격 보어 자리에 to 동사원형이 와도 되고, 동사원형이 와도 된다.

- My brother **helped** me **(to) do** my homework. 나의 형은 내가 숙제하는 것을 도와주었다.
- My brother **helped** me **with** my homework. 나의 형은 내가 숙제하는 것을 도와주었다.
  ↳ 명사가 연결될 때는 전치사 [with]를 쓴다.

③ 주어 + see / hear / feel + 목적어 + 동사원형 / 현재분사
   ↳ 지각동사

(1) 보고, 듣고, 느끼는 등의 감각과 관련된 동사를 지각동사라고 한다.

(2) 지각동사가 사용되면 목적격 보어 자리에는 동사원형이 나온다. [to 동사원형]이 나와서는 절대 안 된다.

(3) 목적격 보어 자리에는 현재분사(동사원형ing)도 나올 수 있는데, 의미 차이는 거의 없고 진행의 의미만 강조되므로 크게 신경 쓰지 않아도 된다.

see	+ 목적어 + 동사원형/동사원형ing	목적어가 ~하는 것을/하고 있는 것을 보다
hear	+ 목적어 + 동사원형/동사원형ing	목적어가 ~하는 것을/하고 있는 것을 듣다
feel	+ 목적어 + 동사원형/동사원형ing	목적어가 ~하는 것을/하고 있는 것을 느끼다

📝 최상위로 가는 비법 노트

✏️ 감각동사와 지각동사

우리의 감각과 관련된 동사를 지각동사라고 한다고? 감각동사 아닌가? 사실 지각동사와 감각동사는 모두 우리의 감각과 관련된 동사인데, 종류가 조금 다르고 사용되는 문장의 구조가 다를 뿐이다. 용어 자체에 너무 스트레스받지 말도록 하자.

1. 감각동사 : 2형식 문장에 사용되며 [look, sound, feel, smell, taste]가 대표적이다.
2. 지각동사 : 5형식 문장에 사용되며 [see, hear, feel]이 대표적이다. 여기에 [watch, listen to, smell] 정도까지 함께 정리해 두자.

- He **saw** her **walk[walking]** her dog in the park.

  그는 그녀가 공원에서 개를 산책시키는 것을[산책시키고 있는 것을] 보았다.

- I **heard** him **talk[talking]** on the phone.

  나는 그가 전화통화하는 것을[전화통화하고 있는 것을] 들었다.

- We **felt** the house **shake[shaking]** heavily.

  우리는 집이 심하게 흔들리는 것을[흔들리고 있는 것을] 느꼈다.

- Can you **smell** something **burning**?

  너는 무언가 타고 있는 냄새를 맡을 수 있니? (타는 냄새 안 나니?)

개념 확인 문제

A. 괄호 안에서 알맞은 것을 고르시오. (복수 정답 가능)

1. Peter let me (ride / to ride / riding) his bike.

2. I told you (to not make / not to make) noises.

3. We felt the ground (shake / to shake / shaking).

4. I want you (come / to come) to my birthday party.

5. I smelled something (burns / to burn / burning).

6. I heard someone (calls / to call / calling) my name.

7. My mom made me (get / to get / getting) up early.

8. I saw Tom (cross / to cross / crossing) the street.

9. My sister helped me (set / to set / setting) the table.

10. Dad made me (clean / to clean / cleaning) my room.

11. He asked me (turn / to turn / turning) down the volume.

12. Mom always tells me (wash / to wash) my hands before meals.

13. Please keep the window (open / opens / to open) for fresh air.

14. The bus driver had the passengers (fasten / to fasten) their seat belts.

15. Mom allowed me (go / to go / going) to the movies with my friends.

B. 다음 문장에서 어법상 어색한 부분을 찾아 바르게 고치시오.

1. The doctor asked me take this medicine.

2. I couldn't get my car start this morning.

3. Junho woke up to find himself famously.

4. I saw him crosses the street at a red light.

5. I had my son to walk the dog in the park.

Review Test 학교 시험에 꼭 나오는 문제

05

C 028

1. 다음 중 어법상 <u>어색한</u> 것은?

① The soup tastes sweet.

② The mattress felt too soft.

③ Your kitty looks so lovely.

④ Your voice sounds beautiful.

⑤ This milk smells a little sourly.

C 028

2. 빈칸 중 like가 들어가기에 가장 적절한 것은?

① It tastes _____ terrible

② Jenny looks _____ beautiful.

③ Your hands feel _____ warm.

④ This smells _____ toothpaste.

⑤ That sounds _____ interesting.

C 029

3. 주어진 문장과 의미가 같은 것은?

> We wrote our teacher a thank-you card.

① We wrote our teacher to a thank-you card.

② We wrote our teacher of a thank-you card.

③ We wrote a thank-you card of our teacher.

④ We wrote a thank-you card to our teacher.

⑤ We wrote our teacher for a thank-you card.

4. 다음 중 어법상 옳은 것은?

① Tim gave a ring for Linda.

② She will send an email you.

③ Dad bought a new camera to me.

④ He wrote me to a thank—you letter.

⑤ He asked a difficult question of me.

5. 빈칸에 들어갈 말로 가장 적절한 것은? (2개)

| I saw her _____ in her room. |

① sing   ② sang   ③ sings

④ to sing   ⑤ singing

6. 빈칸에 들어갈 수 <u>없는</u> 것은?

| This movie makes me _____. |

① sad   ② angry   ③ happily

④ excited   ⑤ sleepy

C 029

7. 빈칸에 들어갈 말이 바르게 짝지어진 것은?

> • Jimin told the secret _____ me.
> • I bought a pencil case _____ her.
> • My grandmother asked a favor _____ me.

① to − of − for
② to − for − of
③ for − to − of
④ for − of − to
⑤ of − to − for

C 029, 030

8. 다음 밑줄 친 make와 쓰임이 다른 것은?

> I think that the smells in a hospital make patients nervous.

① The news made me sad.
② She made me an actress.
③ My aunt made me spaghetti.
④ His kindness makes us happy.
⑤ My mom made me a professor.

C 030

9. 빈칸에 들어갈 말로 알맞지 않은 것은?

> My mom made me _____.

① a vest
② an actor
③ a scientist
④ happily
⑤ a glass of orange juice

10. 빈칸에 들어갈 말로 알맞지 <u>않은</u> 것은?

> I _____ him take some rest.

① saw   ② let   ③ had
④ made   ⑤ told

11. 빈칸에 들어갈 말로 알맞지 <u>않은</u> 것은?

> Mom _____ me to do my best.

① has   ② tells   ③ asks
④ wants   ⑤ expects

12. 빈칸에 들어갈 말로 알맞지 <u>않은</u> 것은?

> My English teacher _____ me to read the English textbook in a loud voice.

① told   ② heard   ③ asked
④ wanted   ⑤ advised

C 031

13. 다음 중 어법상 어색한 것은?

① I'll let you know later.

② I heard a dog barking.

③ I made him to fix my computer.

④ Mom got me to clean my room.

⑤ He helped me to finish my project.

C 030

14. 다음 중 어법상 어색한 것은?

① This novel made me sad.

② She found the house big.

③ We must keep the river clean.

④ My little brother makes me upset.

⑤ How do you keep your room tidily?

C 031

15. 밑줄 친 had와 같은 의미로 쓰인 것은?

I had my son clean his room.

① I had to do my homework first.

② She had dinner with her family.

③ He had the boys pick up the trash.

④ They had a great time at the concert.

⑤ My friend had many books in his room.

6

원급, 비교급,
최상급 비교

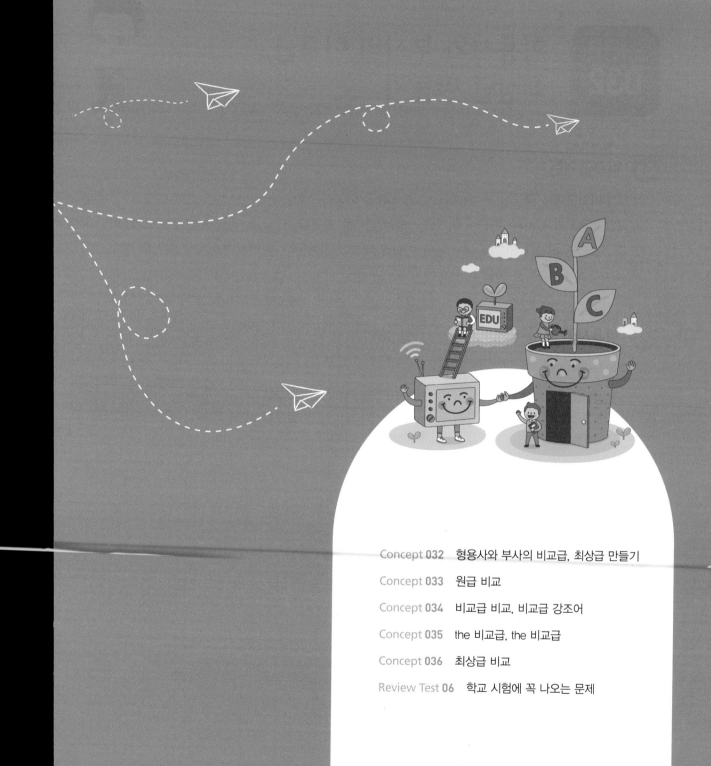

Concept 032 형용사와 부사의 비교급, 최상급 만들기

① 비교급이란?

(1) 비교급에는 원급 비교, 비교급 비교, 최상급 비교가 있다.

(2) 형용사와 부사는 [원급 – 비교급 – 최상급]으로 변화될 수 있고, 원급은 원급 비교에, 비교급은 비교급 비교에, 최상급은 최상급 비교에 사용된다. 따라서 형용사와 부사를 비교급과 최상급으로 만들 수 있어야 한다.

② 형용사와 부사 뒤에 - er /- est를 붙이는 경우: 1음절어와 2음절어 일부

비교급 ↵   ↳ 최상급

대부분의 경우	원급 + er/est	tall – taller – tallest cheap – cheaper – cheapest
[e]로 끝나는 경우	원급 + r/st	large – larger – largest simple – simpler – simplest
[자음 + y]로 끝나는 경우	y를 i로 바꾸고 + er/est	heavy – heavier – heaviest happy – happier – happiest
[단모음 + 단자음]으로 끝나는 경우	마지막 자음을 한 번 더 쓰고 + er/est	hot – hotter – hottest big – bigger – biggest

③ 형용사와 부사 앞에 more / most를 붙이는 경우: 3음절어 이상이나 2음절어 대부분

2음절어 이상의 단어 대부분	special – more special – most special important – more important – most important
–ful, –ous, –ive, –ing 등으로 끝나는 경우	active – more active – most active careful – more careful – most careful famous – more famous – most famous interesting – more interesting – most interesting
–ly로 끝나는 부사의 경우	easily – more easily – most easily quickly – more quickly – most quickly

④ 일정한 규칙이 없는 경우로 몇 개 안 되므로 암기해야 한다

원급	비교급	최상급
many / much	more	most
good / well	better	best
bad / ill	worse	worst

다음 형용사나 부사의 비교급과 최상급을 쓰시오.

원급	비교급	최상급
1. smart	(_____)	(_____)
2. useful	(_____)	(_____)
3. expensive	(_____)	(_____)
4. cheap	(_____)	(_____)
5. difficult	(_____)	(_____)
6. special	(_____)	(_____)
7. many	(_____)	(_____)
8. strong	(_____)	(_____)
9. sad	(_____)	(_____)
10. easy	(_____)	(_____)
11. fat	(_____)	(_____)
12. pretty	(_____)	(_____)
13. wise	(_____)	(_____)
14. good	(_____)	(_____)
15. nice	(_____)	(_____)
16. long	(_____)	(_____)
17. old	(_____)	(_____)
18. short	(_____)	(_____)
19. bad	(_____)	(_____)
20. easily	(_____)	(_____)
21. healthy	(_____)	(_____)
22. dangerous	(_____)	(_____)
23. exciting	(_____)	(_____)
24. popular	(_____)	(_____)
25. fast	(_____)	(_____)

원급 비교

① as + 원급 + as: ~만큼 ~한

(1) [as]와 [as] 사이에는 형용사나 부사의 원급이 들어가고, 그 때문에 원급 비교라고 한다.

(2) 첫 번째 [as]는 해석하지 않아도 되며, 두 번째 [as]에 [만큼]만 붙여 주면 된다.

> • I am **as tall as** you. 나는 너만큼 크다.
> ↳ 동사가 be동사인 경우 이 자리에 형용사가 온다.
>
> • I can **run as fast as** you. 나는 너만큼 빨리 달릴 수 있다.
> ↳ 동사가 일반동사인 경우 이 자리에 주로 부사가 온다.

(3) 두 번째 [as] 다음에는 다음의 세 가지 형태 모두 가능하다.

① I am as smart as **he is**. 나는 그만큼 똑똑하다.
   주어 + 동사

② I am as smart as **he**.
   주어

③ I am as smart as **him**.
   목적격

② not as(so) + 원급 + as: ~만큼 ~하지 않은

(1) 원급 비교를 부정할 때는 [as ~ as] 앞에 있는 동사에 not을 연결한다.

(2) 부정문의 경우 [as ~ as]에서 첫 번째 [as]는 [so]로 바꿀 수 있다.

> • I am **not as tall as** you. 나는 너만큼 크지 않다.
> = I am **not so tall as** you.
> ↳ 부정문인 경우 첫 번째 [as]는 [so]로 바꿀 수 있다.

✍ 우리말과 같은 뜻이 되도록 주어진 단어를 이용하여 문장을 완성하시오.

1. 나는 아빠만큼 강하다.

= I am _____ Dad.

2. Brian은 James만큼 크지 않다.

= Brian is _____ James.

3. 이 장난감은 저 장난감만큼 인기 있다.

= This toy is _____ that toy.

4. 캐나다는 미국만큼 크다.

= Canada is _____ the USA.

5. 너의 가방은 나의 가방만큼 무겁지 않다.

= Your bag is _____ mine.

6. 나의 방은 너의 방만큼 깨끗하다.

= My room is _____ your room.

7. Kevin은 캥거루만큼 높이 점프할 수 있다.

= Kevin can jump _____ a Kangaroo.

Concept 034 비교급 비교, 비교급 강조어

1 비교급 + than: ~보다 더 ~한

(1) [형용사/부사의 비교급 + than]의 형태로 [than]은 비교급 비교임을 알려 주는 강력한 힌트다.

(2) [than]은 [~보다]라고 해석한다.

> • Jane is **taller than** Kate. Jane은 Kate보다 더 크다.
> 　　　　↳ 동사가 be동사인 경우 형용사의 비교급이 들어간다.
> 　　　　[more tall]과 같은 형태로 쓰지 않도록 주의한다.
>
> • Kate speaks **more fluently** than Jane. Kate는 Jane보다 더 유창하게 말한다.
> 　　　　　　　　↳ 동사가 일반동사인 경우 이 자리에 주로 부사가 온다.

2 less + 원급 + than: ~보다 덜 ~한

> • Kate is **less tall than** Jane. Kate는 Jane보다 덜 크다.
> 　　　↳ 비교급 비교임에도 반드시 원급이 들어가야 한다는 것에 주의하자.

3 비교급 강조어

(1) 각기 다른 뜻을 지닌 [much, far, even, still, a lot]이 비교급 앞에 있는 경우, 비교급 강조어라고 부르며, 의미는 [훨씬] 하나로 통일된다.

(2) [very]는 원급을 강조하기 때문에 비교급 앞에 [very]가 있어서는 절대 안 된다.

> • James is **much** bigger than Brian. James는 Brian보다 훨씬 더 크다.
> 　　　　　　　　　↳ 비교급
> 　　↳ 이 자리에 [far, even, still, a lot] 중 하나를 마음껏 사용하면 된다.
>
> • James is **very** bigger than Brian. (X)
> 　　　↳ 비교급 [bigger] 앞에 원급을 강조하는 [very]가 올 수 없다.

CHAPTER 06

개념 확인 문제

A. 우리말과 같은 뜻이 되도록 주어진 단어를 이용하여 문장을 완성하시오.

1. 오늘은 어제보다 더 덥다. (hot)

= Today is _____ yesterday.

2. 그녀의 가방은 나의 가방보다 더 가볍다. (light)

= Her backpack is _____ mine.

3. 나의 펜은 너의 펜보다 덜 비싸. (expensive)

= My pen is _____ yours.

4. 이 집이 저 집보다 더 좋다. (good)

= This house is _____ that house.

B. 다음 밑줄 친 부분을 비교급 강조의 의미를 살려 바르게 고쳐 쓰시오.

1. Jina was <u>so prettyer</u> than the other girls.

→ _____

2. Your dad's car is <u>very biger</u> than my dad's.

→ _____

3. The park is <u>really beautifuler</u> in summer.

→ _____

Concept 035 · the 비교급, the 비교급

1 the 비교급, the 비교급

(1) 형태: the 비교급 (주어 + 동사), the 비교급 (주어 + 동사)

(2) 의미: ~하면 할수록 더 ~한/하게

> • **The more** you exercise, **the healthier** you get.
> 당신이 운동을 하면 할수록 당신은 더 건강해진다.
> = As you exercise more, you get healthier.
> 당신이 운동을 더 할수록 더 건강해진다.
>
> • **The older** we grow, **the wiser** we become.
> 우리는 나이가 들면 들수록, 더 현명해진다.
> = As we grow older, we become wiser.
> 우리가 나이가 더 들수록 우리는 더 현명해진다.

📝 **최상위로 가는 비법 노트**

[the 비교급] 구문을 만들 때 비교급이 명사를 수식하는 경우, 명사는 비교급 바로 뒤에 연결해야 한다.

• As I took **more tests**, I could get **better results**.
　　　　　　더 많은 시험　　　　　　　더 좋은 결과

= **The more tests** I took, **the better results** I could get.
　내가 더 많은 시험을 볼수록, 나는 더 좋은 결과를 얻을 수 있었다.

CHAPTER
06

2 as 원급 as 주어 can(could): 가능한 한 ~한/하게 = as 원급 as possible

> • Please call me **as soon as you can**. 가능한 한 빨리 저에게 전화해 주세요.
> = Please call me **as soon as possible**.

개념 확인 문제

A. 두 문장이 같은 의미가 되도록 보기와 같이 문장을 다시 쓰시오.

> **보기**
>
> As you go up higher, it becomes colder.
> → The higher you go up, the colder it becomes.

1. As you do more exercise, you get healthier.

= _____

2. As we get older, we become wiser.

= _____

3. As you study harder, you get better grades.

= _____

4. As you give more, you get more in return.

= _____

5. As you spend less, you save more.

= _____

6. As you recycle more paper, you can save more trees.

= _____

B. 두 문장이 같은 의미가 되도록 빈칸에 알맞은 말을 쓰시오.

1. I'll let you know as soon as possible.

= I'll let you know as _____ _____ I _____.

2. I want you to finish your homework as soon as you can.

= I want you to finish your homework as soon as _____.

Concept 036 최상급 비교

(1) 형태와 의미

the + 최상급	of + 기간 / 복수 명사	~ 중에서 가장 ~한/하게
	in + 장소 / 범위의 단수 명사	~ 에서 가장 ~한/하게
	(that) 현재완료의 경험적 용법	~ 해 본 것 중에서 가장 ~한/하게

- Jane is **the tallest** girl of the three.
  Jane은 셋 중에서 가장 키가 큰 소녀이다.
- Jane is **the tallest** girl in her class.
  Jane은 그녀의 반에서 가장 키가 큰 소녀이다.
- This is **the funniest** movie (that) I have ever seen.
  이것은 내가 본 것 중에서 가장 웃긴 영화이다.

**(2) 형용사의 최상급 앞에는 반드시 [the]를 써야 하며,
부사의 최상급 앞에는 [the]를 써도 되고 안 써도 된다.**

- Minsu is **the fastest** boy in his class. 민수는 그의 반에서 가장 빠른 소년이다.
  ↳ 뒤에 있는 명사 [boy]를 수식하는 형용사의 최상급이므로 반드시 [the]를 쓴다.
- Minsu runs **(the) fastest** in his class. 민수는 그의 반에서 가장 빨리 달린다.
  ↳ 부사의 최상급이므로 [the]를 써도 되고 생략해도 된다.

(3) one of the 최상급 + 복수 명사: 가장 ~한 것 중 하나

- Seoul is **one of the most crowded cities** in the world.
  서울은 세상에서 가장 붐비는 도시 중 하나이다.

④ 원급과 비교급을 활용한 최상급 표현

(1) 부정주어 ～ as(so) + 원급 + as

(2) 부정주어 ～ 비교급 than

(3) 비교급 than any other 단수 명사

(4) 비교급 than all the other 복수 명사

> • New York is the busiest city in the world. 뉴욕은 세상에서 가장 바쁜 도시이다.
>
> = No other city is as busy as New York in the world.
>
>   세상에 있는 어떤 도시도 뉴욕만큼 바쁘지 않다.
>
> = No other city is busier than New York in the world.
>
>   세상에 있는 어떤 도시도 뉴욕보다 바쁘지 않다.
>
> = New York is busier than any other **city** in the world.
>
>   ↳ 반드시 단수 명사가 되어야 한다.
>
>   뉴욕은 세상에 있는 다른 어떤 도시보다 더 바쁘다.
>
> = New York is busier than all the other **cities** in the world.
>
>   ↳ 반드시 복수 명사가 되어야 한다.
>
>   뉴욕은 세상에 있는 모든 도시들보다 더 바쁘다.

개념 확인 문제

A. 괄호 안에서 어법상 알맞은 것을 고르시오.

1. Health is the (more / most) important thing in life.

2. Soccer is (most / the most) popular sport in the world.

3. This red pen is the (prettier / prettiest) of the three.

4. These shoes are (cheaper / cheapest) than those shoes.

5. He is one of the most famous (actor / actors) in Korea.

B. 우리말과 같은 뜻이 되도록 주어진 단어를 이용하여 문장을 완성하시오.

1. 나일 강은 세상에서 가장 긴 강이다. (long)

= The Nile River _____.

2. Daniel은 우리 반에서 가장 웃긴 학생이다. (funny)

= Daniel _____.

3. 이것이 이번 시험에서 가장 어려운 문제였다. (difficult)

= This _____.

4. 오늘이 연중 가장 추운 날이다. (cold)

= Today _____ of the year.

5. 팀워크는 이 경기에서 가장 중요한 것 중에 하나이다. (important)

= Teamwork _____.

CHAPTER

06

C. 두 문장의 의미가 같도록 빈칸에 알맞은 말을 쓰시오.

1. Jiyun is the most intelligent student in the class.

= _____ student in the class is _____ intelligent than Jiyun.

2. Seoul is the busiest city in Korea.

= Seoul is _____ than any _____ _____ in Korea.

3. Family is the most important thing in my life.

= Nothing is more _____ _____ _____ in my life.

D. 주어진 문장과 같은 뜻이 되도록 원급과 비교급을 활용하여 다시 쓰시오.

> **보기**
>
> Peter is the most diligent student in his class.

= 1. _____

= 2. _____

= 3. _____

= 4. _____

Review Test 학교 시험에 꼭 나오는 문제

C 033

1. 다음 두 문장과 의미가 같은 것은?

> I am 180 cm tall. My dad is 180 cm tall, too.

① I am as tall as my dad.

② I am taller than my dad.

③ I am not as tall as my dad.

④ My dad is taller than me.

⑤ My dad is not so tall as me.

C 033, 034

2. 빈칸에 들어갈 말로 가장 적절한 것은?

> This computer is _____ than that one.

① expensive

② as expensive

③ expensiver

④ more expensive

⑤ the most expensive

C 033, 034

3. 다음 중 어법상 옳은 것은?

① She is as kinder as you.

② She is more tall than you.

③ She is not so thin as you.

④ She is beautifuler than you.

⑤ She is most popular in the class.

C 034

4. 빈칸에 들어갈 말로 알맞지 **않은** 것은?

He was _____ shorter than his brother.

① far   ② very   ③ even

④ still   ⑤ much

C 035

5. 빈칸에 들어갈 말이 바르게 짝지어진 것은?

The _____ we stay together, the _____ we will be.

① long − happy   ② longer − happy

③ longer − happier   ④ longest − happy

⑤ longest − happier

C 036

6. 주어진 문장과 의미가 같지 **않은** 것은?

Jenny is the smartest girl in the class.

① No other girl in the class is as smart as Jenny.

② Jenny is one of the smartest girls in the class.

③ No other girl in the class is smarter than Jenny.

④ Jenny is smarter than any other girl in the class.

⑤ Jenny is smarter than all the other girls in the class.

C 034

7. 다음 표의 내용과 일치하지 <u>않는</u> 것은?

	Mike	Eric	John
age	17 years old	17 years old	18 years old
height	170cm	175cm	180cm
weight	65kg	67kg	69kg

① Mike is younger than John.

② Eric is not shorter than Mike.

③ Eric is heavier than Mike.

④ John is taller than Eric.

⑤ John is younger than Mike.

C 034

8. 다음 중 어법상 <u>어색한</u> 것은?

① This bag is very cheap.

② This bag is very cheaper than that one.

③ This bag is a lot cheaper than that one.

④ This bag is much cheaper than that one.

⑤ This bag is the cheapest one in the shop.

C 036

9. 다음 중 의미하는 바가 나머지 넷과 <u>다른</u> 것은?

① Seoul is the largest city in Korea.

② No other city in Korea is larger than Seoul.

③ No other city in Korea is as large as Seoul.

④ Seoul is not as large as other cities in Korea.

⑤ Seoul is larger than any other city in Korea.

10. 밑줄 친 부분이 어법상 어색한 것은?

① It was the thinnest book.

② He is the most romantic guy.

③ It's the best restaurant in town.

④ She is the most smart girl in my class.

⑤ Robin is the youngest boy of the three.

11. 두 문장이 같은 뜻이 되도록 빈칸에 알맞은 말을 쓰시오.

Ryan is not as old as Andy.

= Ryan is _____ than Andy.

12. 어법상 어색한 부분을 찾아 바르게 고쳐 쓰시오.

My uncle is one of the tallest teacher in my school.

_____ → _____

13. 다음 두 문장의 뜻이 갖도록 빈칸에 알맞은 말을 쓰시오.

The girl is taller than the boy.

= The boy is _____ than the girl.

C 035, 036

14. 빈칸에 공통으로 들어갈 말을 쓰시오.

> • I am _____ happiest person in the world.
> • The more positive you become, _____ happier you will be.

C 036

15. 우리말과 일치하도록 주어진 말을 활용하여 빈칸에 알맞은 말을 쓰시오.

(1) 그는 우리 반에서 가장 뚱뚱한 소년이다. (fat)

= He is _____ in my class.

(2) 수학은 나에게 가장 어려운 과목이었다. (difficult)

= Math was _____ subject for me.

C 035

16. 두 문장이 같은 의미가 되도록 문장을 다시 쓰시오.

(1) As we have more, we want more.

= _____.

(2) As you read more books, you will become wiser.

= _____.

Chapter

7

접속사 1

접속사의 종류 및 등위접속사

① 접속사의 종류

(1) 등위접속사: 단어와 단어, 구와 구, 절과 절 등을 연결하는 접속사로 and, but, or, so가
대표적이다.

(2) 상관접속사: 등위접속사가 포함된 일종의 관용표현이다.

(3) 종속접속사

　① 명사절을 만드는 접속사: that, whether(=if), 관계대명사 what, 간접의문문 등

　② 형용사절을 만드는 접속사: 관계대명사, 관계부사가 여기에 해당됨.

　③ 부사절을 만드는 접속사: 시간, 이유, 조건, 양보 등

② 등위접속사 and, but, or

(1) and: ～와, 그리고 (나서)

- You should bring a map **and** a camera. 당신은 지도와 카메라를 가져와야 합니다.
- He found a wallet on his way home **and** (he) took it to the police station.
  그는 집으로 가는 도중에 지갑을 발견하고 경찰서에 가져다주었다.

📝 최상위로 가는 비법 노트

등위접속사 다음에 동사가 바로 나온 경우, 앞 문장의 주어가 생략되어 있는 것이다. 이때 등위접속사
다음의 동사는 앞 문장의 동사와 어법상 같은 형태이어야 한다.

- He <u>found</u> a wallet on his way home <u>and takes</u> it to the police station. (X)

　　앞 문장의 동사가 과거형이므로 [and] 다음의 [takes]도 과거형인 [took]가 되어야 한다.

- He <u>gets</u> up early in the morning <u>and eat</u> an apple every day. (X)

　　앞 문장의 동사가 3인칭, 단수, 현재형이므로 [and] 다음의 [eat]도 [eats]가 되어야 한다.

(2) but: 그러나, 하지만

- I studied hard, **but** I failed the exam. 나는 열심히 공부했지만 시험에서 떨어졌다.
- The food was great, **but** it was too expensive. 음식이 맛있었지만 너무 비쌌다.

(3) or: 또는, 아니면

- You can take the subway **or** a taxi. 당신은 지하철이나 택시를 탈 수 있어요.
- Who do you like better, Mom **or** Dad? 너는 누구를 더 좋아해, 엄마 아니면 아빠?

(4) so: 그래서

- He got up late, **so** he was late for school. 그는 늦게 일어나서 학교에 늦었다.
- I stayed up all night, **so** I am so tired now. 나는 밤을 새서 지금 매우 피곤하다.

개념 확인 문제

A. 다음 괄호 안에서 알맞은 것을 고르시오.

1. I did my best, (and / but / or / so) I failed.

2. My sister likes math (and / but / so) science.

3. Would you like tea (but / or / so) coffee?

4. We didn't have breakfast, (but / or / so) we are hungry now.

B. 어법상 어색한 곳을 찾아 바르게 고치시오.

1. My dog goes out every morning and run after butterflies.

_____ → _____

2. Mom looked at me closely and finds a bad cut on my right leg.

_____ → _____

Concept 038 상관접속사

① 상관접속사의 개념

(1) 상관접속사는 등위접속사(and, or, but)가 포함된 일종의 관용표현이다.

(2) 다음부터 나오는 상관접속사에서 A와 B 자리에는 문법적으로 같은 형태를 취해야 한다. 즉, A에 명사를 쓰면 B에도 명사, A에 형용사를 쓰면 B에도 형용사, A에 동명사를 쓰면 B에도 동명사를 쓰는 방식이다.

② both A and B

(1) 의미: A와 B 둘 다

> • I can speak **both** English and French.
> 　　　　　　↳ 명사　　　　↳ 명사
> • She looks **both** kind and smart.
> 　　　　　　↳ 형용사　　↳ 형용사
> • He enjoys **both** cooking and singing.
> 　　　　　　↳ 동명사　　↳ 동명사

(2) 문장의 주어 자리에 오는 경우 동사는 복수 동사가 온다.

> • **Both** Jenny **and** her sister **live** in Canada.
> 　↳ 전체가 문장의 주어　　↳ 바로 앞에 있는 [her sister]를 주어로 보고 [lives]를
> 　　　　　　　　　　　　　　써서는 안 된다.

③ not only A but also B = B as well as A

(1) 의미: A뿐만 아니라 B도

- He can speak **not only** English **but (also)** Chinese.
  그는 영어뿐만 아니라 중국어도 할 수 있다.
- Jenny **not only** <u>sings</u> very well **but (also)** <u>plays</u> the violin well.
  └── 같은 형태가 되어야 한다 ──┘
  Jenny는 노래를 잘 부를 뿐만 아니라 바이올린도 잘 켠다.

(2) 문장의 주어 자리에 오는 경우 동사는 B에 맞춘다.

- Not only you but (also) **she is** going to join our club.
  ∟ 동사의 수는 여기에 맞춘다.
- = **She** as well as you **is** going to join our club.
  ∟ 동사의 수는 여기에 맞춘다. 바로 앞에 있는 you에 맞추면 안 된다.
  너뿐만 아니라 그녀도 우리 동아리에 가입할 거야.

- Not only the students but (also) **my homeroom teacher is** watching the game.
  = **My homeroom teacher** as well as the students **is** watching the game.
  학생들뿐만 아니라 담임 선생님도 경기를 보고 있다.

④ either A or B, neither A nor B

(1) either A or B: A 또는 B 둘 중에 하나

- I am going to take **either** you **or** your sister.
  나는 너 또는 너의 여동생 둘 중 한 명을 데려갈 거야.

(2) neither A nor B: A와 B 둘 다 아닌

- I resemble **neither** my dad **nor** my mom.
  나는 나의 아빠도 엄마도 닮지 않았다.

(3) 문장의 주어 자리에 오는 경우 동사는 B에 맞춘다.

- Either you or **she has to go** there.
  ↳ 주어
  너 또는 그녀 둘 중 한 명이 거기에 가야 한다.

- Neither you nor **your brother** is responsible for this accident.
  ↳ 주어
  너도 너의 형도 그 사고에 책임이 없다.

5 not A but B: A가 아니라 B이다

- I am **not** Japanese **but** Korean. 저는 일본인이 아니라 한국인입니다.
- What I want is **not** money **but** time. 내가 원하는 것은 돈이 아니라 시간이다.

개념 확인 문제

A. 괄호 안에서 알맞은 말을 고르시오.

1. She is not only kind but (or / also) beautiful.

2. Either you or she (is / are) right.

3. Both Sally and I (am / are) talkative.

4. I'm not interested in action movies (also / but) in Sci-Fi movies.

5. Both Brad's father (or / and) mother are musicians.

6. Not only I but also he (love / loves) this song.

7. The movie was not only funny (and / but) also romantic.

8. He as well as I (like / likes) swimming.

9. Kimchi is (not / neither) Japanese food but Korean food.

10. The trip was a waste of money as (well / also) as a waste of time.

11. (Both / Either) you or your sister has to do the house chores.

12. My homeroom teacher not only teaches English well but also
(finish / finishes) the end-day meeting early.

B. 우리말과 같도록 빈칸에 알맞은 말을 쓰시오.

1. 너랑 네 동생 둘 중 한명이 거짓말을 하고 있어.

= _____ you _____ your sister is lying.

2. 식물들은 아름다울 뿐만 아니라 유용하기도 하다.

= Plants are _____ _____ beautiful _____ _____ useful.

3. 너는 옳지도 틀리지도 않다.

= You are _____ right _____ wrong.

4. 저는 자고 있었던 게 아니라 그냥 눈만 감고 있었어요.

= I was _____ sleeping _____ just closing my eyes.

5. 잠을 잘 자는 것은 어른들에게 뿐만 아니라 아이들에게도 중요하다.

= Sleeping well is important for children _____ _____ _____ for
adults.

Concept 039 명사절을 만드는 접속사 that 1

1 목적어로 사용되는 접속사 that절

(1) 형태

① 주어 일반동사 that 주어 동사 ~~~~.

② 주어 <u>be동사 형용사</u> that 주어 동사 ~~~~.

↳ [be동사 + 형용사]는 하나의 덩어리가 되어 동사의 기능을 담당한다.

(2) 의미: ~라는 것을, ~라고

(3) 주로 know, think, believe, hope 등의 동사 다음에 나오며, 목적어절을 이끄는 접속사 [that]은 주로 생략된다.

> • I think (that) he is kind. 나는 그가 친절하다고 생각한다.
> • I am sure (that) you like me. 나는 네가 나를 좋아한다고 확신해.

📋 최상위로 가는 비법 노트

[주어 동사 that 주어 동사]의 구조로 되어 있는 경우 [that]은 목적어절을 이끄는 접속사이다. 따라서 생략할 수 있다. 생략하고 나면 [주어 동사 주어 동사]의 구조가 된다. 반대로, [주어 동사 주어 동사]의 구조인 경우 [주어 동사]와 [주어 동사] 사이에 접속사 [that]이 생략되어 있다고 판단한 후 해석을 하면 된다.

---

2 지시대명사 that, 지시형용사 that, 접속사 that의 구별

(1) 지시대명사 that: [저것]이라고 해석되며, 주로 주어 또는 목적어로 쓰인다.

> • **That** is my book. 저것은 나의 책이다.

CONCEPT 039 명사절을 만드는 접속사 that 1 **189**

(2) 지시형용사 that: [저]라고 해석되며, 뒤에 단수 명사가 나온다.

> • **That** book is mine. 저 책은 나의 것이다.
>   저 책

(3) 접속사 that: 뒤에 완전한 문장이 연결되며, 주로 동사의 목적어로 쓰인다.

> • I think **that** he is honest. 나는 그가 정직하다고 생각한다.
>   ↳ 동사 [think] 다음에 있음.

📋 최상위로 가는 비법 노트

다음 두 문장을 매우 주의 깊게 봐야 한다.

  • I think **that** is mine. 나는 저것이 나의 것이라고 생각한다.
      ↳ 접속사 [that]이 아니라 [저것]이라고 해석되는 지시대명사이다.

만약에 [that] 앞뒤로 동사가 있는 경우 지시대명사일 가능성이 크므로 [저것 또는 그것]이라고 해석되는지 확인해 보자. 위 문장에서는 [that] 앞과 뒤에 동사가 있고, [저것 또는 그것]이라고 해석이 되기 때문에 지시대명사로 판단하면 된다.

  • I think **that** book is mine. 나는 저 책이 나의 것이라고 생각한다.
      ↳ 접속사 [that]이 아니라 뒤에 있는 명사 [book]을 수식하는 지시형용사이다.

만약에 [that] 앞에 동사가 있고, [that] 다음에 관사(a/an/the)나 소유격(my/his/her 등)이 없이 명사가 바로 나온 경우는 [that]이 지시형용사일 가능성이 매우 크므로 [that]이 [저 또는 그]라고 해석되는지 확인해 보자. 위 문장에서는 [that] 앞에 동사 [think]가 있고, [that] 다음에 명사인 [book]이 관사나 소유격 없이 나왔으며, [저 책] 또는 [그 책]이라고 해석되기 때문에 지시형용사로 판단하면 된다.

개념 확인 문제

A. 밑줄 친 that이 무엇으로 사용되었는지 괄호 안에서 고르시오.

1. I believe that you will help me.　　(지시대명사 / 지시형용사 / 접속사)

2. I think that boy is really cute.　　(지시대명사 / 지시형용사 / 접속사)

3. I think that is my pen.　　(지시대명사 / 지시형용사 / 접속사)

4. I know that you can do it.　　(지시대명사 / 지시형용사 / 접속사)

B. 다음 우리말을 영어로 쓰시오.

1. 난 그것이 사실이 아니라고 생각한다.

= _____

2. 나는 네가 그것을 할 수 있다고 믿는다.

= _____

3. 그녀는 내가 그녀를 좋아한다는 것을 안다.

= _____

부사절을 만드는 접속사의 구조와 활용

① 부사절을 만드는 접속사의 구조

(1) <u>접속사 + 주어 + 동사 ~~~~</u> , <u>주어 + 동사 ~~~~</u>.
　　↳ 콤마 전까지 종속절　　　　　　↳ 콤마 다음부터 끝까지 주절
　　　　　　　　　콤마를 기준으로

(2) <u>주어 + 동사 ~~~~</u> <u>접속사 + 주어 + 동사 ~~~~</u> .
　　↳ 접속사 전까지 주절　　　　↳ 접속사부터 끝까지 종속절
　　　　　　　　접속사를 기준으로

📝 최상위로 가는 비법 노트

주절: 문장의 주어와 술어동사가 포함되어 있는 부분이며 주절 혼자서 문장을 구성할 수 있다. 이때 술어동사란 [~하는, ~했던, ~하기 위해서]처럼 해석되는 동사가 아니라, [~다.]라고 해석되는 동사를 말한다.

종속절: 접속사가 포함하고 있는 문장이다. 주절을 보충 설명하며, 반드시 주절이 있어야 한다. 종속절 혼자서 절대로 문장을 구성할 수 없다.

하나의 문장은 주절로만 이루어질 수도 있고, 주절과 주절을 보충하는 종속절이 함께 있을 수도 있다.

② 부사절을 만드는 접속사의 활용

(1) 완전한 문장 하나를 준비하자.

(2) 그 앞에 원하는 접속사를 넣고, 이어서 완전한 문장을 하나만 더 써 주면 된다. 다양한 접속사를 암기하면 할수록 표현할 수 있는 문장이 많아진다.

- I met you.
- _____ I met you, <u>완전한 문장을 하나 더 써 준다.</u>
　↳ 접속사가 들어갈 자리

종속절		주절
접속사	문장	문장
When	I met you,	I found real happiness.
	제가 당신을 만났을 때,	전 진정한 행복을 발견했어요.
Because	I met you,	I found real happiness.
	제가 당신을 만났기 때문에,	전 진정한 행복을 발견했어요.
Although	I met you,	I couldn't find real happiness.
	제가 당신을 만났지만,	전 진정한 행복을 발견할 수 없었어요.
If	I met you,	I could find real happiness.
	제가 당신을 만난다면,	전 진정한 행복을 발견할 수 있을 거예요.
Until	I met you,	I hadn't known real happiness.
	제가 당신을 만날 때까지	전 진정한 행복을 몰랐어요.
Before	I met you,	I didn't know real happiness.
	제가 당신을 만나기 전에,	전 진정한 행복을 몰랐어요.
After	I met you,	I found real happiness.
	제가 당신을 만난 후에	전 진정한 행복을 발견했어요.
Since	I met you,	my whole life has changed.
	제가 당신을 만난 이후로,	저의 삶 전체가 바뀌었어요.

Concept 041 부사절을 만드는 접속사
: 시간

1 when: ~할 때, ~하면

(1) 의문사 when vs 접속사 when

　① 의문사: 의문문을 만들며 [언제]라고 해석된다.

　② 접속사: [when 주어 동사]의 구조로 사용되며, [~할 때, ~하면]으로 해석된다.

> • **When** is your birthday? 당신의 생일은 언제인가요?
>
> • **When** I grow up, I want to be a pilot. 내가 자라면 나는 비행기 조종사가 되고 싶다.
>
> • I was washing the dishes **when** you called me.
>
> 　당신이 저에게 전화했을 때, 저는 설거지를 하고 있었어요.

(2) 시간의 부사절에서는 현재 시제가 미래 시제를 대신한다.

> • **When** Mom **will come** home, I'll tell her the truth. (X)
>
> → **When** Mom **comes** home, I'll tell her the truth. (O)
>
> 　엄마가 집에 오시면, 나는 엄마에게 진실을 말할 거야.

📝 최상위로 가는 비법 노트

✎ 시간의 부사절에서는 현재 시제가 미래 시제를 대신한다

말이 너무 어려워서 쉬운 말로 바꿔봤다. [~할 때 또는 ~하면]을 의미하는 접속사 [when]의 경우 실제 의미가 아무리 미래라도 접속사 [when]에 포함된 동사는 반드시 현재 시제로 표현한다. 위 문장은 확실히 미래를 의미하지만 [when]이 [~할 때, ~하면]이라고 해석되고 있어 [when]에 속한 동사는 미래 시제가 아닌 현재 시제로 표현해 주어야 한다.

하지만, [~할 때, ~하면]이라고 해석되지 않는 [when]의 경우에는 실제 의미가 미래라면 반드시 미래 시제로 표현해 주어야 한다.

　• I don't know when he comes. (X)

　　→ I don't know when he will come. 나는 그가 언제 올런지 모르겠다.

- Please turn off the lights **when** you **will go out.** (X)
  → Please turn off the lights **when** you **go out.** (O) 외출할 때 불을 꺼 주세요.

② while: ~하는 동안, ~하는 반면

(1) ~하는 동안에

- What happened **while** I was out? 내가 없는 동안 무슨 일이 있었니?
- Don't cut in **while** others are speaking. 다른 사람이 말을 하는 동안 끼어들지 마라.

(2) ~하는 반면에

- **While** I am good at math, my brother is good at English.
  나는 수학을 잘하는 반면에 나의 형은 영어를 잘한다.
- My brother likes going out **while** I like staying home.
  나의 형은 밖에 나가는 것을 좋아하는 반면에 나는 집에 머무는 것을 좋아한다.

③ since: ~이후로, ~때문에

(1) ~이후로: 주로 현재완료, 과거완료와 함께 사용된다.

- 주어 + has / have p.p. ~ since 주어 + **동사의 과거형** ~.
- I have lived here **since** I got married. 나는 결혼한 이후로 여기에서 살았다.
  * I have lived here **since** 2010.
    ↳ 전치사로도 사용 가능

(2) ~ 때문에

- **Since** it was raining heavily, I stayed home all day.
  비가 심하게 내리고 있었기 때문에, 나는 하루 종일 집에 머물렀다.
- **Since** the sunlight is very strong, you have to wear sunglasses.
  햇빛이 매우 강하기 때문에 너는 선글라스를 착용해야 한다.

4 before: ~전에, after: ~후에

(1) before: ~ 전에

- I brush my teeth **before** I go to bed. 나는 잠자리에 들기 전에 양치질을 한다.
- Do it **before** you forget. 잊어버리기 전에 그걸 해.
- I want you to finish it **before** lunch. 나는 네가 점심시간 전에 그것을 끝내길 바라.

　　　　　　　　　↳ 전치사로도 사용 가능

(2) after: ~후에

- **After** I brush my teeth, I go to bed. 나는 양치질을 한 후에 잠자리에 든다.
- I usually play soccer **after** school. 나는 방과후에 주로 축구를 한다.

　　　　　　　　　↳ 전치사로도 사용 가능

개념 확인 문제

A. 우리말에 맞도록 빈칸에 알맞은 말을 쓰시오.

1. 어떤 사람들은 채소를 좋아하는 반면에 다른 사람들은 고기를 좋아한다.

→ Some people like vegetables _____ others like meat.

2. 여러분이 질문이 있을 때, 주저하지 말고 저에게 물어보세요.

→ _____ you have questions, don't hesitate to ask me.

B. 밑줄 친 단어의 의미를 괄호 안에 쓰시오.

1. (1) I haven't eaten anything <u>since</u> last night.　　　　(　　　)

(2) <u>Since</u> it was too expensive, I couldn't buy it.　　(　　　)

2. (1) I like cats <u>while</u> my wife likes dogs.　　　　(　　　)

(2) I usually listen to music <u>while</u> I walk on the treadmill.　(　　　)

3. (1) <u>When</u> I came home, I turned on the light.　　(　　　)

(2) <u>When</u> did you come home?　　　　　　(　　　)

C. 다음 문장들이 의미가 같도록 빈칸에 알맞은 말을 쓰시오.

1. Timmy took some medicine, and he went to bed.

= _____ Timmy took some medicine, he went to bed.

= Timmy took some medicine _____ he went to bed.

2. He finished his homework, and he started to play computer games.

= _____ he finished his homework, he started to play computer games.

= He finished his homework _____ he started to play computer games.

부사절을 만드는 접속사

: 조건

① **조건의 부사절을 만드는 if**

(1) 형태

　① **If** + 주어 + 동사 ~ , 주어 + 동사 ~.

　② 주어 + 동사 ~ + **if** + 주어 + 동사 ~.

(2) 의미 : (만약) ~라면

> • **If** you get up now, you will catch the bus. 네가 지금 일어나면 버스를 탈 거야.
>
> • She will get better **if** she gets enough rest.
>
> 　그녀가 충분한 휴식을 취하면 그녀는 회복될 거야.
>
> • **If** you smile at people, they will smile back at you.
>
> 　네가 사람들에게 미소를 지으면, 그들도 너에게 미소를 지을 거야.

② **조건의 부사절에서는 현재 시제가 미래 시제를 대신한다**

> • **If** it **will rain** tomorrow, I will just stay at home. (X)
>
> → **If** it **rains** tomorrow, I will just stay at home.
>
> 　내일 비가 오면, 난 그냥 집에 있을 것이다.

✏️ **조건의 부사절에서는 현재 시제가 미래 시제를 대신한다**

[조건의 부사절]이라는 말도 어려워서 이렇게 바꿨다. [~라면]을 의미하는 [if]의 경우 실제 의미가 아무리 미래라도 [if]에 속한 동사는 반드시 현재 시제로 표현한다. 단, 주절의 동사는 미래를 의미하면 미래로 표현해 준다. 의미상으로도 그렇고 [tomorrow]를 보면 확실히 미래를 의미하지만 [if]가 [~라면]이라고 해석되고 있어 미래 시제가 아닌 현재 시제로 표현해 주어야 한다.

하지만, [~라면]이라고 해석되지 않는 [if]의 경우에는 미래를 의미하면 반드시 미래 시제로 표현해 주어야 한다.

- I don't know if it rains tomorrow. (X)
  - → I don't know if it **will rain** tomorrow. 나는 내일 비가 올지 (안 올지) 모른다.

③ 명사절을 만드는 접속사 if와 구별하자

- I don't know **if** it will snow tomorrow. 나는 내일 눈이 올지 안 올지 모른다.
  - ↳ 동사 [know]의 목적어로 사용된 명사절이다.

- **If** it snows tomorrow, I will make a snowman. 내일 눈이 오면, 나는 눈사람을 만들 거야.
  - ↳ [~라면]이라고 해석되는 조건의 부사절이다.

개념 확인 문제

A. 괄호 안에서 알맞은 것을 고르시오.

1. I am not sure if he (comes / will come) in time.

2. Call me when you (want / will want) to see me.

3. If it (is / will be) sunny tomorrow, I will wash my car.

4. If you (miss / will miss) classes again, I will talk to your mother.

B. 밑줄 친 if가 어떤 의미로 사용되었는지 괄호 안에서 고르시오.

1. If school ends early, I'll go to the swimming pool. (~라면 / ~인지)

2. You should visit the Louvre Museum if you go to Paris. (~라면 / ~인지)

3. I want to know if you like me. (~라면 / ~인지)

4. If you buy one, you will get another for free. (~라면 / ~인지)

C. 다음 우리말을 영어로 쓰시오.

1. 나는 오늘 일찍 숙제를 끝내면, 영화 보러 갈 것이다.

= _____

2. 네가 지금 잠자리에 들지 않으면, 너는 내일 늦게 일어날 것이다.

= _____

Concept 043 부사절을 만드는 접속사

: 이유, 양보

1 이유의 부사절을 만드는 접속사: because, since

(1) because: ～ 때문에

- **Because** I was tired, I went to bed early. 나는 피곤했기 때문에 일찍 잠자리에 들었다.
  = I was tired, **so** I went to bed early.

📔 최상위로 가는 비법 노트

[because]는 접속사로 뒤에 주어와 동사가 연결되고, [because of]는 전치사로 뒤에 명사(구)가 연결된다.

- I was late **because** it rained heavily. 나는 비가 심하게 내렸기 때문에 늦었다.
  ↳ [주어 + 동사]가 연결되었음.
- I was late **because** of the heavy rain. 나는 폭우 때문에 늦었다.
  ↳ 명사구가 연결되었음.

(2) since: ～ 때문에, ～이후로

- **Since** he was sick, he couldn't go to school. 그는 아파서 학교에 갈 수 없었다.

2 양보의 부사절을 만드는 접속사: though, although, even though

(1) [양보]란 말은 [비록 ～임에도 불구하고] 또는 [비록 ～이지만]을 의미한다.

(2) [though]는 [although 또는 even though]로 바꿔 쓸 수 있다.

- **Though** I studied hard, I failed the exam. 열심히 공부했지만 나는 시험에 떨어졌다.
  = **Although / Even though** I studied hard, I failed the exam.
- I am happy **though** I am not rich. 나는 부자가 아니지만 행복하다.
  = I am happy **although / even though** I am not rich.

A. 괄호 안에서 알맞은 말을 고르시오.

1. I got up early (so / because) I'm sleepy now.

2. I'm too tired (because / because of) the hard work.

3. I was late for school (because / because of) the heavy traffic.

4. I will stay up late (because / because of) tomorrow is Saturday.

5. Minho makes fun of me in front of other students (so / because) I hate him.

6. Don't tease your classmates (because / because of) they are different from you.

B. 괄호 안에서 알맞은 것을 고르시오.

1. I enjoyed the film (if / although) the beginning was boring.

2. I went out (if / though) it was raining hard.

3. I didn't wake up (since / though) the telephone rang many times.

접속부사

① 접속부사의 개념

(1) 개념: 문장과 문장을 연결하며, 접속사와 부사의 역할을 동시에 하므로 접속부사라고 부른다.

(2) 형태: 주어 + 동사 ~. 접속부사, 주어 + 동사 ~.

② 자주 쓰이는 접속부사

(1) however: 하지만

> • She didn't study hard. **However**, she passed the test.
> 그녀는 열심히 공부하지 않았다. 하지만, 그녀는 시험에 통과했다.

(2) for example, for instance: 예를 들면

> • Some geniuses were not good students. **For example**, Isaac Newton was not good at school.
> 어떤 천재들은 학교생활을 잘하지 못했다. 예를 들어 Issac Newton은 학교에서 잘하지 못했다.

(3) therefore, thus: 그러므로, 따라서

> • We didn't have enough money. **Therefore**, we couldn't buy the tickets.
> 우리는 충분한 돈이 없었다. 그러므로 우리는 표를 살 수 없었다.

(4) in addition: 게다가

> • I fell down on the way home. **In addition**, I lost my wallet.
> 나는 집에 가는 길에 넘어졌다. 게다가 나는 나의 지갑을 잃어버렸다.

✍ 괄호 안에서 알맞은 것을 고르시오.

1. He was feeling sick. (However / Therefore), he went to school.

2. She never keeps her word. (However / Therefore), she has few friends.

3. France is famous for fashion. (In addition / However), it is famous for wine.

4. I have many talents. (However / For example), I can speak English, dance well, and tell great jokes.

C 037

1. 다음 중 어법상 <u>어색한</u> 것은?

① I like curry and rice.

② I was busy, so I could take a rest.

③ Which do you want, Coke or juice?

④ My hobbies are playing tennis and dancing.

⑤ He loved his hometown, but he had to leave.

C 039

2. 빈칸에 공통으로 들어갈 말로 알맞은 것은?

> • I know _____ he didn't do his best.
> • Don't forget _____ you should leave in ten minutes.

① to ② for ③ how
④ that ⑤ what

C 041

3. 밑줄 친 <u>when</u>의 쓰임이 <u>다른</u> 하나는?

① Call me <u>when</u> you need me.

② <u>When</u> does the first class start?

③ <u>When</u> I was young, I was pretty.

④ I am really happy <u>when</u> it snows.

⑤ What do you usually do <u>when</u> you are free?

CHAPTER

07

C 043

4. 두 문장의 의미가 같도록 할 때, 빈칸에 알맞은 것은?

> I went to see a doctor because I had a fever.
> = I had a fever, _____ I went to see a doctor.

① to　　　　　　　② or　　　　　　　③ so

④ and　　　　　　⑤ but

C 041 - 043

5. 빈칸에 들어갈 말로 알맞은 것은?

> I went to bed early _____.

① if I felt tired　　　　　　　② that I felt tired

③ while I felt tired　　　　　　④ since I felt tired

⑤ though I felt tired

C 039

6. 밑줄 친 부분을 생략할 수 없는 것은?

① I think that he is innocent.

② He doesn't know that girl is the real thief.

③ We hope that our dreams will come true.

④ He thought that his friend told a lie to him.

⑤ My mother hopes that I will do well at school.

C 037

7. 다음 중 어법상 어색한 것은?

① We can take a subway or a bus.

② She looked very tired and lonely.

③ The wind blew hard, but we went inside.

④ I'd like a cheese burger and a large Coke.

⑤ I couldn't finish my meal, but my sister could.

C 044

8. 빈칸에 접속부사 'however'가 들어갈 곳으로 알맞은 것은?

① She writes well. _____, she wants to be a writer.

② He worked hard. _____, he could reach his goal.

③ The movie was boring. _____, I could fall asleep.

④ He felt really tired. _____, he went to bed early.

⑤ Many people think I am lazy. _____, it is not true.

C 041

9. 대화의 빈칸에 들어갈 말로 가장 적절한 것은?

A: Did you finish your homework?

B: Not yet. I'm still working on it.

A: I feel like going for a walk.

B: Really? But you need to wait for a couple of hours.

A: Okay. Then, call me _____.

① when to finish your homework

② when you finish your homework

③ when you finished your homework

④ when you will finish your homework

⑤ when you're going to finish your homework

10. 다음 중 어법상 옳은 것은?

① I'll call you when I will get to the airport.

② I stayed at home because the heavy rain.

③ I don't know if she will come to my party.

④ If it will be fine tomorrow, I will play soccer.

⑤ I passed the exam because of I studied very hard.

11. 다음 중 의미하는 바가 나머지 넷과 <u>다른</u> 것은?

① Although it rained heavily, all the buses were on time.

② Though it rained heavily, all the buses were on time.

③ It rained heavily. However, all the buses were on time.

④ Because it rained heavily, all the buses were on time.

⑤ Even though it rained heavily, all the buses were on time.

12. 우리말과 일치하도록 할 때, 빈칸에 들어갈 말이 바르게 짝지어진 것은?

> 그가 정각에 그곳에 가면, 버스를 탈 것이다.
>
> = If he _____ there on time, he _____ the bus.

① get − catch   ② gets − catches

③ gets − will catch   ④ will get − catches

⑤ will get − will catch

C 041 - 043

13. 빈칸에 들어갈 말로 가장 적절한 것은?

_____ she was a teenager, she had to work to support her family.

① If ② That ③ Since

④ Although ⑤ Whether

C 038

14. 밑줄 친 play의 어법상 올바른 형태는?

I wanted to learn either to write a song or <u>play</u> a musical instrument.

① plays ② played ③ to play

④ playing ⑤ have played

C 038

15. 짝지어진 두 문장의 의미가 서로 같지 <u>않은</u> 것은?

① Your mother cares about you and so do I.

= Both your mother and I care about you.

② Not only Eve but also Adam ate the fruit.

= Adam as well as Eve ate the fruit.

③ Either you or I am wrong.

= You are wrong or I am wrong.

④ Not she but I was the one who helped you.

= Neither she nor I was the one who helped you.

⑤ She is not your enemy. She is not your friend, either.

= She is neither your enemy nor your friend.

CHAPTER 07

16. 다음은 Tony와 Judy가 좋아하는 과목을 나타낸 표이다. 표에 대한 설명으로 <u>틀린</u> 것은?

	English	math	science	P.E	music
Tony	○	×	×	○	○
Judy	○	○	×	×	○

① Not Tony but Judy likes math.

② Both Tony and Judy like English.

③ Tony likes music as well as P.E.

④ Neither Tony nor Judy likes science.

⑤ Judy likes not only English but also P.E.

17. 밑줄 친 부분의 의미가 나머지와 <u>다른</u> 것은?

① <u>While</u> I was reading, he fell asleep.

② He didn't say anything <u>while</u> I was watching TV.

③ She wrote an email <u>while</u> she was listening to music.

④ <u>While</u> you are doing the dishes, I'll bake some bread.

⑤ He likes horror movies <u>while</u> she likes romantic comedies.

18. 밑줄 친 부분의 쓰임이 <u>어색한</u> 것은?

① I tried hard. <u>For example</u>, it was not easy.

② I was feeling bad. <u>However</u>, I went to school.

③ I have two computers. <u>However</u>, both are broken.

④ She is very rich. <u>However</u>, she never wastes anything.

⑤ We have many things in common. <u>For example</u>, we both like movies.

19. 빈칸에 들어갈 말이 바르게 짝지어진 것은?

> These shoes are _____ comfortable and fashionable.
> = These shoes are not only comfortable _____ fashionable.

① both − or
② either − and
③ neither − but
④ both − but also
⑤ as well as − and

20. 밑줄 친 that의 쓰임이 나머지와 다른 것은?

① I think that you are smart.
② I believe that he will come.
③ I know that man is your father.
④ We hope that you will win the race.
⑤ She said that she saw me at the theater.

21. 다음 두 문장을 both를 사용하여 한 문장으로 쓰시오.

(1) Sejun is good at dancing. Minho is good at dancing, too.

= _____

(2) Turtles can live in water. They can live on land, too.

= _____

관사, 대명사,
형용사, 부사

 Concept
045

부정관사와 정관사

① 부정관사 a 또는 an: 하나

(1) 셀 수 있는 단수 명사 앞에 사용한다.

(2) 철자에 관계없이 **발음이 모음으로 시작되는** 단어 앞에는 [an]을 사용한다.

↳ 우리말 발음 [아, 에, 이, 오, 우, 어]에 해당된다.

> • **an hour**: 철자가 자음 [h]로 시작되지만 [h]는 발음되지 않는다. 따라서 발음이 [아우어]
> 가 되므로 모음 [아]로 시작된 것으로 보면 된다.
>
> • **an MP3 player**: 철자는 자음 [M]으로 시작되지만 발음은 [엠피쓰리]이므로 모음 [에]로
> 시작된 것으로 보면 된다.
>
> • **an umbrella**: 철자도 모음 [u]로 시작하면서, 발음도 [엄브렐라]이므로 모음 [어]로 시작
> 된 것으로 보면 된다.
>
> • **a uniform**: 철자는 모음 [u]로 시작되지만, 발음이 [유니폼]이므로 모음으로 시작된 것이
> 아니다. 주의하자.

용법	예	의미
하나의	**a** book, **a** car, **an** apple	책 한 권, 자동차 한 대, 사과 하나
어떤	**A man** came to see you.	어떤 남자가 당신을 보러 왔다.
~마다	once **a week**, twice **a month**	일주일에 한 번, 한 달에 두 번
종족 전체	**A dog** is a faithful animal.	개는 충직한 동물이다.

② 정관사 the: 그

(1) 셀 수 있는 명사 또는 셀 수 없는 명사에 상관없이 사용한다.

(2) 앞에 나왔던 명사가 다시 나올 때 사용한다.

> • I have **a car**. **The car** is really nice. 나는 차가 한 대 있다. 그 차는 정말 멋지다.

(3) 상황으로 보아 뻔히 알 수 있을 때 사용한다.

> • Would you close **the door**? 문 좀 닫아 주시겠어요?

(4) 수식어구(형용사)에 의해 수식받을 때 사용한다.

> • **The book** <u>on the desk</u> is mine. 책상 위에 있는 그 책은 나의 것이다.
>   ↳ the book이 전치사구 on the desk에 의해 수식받고 있음.

(5) 세상에 하나 밖에 없는 것 앞에 사용한다.

> • **The Earth** goes around **the Sun**. 지구는 태양 주위를 돈다.

(6) 악기명 앞에 사용한다.

> • I can play **the piano**. 나는 피아노를 칠 수 있다.

③ 관사를 쓰지 않는 경우

(1) 식사: I had dinner. 나는 저녁을 먹었다.

(2) 운동: He is playing soccer. 그는 축구를 하고 있다.

(3) 질병: He has cancer. 그는 암에 걸려 있다. (그는 암환자이다.)

※ 가벼운 증상에는 a를 붙인다.

> • I have **a cold / a fever / a headache**.
> 나는 감기에 걸렸다. / 나는 열이 있다. / 나는 두통이 있다.

(4) 건물이 본래 목적으로 쓰일 때

> • I went to **school**. (본래 목적인 학업) 나는 학교에 갔다.
> • Mom went to **the school** to meet the principal. (학업 이외의 다른 목적)
> 엄마는 교장 선생님을 만나기 위해 학교에 갔다.

개념 확인 문제

A. 빈칸에 a나 an을 쓰시오. 단, 필요 없는 경우에는 X표 하시오.

1. I have _____ sister.

2. My daughter is _____ honest girl.

3. The boy is wearing _____ uniform.

4. I want to drink _____ water.

5. I want to buy _____ MP3 player.

6. This is _____ interesting book.

7. I need to pack _____ sunglasses.

8. I am _____ English teacher.

9. Take _____ umbrella with you.

10. _____ dictionary is useful.

B. 다음 빈칸에 the가 필요하면 넣고, 그렇지 않으면 X표 하시오.

1. I have _____ breakfast in the morning.

2. I am good at playing _____ basketball.

3. Would you please close _____ window?

4. _____ Sun rises in the east.

5. I play _____ piano every day.

6. There is a book on the desk. _____ book is interesting.

Concept 046 재귀대명사

1 재귀대명사의 형태

(1) 형태: 소유격 / 목적격 + self(selves)

(2) 의미: ~자신

인칭	단수		복수	
1인칭	I	myself	we	ourselves
2인칭	you	yourself	you	yourselves
3인칭	he she it	himself herself itself	they	themselves

2 재귀대명사에는 재귀적 용법과 강조적 용법 두 가지가 있다

(1) 재귀적 용법: 주어와 목적어가 동일할 때 [목적어] 자리에서 쓰이며, 생략할 수 없다.

- I love **myself.** 나는 내 자신을 사랑한다.
- You should take care of **yourself.** 너는 너 자신을 돌봐야 한다.

📓 최상위로 가는 비법 노트

[주어 + 동사] 다음에 명사가 있는 경우, 그 명사가 보어인지 목적어인지 판단하기 어렵다고 했던 적이 있다. 주어와 같은 말이면 보어, 같지 않은 말이면 목적어이지만 주어와 같은 말인 경우에도 보어가 아니라 목적어인 경우가 딱 한 경우가 있는데, 바로 재귀대명사가 목적어로 사용된 경우이다.

- I like me. 나는 나를 좋아한다.

해석해 보면 아주 자연스러워 어법상 틀린 문장인지 알기 어렵다. 그러나 이 문장은 틀린 문장이다. 이유는 다음과 같다.

[me]는 [나를]이라고 해석되는 목적어이고, 주어인 [I]와 목적어인 [me]가 같은 말이다. 이처럼 주어와 목적어가 같은 경우에는 목적어 자리에 반드시 재귀대명사를 써야 한다. 이때 사용된 재귀대명사를 재귀적 용법이라고 하며 생략할 수 없다는 점에서 강조적 용법과 구별이 된다.

- I like myself. 나는 나 자신을 좋아한다.

이 문장들도 한 번 살펴보자.

• He likes him. 그는 그를 좋아한다.

• He likes himself. 그는 그 자신을 좋아한다.

이 두 문장은 모두 옳다. 다만 의미 차이는 매우 크다.

첫 번째 문장에서 목적어인 [him]은 주어인 [그]와 다른 또 다른 남자를 의미한다.

두 번째 문장에서 목적어인 [himself]는 주어인 [그]와 같은 말이다. 목적어 자리에 재귀대명사가 쓰이면 주어와 같은 말이라고 보면 된다.

(2) 강조적 용법: 강조하는 말 바로 뒤나 문장의 맨 뒤에 쓰이며, 생략할 수 있다.

> • I **(myself)** cleaned the house. 내가 직접 집을 청소했다.
>   = I cleaned the house **(myself)**.
> • We don't have to eat out. We **(ourselves)** can make dinner.
>   우리는 외식할 필요가 없다. 우리가 직접 저녁을 만들 수 있다.
>   = We don't have to eat out. We can make dinner **(ourselves)**.

③ 재귀대명사의 관용표현

(1) by oneself: 나 홀로 (=alone)

> • She lived there **by herself**. 그녀는 그곳에서 홀로 살았다.

(2) by(of) itself: 저절로

> • The door closed **by(of) itself**. 문이 저절로 닫혔다.

(3) enjoy oneself: 즐거운 시간을 보내다

> • Did you **enjoy yourself** at the party? 파티에서 즐거운 시간을 보냈나요?

(4) help oneself to: ~을 마음껏 먹다

> • **Help yourself** to the food on the table. 테이블에 있는 음식을 마음껏 드세요.

A. 괄호 안에서 알맞은 것을 고르시오.

1. I can take care of (me / myself).

2. You should know (you / yourself).

3. She looked at (her / herself) in the mirror.

4. She is so beautiful. I can't even look at (her / herself).

B. 밑줄 친 재귀대명사의 용법을 괄호 안에서 고르시오.

1. I <u>myself</u> took this photo.　　　　　　　　(재귀적 용법 / 강조적 용법)

2. People often talk to <u>themselves</u>.　　　　　(재귀적 용법 / 강조적 용법)

3. He did his homework <u>himself</u>.　　　　　　(재귀적 용법 / 강조적 용법)

4. They hid <u>themselves</u> behind the tree.　　　(재귀적 용법 / 강조적 용법)

C. 우리말과 일치하도록 빈칸에 알맞은 재귀대명사를 쓰시오.

1. 그는 그 사고에 대해 자기 자신을 탓했다.

= He blamed _____ for the accident.

2. 아이들은 놀이공원에서 즐거운 시간을 보냈다.

= The children enjoyed _____ at the amusement park.

부정대명사 1
: one, it, another

① one과 it

(1) 정해지지 않은 막연한 사람이나 사물을 가리키는 대명사를 부정대명사라고 한다.

(2) 부정대명사 one과 대명사 it

    ① one: 앞에 나온 명사와 같은 종류의 막연한 사람이나 사물을 가리킨다. 종류만 같을 뿐 앞에 나온 바로 그 명사가 아니라는 것이 핵심이다.

    ② it: 앞에 나온 바로 그 명사를 대신하는 대명사이다.

- I lost **my phone**, so I bought a new **one**.

        ↳ 앞에 나온 [my phone] 자체는 아니다.

나는 전화기를 잃어버려서 새로운 전화기를 하나 샀다.

- I lost **my phone**, but I found **it** under the sofa.

        ↳ 앞에 나온 바로 그 명사인 [my phone]을 가리킨다.

나는 전화기를 잃어버렸지만 소파 아래에서 (잃어버린) 그것을 찾았다.

📋 최상위로 가는 비법 노트

- I lost **my phone**, so I bought a new **one**.

앞에 나온 [my phone]은 이미 잃어버린 것이므로, 그와 같은 종류 혹은 같은 모델을 살 수는 있어도 잃어버린 그 전화기를 살 수는 없다. 따라서 종류만 같고 앞에 나온 그 명사 자체가 아니므로 [one]을 사용하는 것이다.

- I lost **my phone**, but I found **it** under the sofa.

전화기를 잃어버렸는데 잃어버린 그 전화기를 소파 아래에서 찾았다는 것이다. 따라서 [it]은 앞에 나온 바로 그 명사인 [my phone]을 대신하는 대명사인 것이다.

② another: 또 다른 하나(의)

- I don't like this skirt. Show me **another**, please.
  저는 이 치마가 맘에 들지 않아요. 다른 것을 보여 주세요.
- Would you like **another** cup of coffee? 커피 한 잔 더 하실래요?

📋 최상위로 가는 비법 노트

another
↳ 부정관사 [an]이 [하나]를 의미하고 [other]는 [다른]의 의미가 있으므로 [또 다른 하나]라는 의미가 형
  성된다. 그리고 [또 다른 하나]라는 의미이므로 명사가 뒤에 나올 때는 당연히 셀 수 있는 명사의 단수
  형태가 나온다.

✍️ 괄호 안에서 알맞은 것을 고르시오.

1. I don't like the blue T-shirt. I like the red (it / one).

2. I have already read this book. Do you have (another / the other) book?

3. A: Is there a hospital near here?
　　B: Yes, there is (it / one) around the corner.

4. A: Mom, where is my phone?
　　B: I put (it / one) on your desk.

Concept 048 부정대명사 2
: one, the other, some, (the) others

↳ 몇 명인지 혹은 몇 개인지 명확히 알 수 있는지 확인하는 것이 핵심!!

① **숫자를 알 수 있는 경우**

(1) 둘이라고 알 수 있는 경우

> • I have **two** sons. **One** lives in Korea, and **the other** lives in Canada.
>   ↳ 아들 두 명이라고 명확히 알 수 있다.
>
> 나는 아들이 두 명 있다. 한 명은 한국에 살고, 다른 한 명은 캐나다에 산다.

(2) 셋이라고 알 수 있는 경우

①

one   another   the other
하나는   또 다른 하나는   나머지 하나는

남은 개수를 알 수 있는
경우 the를 써 준다.

> • There are **three** bags. **One** is blue, **another** is brown, and **the other** is
> black.   ↳ 가방 세 개라고 명확히 알 수 있다.
>
> 가방이 세 개가 있다. 하나는 파란색이고, 또 다른 하나는 갈색이고, 나머지 하나는 검은색이다.

②

one   the others   남은 개수가 2개 이상일 때.
하나는   나머지 전부는   s를 꼭 써 준다.

남은 개수를 알 수 있는
경우 the를 써 준다.

- There are **three** bags. **One** is brown, and **the others** are black.
  ↳ 가방 세 개라고 명확히 알 수 있다.

가방이 세 개가 있다. 하나는 갈색이고, 나머지 전부는 검은색이다.

📝 최상위로 가는 비법 노트

숫자가 명확하게 제시된 상황에서 어떤 것을 고르던 처음에 고른 것은 [one]이다. 또 다른 하나를 더 고르면 [another]이다. 그리고 나머지 전부를 언급할 때 남은 개수를 알 수 있으면 반드시 [the]를 쓰고 남은 개수가 단수이면 [other]를, 복수이면 [others]를 쓰면 된다.

①번의 경우에 사과는 3개라고 명시되어 있고, 처음에 고른 것을 [one]이라고 하였다. 또 다른 하나를 더 골라 [another]라고 하였다. 그리고 나머지 전부를 언급하는 상황에서 남은 개수는 1개라고 알 수 있다. 왜냐하면 3개 가운데 2개가 선택되었으니 남은 것은 하나밖에 없기 때문이다. 따라서 남은 개수를 알 수 있으니 [the]를 쓰고 남은 개수가 한 개라서 [s]없이 [other]를 쓴 것이다.

②번의 경우도 마찬가지로 사과는 3개라고 명시되어 있다. 처음에 고른 것을 [one]이라고 하였다. 이번에는 1개를 제외한 나머지 전부를 언급하려고 한다. 이때 남은 개수는 2개라고 알 수 있다. 왜냐하면 3개 가운데 하나를 선택했으니 남은 사과의 개수는 2개다. 따라서 남은 개수를 알 수 있으니 [the]를 쓰고 남은 개수가 2개이기 때문에 [s]를 붙인 [others]를 쓴 것이다.

(3) 셋 이상인데 그 수를 알 수 있는 경우

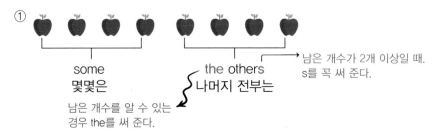

① some
몇몇은

남은 개수를 알 수 있는
경우 the를 써 준다.

the others
나머지 전부는

남은 개수가 2개 이상일 때.
s를 꼭 써 준다.

- There are **ten** apples. **Some** are red, and **the others** are green.
  ↳ 사과 열개라고 명확히 알 수 있다.

사과가 열 개 있다. 몇 개는 빨간색이고, 나머지 전부는 녹색이다.

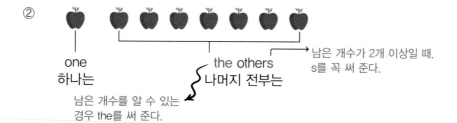

②

one
하나는

남은 개수를 알 수 있는
경우 the를 써 준다.

the others
나머지 전부는

남은 개수가 2개 이상일 때,
s를 꼭 써 준다.

- There are **ten** apples. **One** is red, and **the others** are green.
  ↳ 사과 열 개라고 명확히 알 수 있다.

  사과가 열 개 있다. 하나는 빨간색이고, 나머지 전부는 녹색이다.

📝 최상위로 가는 비법 노트

①번의 경우에 사과가 10개라고 명확하게 제시된 상황에서 그중 일부를 고르면 [some]이다. 그리고 나머지 전체를 언급하고자 할 때는 [the others]를 쓴다. 왜냐하면 숫자가 정해져 있는 상황에서 처음에 몇 개를 고르던 남은 것의 개수를 알 수 있어 [the]를 붙인다. 예를 들어, 만약에 처음에 3개를 골랐다면 7개가 남고, 6개를 골랐다면 4개가 남는 것이다. 그리고 남은 개수가 2개 이상이기 때문에 [others]가 되는 것이다.

②번의 경우에 사과가 10개라고 명확하게 제시된 상황에서 한 개를 고르면 [one]이다. 그리고 나머지 전체를 언급하고자 할 때는 [the others]를 쓴다. 왜냐하면 10개 가운데 1개를 고르면 남은 개수는 9개이기 때문이다.

② 숫자를 알 수 없는 경우

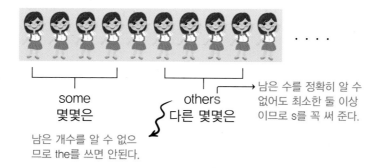

. . . .

some
몇몇은

남은 개수를 알 수 없으
므로 the를 쓰면 안된다.

others
다른 몇몇은

남은 수를 정확히 알 수
없어도 최소한 둘 이상
이므로 s를 꼭 써 준다.

- **Some** students like soccer, and **others** like baseball.

  어떤 학생들은 축구를 좋아하고, 어떤 학생들은 야구를 좋아한다.

- **Some** students like soccer, and **others** like baseball.
  → 많은 학생 중에서 어떤 학생들은 축구를 좋아하고, 다른 어떤 학생들은 야구를 좋아한다는 의미이다. 학생의 수를 알 수 없으므로 [some]과 [others]가 사용되었다.

- **Some** students **in my class** like soccer, but **the others** don't like soccer.

  우리 반의 몇몇 학생들은 축구를 좋아하지만, 나머지 전부는 축구를 좋아하지 않는다.

  → 우리 반의 어떤 학생들은 축구를 좋아하지만 나머지 학생 전체는 축구를 좋아하지 않는다는 의미이다. 명확한 숫자가 보이지는 않지만 [in my class]를 잘 봐야 한다. 한 반에는 15명이든 30명이든 학생 수는 정해져 있다. 따라서 이 문장은 학생 수를 알 수 있다고 봐야 한다. 따라서 [some]과 [the others]가 사용되었다.

개념 확인 문제

A. 괄호 안에서 알맞은 것을 고르시오.

1. She has two daughters. One is nine years old, and (another / the other) is seven years old.

2. My neighbor has four kids. One of them is a boy, and (others / the others) are girls.

3. My mom speaks three languages. One is English, (another / the others) is French, and (other, the other) is Spanish.

B. 빈칸에 알맞은 말을 쓰시오.

1. Look at the two women over there. One is my older sister, and _____ is my aunt.

2. Some students in my class like science, and _____ don't .

3. There are many pens on the desk. Some are red, and _____ are blue.

4. There are ten pens on the desk. Some are red, and _____ are blue.

5. She has three sons. _____ is a doctor, _____ is a teacher, and _____ is a singer.

6. There were five pieces of pizza. I ate one, and my brother ate _____ .

CHAPTER

08

all, every, each, any, some

① all (모든), every (모든), each (각각)

(1) all, every: 모든

all	+ 셀 수 없는 명사	+ 단수 동사
all	+ 셀 수 있는 명사	+ 복수 동사

every	+ 단수 명사	+ 단수 동사
everyone/everybody/everything		

- **All the money is** mine. 모든 돈이 나의 것이다.
- **All the students are** sleeping. 모든 학생들이 자고 있다.
- **Every dog has** its day. 모든 개는 자기의 날이 있다. (쥐구멍에도 볕 들 날이 있다.)
- **Everyone is** special. 모두가 특별하다.
- **Everything** in the boxes is yours. 상자 안에 있는 모든 것이 너의 것이다.
  ※ every + 복수 명사: ～마다
- I visit my grandparents **every two weeks**. 나는 2주마다 조부모님을 방문한다.

(2) each: 각각(의)

each	+ 단수 명사	+ 단수 동사
each of	+ 복수 명사	

- **Each student has** a ball. 각각의 학생이 공을 가지고 있다.
- **Each of the boys has** a ball. 소년들 각각은 공을 가지고 있다.

주어 자리에 [every]나 [each]가 있다면 고민하지 말고 무조건 단수 동사를 연결한다. 하지만 주어 자리에 [all]이 있는 경우는 다음에 나오는 명사가 셀 수 없는 명사이면 단수 동사를, 복수 명사이면 복수 동사를 연결한다.

② some, any

(1) some + 셀 수 있는 / 없는 명사

긍정문	약간의, 몇몇의
의문문	Yes의 대답을 기대할 때 권유나 요청을 나타낼 때

- I found **some** information on the Internet. 나는 인터넷에서 약간의 정보를 찾았다.
- Yes의 대답을 기대: Could you lend me **some** money?
  저에게 돈을 좀 빌려 주실 수 있나요?
- 권유: Will you have **some** more cookies? 쿠키를 좀 더 드실래요?

(2) any + 셀 수 있는 / 없는 명사

긍정문	~라도 / ~든지
의문문	어떤, 무슨
부정문	전혀, 조금도
조건문	어떤, 무슨

- You can ask **any** questions. 어떤 질문이라도 할 수 있어요.
- Do you have **any** questions? 질문이 있으신가요?
- I don't have **any** questions. 질문이 없습니다.
- If you have **any** questions, don't hesitate to ask. 질문이 있으면 주저하지 말고 하세요.

CHAPTER

08

개념 확인 문제

A. 괄호 안에서 알맞은 것을 고르시오.

1. All my money (is / are) gone.

2. All cars (has / have) wheels.

3. In a soccer game, each team (has, have) eleven players.

4. Every seat in the theater (was, were) taken.

5. Everyone in the party (was, were) wearing a pink dress.

6. Each side of a square (is, are) the same length.

B. 괄호 안에서 알맞은 것을 고르시오.

1. Do you have (any / some) brothers or sisters?

2. I want (anything / something) to eat.

3. I don't have (any / some) homework today.

4. He didn't eat (anything / something) today.

5. I bought (any / some) books in the bookstore.

6. They didn't make (any / some) mistakes.

many, much, (a) few, (a) little

① many, much

many	+ 셀 수 있는 복수 명사	많은 (= a lot of, lots of, plenty of)
much	+ 셀 수 없는 명사	

> • I have **many** friends. 나는 많은 친구가 있다.
> • I don't have **much** information about you. 나는 너에 대한 많은 정보가 없다.

② (a) few, (a) little

a few	+ 셀 수 있는 복수 명사	(긍정) 약간의
a little	+ 셀 수 없는 명사	

few	+ 셀 수 있는 복수 명사	(부정) 거의 없는
little	+ 셀 수 없는 명사	

> • **Few** people know me. 나를 아는 사람은 거의 없다.
>   ↳ 부정관사 [a]가 없으니 부정의 느낌
> • **A few** people understand me. 몇 몇 사람들이 나를 이해한다.
>   ↳ 부정관사 [a]가 있으니 긍정의 느낌
> • There was **little** water in the lake. 호수에는 물이 거의 없었다.
>   ↳ 부정관사 [a]가 없으니 부정의 느낌
> • There was **a little** water in the bottle. 병에는 약간의 물이 있었다.
>   ↳ 부정관사 [a]가 있으니 긍정의 느낌

📔 최상위로 가는 비법 노트

[a]가 있고 없고에 따라 의미가 완전히 달라진다. 관사 편에서 부정관사 [a]는 [하나]를 의미하였다. 하나라도 있는 경우에는 긍정의 느낌으로 보고, 하나도 없는 경우에는 부정의 느낌으로 연결하면 암기하기 쉽다.

A. 빈칸에 many 또는 much를 넣어 문장을 완성하시오.

1. We have so _____ rain in July.

2. _____ students can pass the exam.

3. He always puts too _____ sugar in his coffee.

4. You should eat _____ kinds of vegetables.

5. Do you have _____ friends?

B. 다음 우리말과 같은 뜻이 되도록 빈칸에 알맞은 말을 [보기]에서 골라 쓰시오.

> **보기**
>
> few   a few   little   a little

1. 나는 딸과 함께 할 시간이 거의 없었다.

= I had _____ time with my daughter.

2. 냉장고에 약간의 달걀이 있다.

= There are _____ eggs in the refrigerator.

3. 나는 아이슬란드에 관한 약간의 정보가 있다.

= I have _____ information about Iceland.

4. 그것을 할 수 있는 사람은 거의 없다.

= _____ people can do it.

다양한 형용사 관련 표현

① -thing, -one, -body로 끝나는 대명사의 경우 형용사가 뒤에서 수식한다

(1) 한 단어로 된 형용사는 보통 명사 앞에서 명사를 수식한다.

(2) [−thing, −one, −body]로 끝나는 대명사의 경우는 형용사가 뒤에서 수식한다.

> • A: What are you going to do this Sunday? 이번 주 일요일에 뭐 할 거야?
>   B: **Nothing** special. 특별한 건 없어.
>   → [−thing]으로 끝나는 대명사이므로 형용사 [special]이 뒤에서 수식
>
> • There isn't **anything** interesting on TV. TV에 재미있는 것이 없다.
>   → 부정문이므로 [anything]이 사용되었으며 [−thing]으로 끝나는 대명사이므로 형용사 [interesting]이 뒤에서 수식
>
> • We need **someone** new to solve the problem.
>   → [−thing]으로 끝나는 대명사이므로 형용사 [new]가 뒤에서 수식
>   우리는 그 문제를 풀기 위해서 새로운 누군가가 필요하다.

② 숫자-단위명사-형용사

(1) 두 단어 이상이 하이픈(−)으로 연결되면 한 단어가 되어 주로 명사를 수식하는 형용사가 된다.

(2) 이때 단위명사는 반드시 단수형이어야 한다.

> • I am **fourteen years old**. 나는 열네 살이다.
> • Kevin is a **fourteen−year−old** boy. Kevin은 열네 살인 소년이다.
>   ↳ 나이의 단위를 나타내는 [year]는 반드시 단수이어야 한다.

③ hundreds of, thousands of

(1) [hundred, thousand] 등은 앞에 복수를 나타내는 수사가 오더라도 복수형으로 쓰지 않는다.

> • There are around five hundred people in the square.
> 광장에는 대략 500명의 사람이 있다.

(2) 전치사 [of]와 연결되어 [수백의], [수천의] 뜻을 나타낼 때는 반드시 복수형이어야 한다.

> ┌→ 꼭 [s]가 붙어야 한다.
> • There were **thousands of** people on the street on Christmas Eve.
> 크리스마스 이브에 거리에 수천 명의 사람이 있었다.

④ the + 형용사: ~한 사람들

(1) 정관사 [the] 다음에는 결국 명사가 나오지만 형용사까지만 나오는 경우가 있다.

(2) [the + 형용사]는 [~한 사람들]이란 의미를 나타내며 [형용사 + people]과 같은 의미이다.

> • We need to help **the poor**. 우리는 가난한 사람들을 도와주어야 한다.
>   = We need to help **poor people**.
> • Only **the brave** deserve **the fair**. 용기 있는 자만이 미인을 얻는다.

A. 다음 우리말과 일치하도록 괄호 안의 단어를 배열하여 문장을 완성하시오.

1. 나는 매운 것은 먹을 수 없다. (I, spicy, anything, eat, can't)

= _____

2. 우리는 더 강한 누군가가 필요해. (stronger, someone, need, we)

= _____

3. TV에 뭐 재미있는 것 있니? (TV, there, on, is, interesting, anything)

= _____

4. 우리 뭔가 새로운 것에 대해 이야기해 보자. (Let's, new, talk, something, about)

= _____

B. 어법상 어색한 곳을 찾아 바르게 고치시오.

1. A ten-years-old boy tried to protect the environment.

2. Hundred of people gathered to see the fireworks.

3. I am going to be sixteen year old next year.

타동사 + 부사, too, either

① **[타동사 + 부사]의 어순**

(1) 동사가 전치사나 부사와 연결되어 하나의 동사로 사용되는 것을 구동사라고 한다.

(2) [타동사 + 부사]로 된 구동사의 경우 타동사의 목적어로 무엇이 나오는가에 따라 어순이
    달라진다. 시험은 이 어순에서 나온다.

(3) [자동사 + 전치사]와 구별하기 매우 어려우니, 자주 등장하는 [타동사 + 부사]는 암기를
    해 주는 것이 좋다.

명사	타동사 + 부사 + **명사** (O)
	타동사 + **명사** + 부사 (O)
대명사	타동사 + 부사 + **대명사** (X)
	타동사 + **대명사** + 부사 (O)

- Could you please turn down **the volume**? (O) 소리 좀 줄여 주실래요?
- Could you please turn **the volume** down? (O)
- Could you please turn down **it**? (X)
- Could you please turn **it** down? (O)
  ↳ 대명사는 반드시 타동사와 부사 사이에 들어가야 한다.

(4) 대표적인 [타동사 + 부사]

turn on	(TV, 전기 등을) 켜다	turn off	(TV, 전기 등을) 끄다
turn up	(소리, 온도 등을) 올리다	turn down	(소리, 온도 등을) 줄이다
try on	입어 보다	put on	입다
take off	벗다	give up	포기하다

too, either

(1) too + 형용사/ 부사: 너무

- There are **too many people** on the street. 거리에 사람들이 너무 많다.
- Don't put **too much sugar** in my coffee. 내 커피에 너무 많은 설탕을 넣지 마라.

(2) too와 either

① 공통점: 문장 뒤에서 [또한, 역시]의 의미이다.

② 차이점: too는 긍정문 뒤에, either는 부정문 뒤에 사용된다.

- My mom likes summer. I like it, **too.** 엄마는 여름을 좋아하신다. 나도 그렇다.
  ↳ 긍정문

- My dad doesn't like winter. I don't like it, **either.**
  ↳ 부정문

아빠는 겨울을 싫어하신다. 나도 그렇다.

CHAPTER

08

개념 확인 문제

A. 괄호 안에서 알맞은 것을 고르시오. (복수 정답 가능)

1. Why don't you (try on it / try it on)?

2. He will never (give up it / give it up).

3. The music is too loud. Please (turn down it / turn it down).

4. I brought my own cups from home and (took back them / took them back).

B. 괄호 안에서 알맞은 것을 고르시오.

1. A: I am hungry.

B: I am hungry, (too / either).

2. A: I don't feel sleepy.

B: I don't feel sleepy, (too / either).

C 045

1. 빈칸에 들어갈 말이 나머지 넷과 <u>다른</u> 것은?

① I have _____ stomachache.

② Open _____ window, please.

③ Look at _____ stars in the sky.

④ _____ pencil on the desk is not yours.

⑤ My father washes _____ dishes on Sundays.

C 045

2. 빈칸에 the가 들어갈 수 <u>없는</u> 것은?

① Close _____ door, please.

② I watch TV after _____ dinner.

③ Do you play _____ piano well?

④ My sister Somin is in _____ yard.

⑤ He has a dog. _____ dog is really cute.

C 045

3. 밑줄 친 ①~⑤ 중 어법상 어색한 것은?

A: Amy, ① <u>this is</u> for you.

B: What ② <u>is this</u>?

A: It's ③ <u>a book</u> about Korean culture.

B: Thank you. I think It will be very helpful.

A: You're right. There is lots of ④ <u>useful information</u> in ⑤ <u>a book</u>.

B: That's very kind of you.

①   ②   ③   ④   ⑤

C 046

4. 밑줄 친 부분의 쓰임이 <u>다른</u> 하나는?

① Jane loves <u>herself</u>.

② I can do it <u>myself</u>.

③ He talked to <u>himself</u>.

④ You should trust <u>yourself</u>.

⑤ She looked at <u>herself</u> in the mirror.

C 046

5. 밑줄 친 부분 중 생략할 수 <u>없는</u> 것은?

① You can do it <u>yourself</u>.

② She made a pizza <u>herself</u>.

③ They hid <u>themselves</u> in the closet.

④ He <u>himself</u> finished the homework.

⑤ I'll talk to the homeroom teacher <u>myself</u>.

C 051, 052

6. 다음 중 어법상 옳은 것은?

① I don't want to go there, too.

② Would you please turn off it?

③ There is nothing interesting on TV.

④ Hundred of people are waiting for you.

⑤ A ten–years–old boy came to me for help.

C 050

7. 빈칸에 들어갈 말이 바르게 짝지어진 것은?

> • I bought _____ potatoes.
> • He had _____ money. He could buy nothing to eat.
> • These cookies are healthy. I put just _____ sugar in them.

① few − little − few

② a few − little − little

③ a few − a little − little

④ a little − a little − little

⑤ a little − few − a little

C 049

8. 다음 중 어법상 <u>어색한</u> 것은?

① Both of his hands hurt.

② Every student want to travel abroad.

③ Most of his writings are about love and peace.

④ Each member has his or her membership card.

⑤ All the people were surprised to see him alive.

C 049

9. 다음 중 어법상 <u>어색한</u> 것은?

① Any child can do it.

② Don't let somebody leave this place.

③ Did anyone call while I was out?

④ There were some comic books on the desk.

⑤ Would you like to have something to drink?

10. 다음 문장에서 'delicious'가 들어갈 위치로 알맞은 것은?

> Everybody ① wanted ② to ③ eat ④ something ⑤ for dinner.

11. 빈칸 ⓐ~ⓒ에 들어갈 말이 바르게 짝지어진 것은?

> A: Can you tell me where the nearest flower shop is? I need to buy ⓐ _____
> flowers for my son. He's graduating from school today.
> B: Oh, congratulations! There's ⓑ _____ near here. Just walk around the
> corner. It's next to the bank. You can't miss ⓒ _____.

① any − one − it　　　　　　　② any − one − one

③ some − one − it　　　　　　④ some − it − one

⑤ some − it − it

12. 우리말과 일치하도록 빈칸에 알맞은 말을 쓰시오.

> (1) 그들이 이길 희망은 거의 없다.
> = There is _____ hope of their winning.
> (2) 그를 이해하는 사람은 거의 없다.
> = _____ people understand him.

13. 다음 문장의 빈칸에 들어갈 말로 가장 적절한 것은?

> My computer doesn't work any more. I need to buy a new _____.

① it ② one ③ them
④ other ⑤ the other

14. 어법상 어색한 문장은?

① Few stores are open.

② A few animals were sick.

③ We had few rain last year.

④ I had little money in my wallet.

⑤ I met a few teachers on the street.

15. 문맥상 빈칸에 알맞은 말을 쓰시오.

(1) There are two official languages in Canada. One is English and _____ is French.

(2) He has three balls. _____ is a soccer ball. _____ is a basketball. _____ is a volleyball.

(3) She has five kids. One is a boy and _____ are all girls.

9

조동사와 시제 2

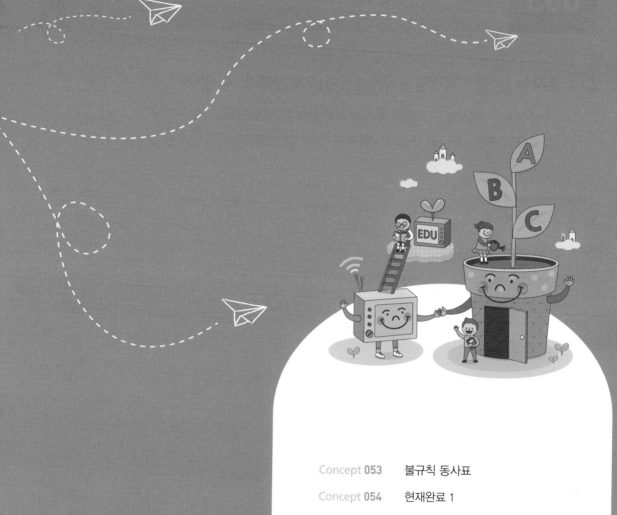

불규칙 동사표

① 동사는 [원형 – 과거형 – 과거분사형]으로 변화할 수 있다

(1) 규칙변화: 동사에 [–ed]를 붙여서 과거형과 과거분사형을 만드는 경우
(2) 불규칙 변화: 하나의 규칙이 적용되지 않고, 다소 불규칙하게 변하는 경우

📋 최상위로 가는 비법 노트

✏️ 과거분사를 잡아라!

과거분사는 동사 변화의 세 번째 자리에 위치하는 것으로, 영어에서 너무나도 중요한 역할을 하므로 처음 등장하기 시작했을 때 재빨리 암기해야 한다.

원형	과거형	과거분사형
see	saw	seen

1. 명사를 수식하는 형용사로 사용된다.
2. [be동사 + 과거분사]의 형태로 수동태가 된다.
3. [has/have/had + 과거분사]의 형태로 완료가 된다.
앞으로 하나씩 배워나가게 되겠지만 분사, 수동태, 완료는 영문법에서 아주 중요하다. 이들을 이해하기 위해서 과거분사형은 필수이다.

② 불규칙 변화의 유형: 반복해서 보며 익숙해지자!

▶ A–B–C형 (원형, 과거형, 과거분사형이 각기 다른 형)

원형	과거형	과거분사형	원형	과거형	과거분사형
be (am, is)	was	been	give 주다	gave	given
be (are)	were	been	go 가다	went	gone
begin 시작하다	began	begun	grow 기르다, 자라다	grew	grown

▶ A–B–C형 (원형, 과거형, 과거분사형이 각기 다른 형)

원형	과거형	과거분사형	원형	과거형	과거분사형
break 깨다	broke	broken	hide 숨다	hid	hidden
choose 선택하다	chose	chosen	know 알다	knew	known
do 하다	did	done	see 보다	saw	seen
draw 그리다	drew	drawn	show 보여주다	showed	shown
drink 마시다	drank	drunk	sing 노래하다	sang	sung
drive 운전하다	drove	driven	speak 말하다	spoke	spoken
eat 먹다	ate	eaten	take 얻다, 가지고 가다	took	taken
fall 떨어지다	fell	fallen	write 쓰다	wrote	written

▶ A–B–B형 (과거형과 과거분사형이 같은 형)

원형	과거형	과거분사형	원형	과거형	과거분사형
bring 가져오다	brought	brought	make 만들다	made	made
build 세우다	built	built	meet 만나다	met	met
buy 사다	bought	bought	say 말하다	said	said
catch 잡다	caught	caught	sell 팔다	sold	sold
feel 느끼다	felt	felt	send 보내다	sent	sent
find 찾다	found	found	sit 앉다	sat	sat
get 얻다	got	got (gotten)	sleep 자다	slept	slept
have 가지다	had	had	spend 쓰다	spent	spent
hear 듣다	heard	heard	teach 가르치다	taught	taught
keep 지키다, 유지하다	kept	kept	tell 말하다	told	told
leave 떠나다	left	left	think 생각하다	thought	thought
lose 잃다	lost	lost	win 이기다	won	won

▶ A–B–A형 (원형과 과거분사형이 같은 형)

원형	과거형	과거분사형
become ~이 되다	became	become
come 오다	came	come
run 달리다	ran	run

▶ A–A–A형 (원형, 과거형, 과거분사형이 같은 형)

원형	과거형	과거분사형	원형	과거형	과거분사형
cut 자르다	cut	cut	let 시키다	let	let
hit 치다	hit	hit	put 놓다	put	put
hurt 다치다	hurt	hurt	read[riːd] 읽다	read [red]	read [red]

Concept 054 현재완료 1

① 현재완료의 개념

(1) 동사 자리에 표현되는 시제이며, [has / have + 과거분사] 형태이다.

> • 주어 **has / have + 과거분사** ~~~~.
>
> ↳ 현재완료 시제인지 판단하기 위해서는 동사의 형태만 봐도 된다.

(2) 주어가 3인칭, 단수이면 [has + 과거분사]이고, 그렇지 않으면 [have + 과거분사]이다.

(3) 현재완료 시제는 과거 시제와 매우 혼동되므로 서로 비교하며 이해해야 한다.

    ① 과거 시제: 특정한 과거 시점에 일어난 일을 표현하는 **점**의 개념이다.

      • 과거의 일만을 표현할 뿐 현재에 관한 정보는 전혀 제공하지 않는다는 것에 유의하자.

    ② 현재완료 시제: 과거부터 현재까지의 기간 개념이다.

      • 과거와 현재 두 개의 시제가 한꺼번에 표현되는 것에 유의하자.

📓 최상위로 가는 비법 노트

• I **lived** in Seoul **last year**. 나는 작년에 서울에 살았다.

• I **have lived** in Seoul **since last year**. 나는 작년부터 서울에 살았다.

우리말을 보면 두 문장 다 과거처럼 느껴진다. 하지만 영어에서 두 문장은 매우 다른 느낌을 전달한다. 이 느낌이 적응되어야 현재완료가 이해된다.

첫 번째 문장의 [작년에]와 두 번째 문장의 [작년부터]를 집중해서 보자. 첫 번째 문장은 **작년에** 서울에 살았다는 것이다. 그럼 지금은? 모른다. 왜냐하면 과거 시제는 과거의 일만을 언급할 뿐 현재에 관한 정보를 전혀 주지 않기 때문이다. 반면에 두 번째 문장에서 **작년부터** 서울에 살았다는 것은 작년에 서울에 살기 시작해서 지금도 살고 있다는 것을 의미한다. 결국 과거부터 현재까지를 한꺼번에 언급하고 있는 것이다.

이처럼 현재와 무관한 특정 과거 시점만을 언급할 때는 과거 시제를 사용하고, 과거와 현재를 동시에 언급할 때는 현재완료 시제를 사용한다.

한 번 더 연습하자.

- I **lost** my key **yesterday.** 나는 어제 열쇠를 잃어버렸다.

- I **have lost** my key. 나는 열쇠를 잃어버렸다.

첫 번째 문장은 [어제] 열쇠를 잃어버렸다는 뜻이다. 그럼 지금은? 모른다. 왜냐하면 과거 시제는 과거의 일만을 언급할 뿐 현재에 관한 정보를 전혀 주지 않기 때문이다. 반면에 두 번째 문장은 현재완료로 표현되어 있다. 과거 시제로 표현된 첫 번째 문장과 해석에 차이는 없지만, 현재완료이기 때문에 과거와 현재에 관한 정보가 동시에 담겨 있다는 의미로 받아들여야 한다.

즉, 과거 어느 시점인지 표현은 안 되어 있지만 [과거 어느 시점엔가 열쇠를 잃어버렸고, 현재에는 그 열쇠가 없다]는 것까지 의미한다고 이해해야 한다는 것이다. 과거 시제는 과거만을 언급하지만, 현재완료는 [과거와 현재]를 한꺼번에 언급한다는 사실을 다시 한번 강조한다.

② 현재완료의 부정문과 의문문

(1) 부정문: 주어 + has / have not 과거분사

① 현재완료를 부정할 때는 [has/have]와 [과거분사] 사이에 부정어구 [not]이나 [never]가 들어간다.

② [doesn't] 또는 [don't]를 사용하여 부정하지 않도록 한다.

- I **have never seen** the movie before. 나는 예전에 그 영화를 본 적이 없다.
- I never have seen the movie before. (×)
- I don't have seen the movie before. (×)

(2) 의문문: Has / Have + 주어 + **과거분사** ～?

① 현재완료가 사용된 문장을 의문문으로 만들 때는 [has]나 [have]를 주어 앞으로 이동시키면 된다.

② 대답을 할 때는 긍정이면 [has / have]를, 부정이면 [hasn't / haven't] 활용한다.

A: **Have** you ever **seen** the movie before? 너는 예전에 그 영화를 본 적이 있니?
B: Yes, I **have.** / No, I **haven't.** 응. 본 적이 있어. / 아니, 본 적이 없어.

③ 현재완료의 4가지 용법 및 의미

(1) 현재완료에는 경험, 계속, 완료, 결과의 4가지 의미가 있다.

(2) 각각의 의미는 주로 함께 쓰이는 표현을 통해서 구분이 가능하다. 무조건 암기해야 한다.

용법	의미	주로 함께 쓰이는 표현
경험	(지금까지) ~ 해 본 적 있다. ~해 봤다. • I **have** never **been** late for school. 　나는 학교에 늦어본 적이 없다.	ever, never, once, twice, ~ times 등
계속	(과거에 시작한 일을 지금까지 계속) ~해왔다. • Tony **has lived** in Seoul since 2005. 　Tony는 2005년 이후로 서울에서 살았다.	since + 과거의 시작점 for + 시간의 길이
완료	(과거에 시작한 일을 방금, 이미) ~했다. • He **has** just **finished** his homework. 　그는 방금 그의 숙제를 끝냈다.	just, already, yet
결과	(과거에) ~했다. (그 결과 지금 ~하다.) • I **have** lost my wallet. 나는 지갑을 잃어버렸다.	과거분사 자리에 주로 gone, lost, left가 온다.

📓 최상위로 가는 비법 노트

✏️ 도대체 왜 현재완료로 써야 하는 거야?

• 경험: 태어나서 지금까지 어떤 경험을 해 봤는지 안 해 봤는지를 표현한다.

• 계속: 현재 어떤 일이 계속된다는 것은 과거에 그 일이 시작되었어야 하는 것이다.

• 완료: 현재 어떤 일이 완료되었는지를 따지는 것은 과거에 그 일이 시작되었어야만 가능한 것이다.

• 결과: 현재 어떠한 결과가 나타났다고 하자. 현재의 결과는 분명 과거에 원인이 있었을 것이다.

이처럼 모든 용법이 과거와 현재가 한꺼번에 표현되어야 하는 상황이므로 현재완료를 써야 하는 것이다.

개념 확인 문제

✎ 다음 문장에서 현재완료에 밑줄을 치고, 괄호 안에 용법을 쓰시오.

1. He has just finished it.　　　　　　　　(　　　　　　)

2. He has lived in Paris since 2005.　　　　(　　　　　　)

3. They have gone to America.　　　　　　(　　　　　　)

4. I have never seen a dragon before.　　　(　　　　　　)

5. Minho has been to the Great Wall twice.　(　　　　　　)

6. The library has already opened.　　　　　(　　　　　　)

7. Have you ever seen a horror film?　　　　(　　　　　　)

8. She has tried Thai food several times.　　(　　　　　　)

9. I have lost my bag.　　　　　　　　　　(　　　　　　)

10. I haven't started the project yet.　　　　(　　　　　　)

11. Tom has played tennis for two years.　　(　　　　　　)

12. My father has just come back from the business trip. (　　　　)

Concept 055 현재완료 2

1 현재완료는 과거의 특정한 시점을 나타내는 말과 함께 쓰일 수 없다

(1) 과거 시제는 특정한 과거 시점에 일어난 일을 표현하는 점의 개념이므로, 과거의 특정한 시점을 나타내는 표현과 함께 쓰인다.

> yesterday   last ~   ~ ago   in 년도   at that time   when 등

(2) 현재완료 시제는 과거부터 현재까지의 기간 개념이므로 과거의 특정한 시점을 나타내는 표현과는 어울리지 않는다. 절대로 한 문장에 현재완료 시제와 위의 표현들이 함께 사용 되어서는 안 된다.

> • **When have** you **met** her? (X)
> • I **have visited** China **two years ago.** (X)
> • Julie and Kate **have known** each other **in 2019.** (X)

2 [last ~]나 [~ ago]가 있다고 무조건 과거는 아니다

> • I **have studied** English **since <u>last year</u>.** 나는 작년부터 영어를 공부했다.
> ↳ 과거의 시작점

📋 **최상위로 가는 비법 노트**

[since] 다음에는 과거의 시작점이 연결되며 [~ 이후로]란 의미를 표현한다. 따라서 [since] 다음에 과거 시점이 나온 경우는 과거의 시작점부터 현재까지란 뜻을 표현하게 되므로 현재완료와 잘 어울린다. [last ~]나 [~ ago] 앞에 [since]가 있으면 [since]를 기준으로 생각하자.

③ [have been to]와 [have gone to]를 확실히 구별하자

(1) have been to: ~에 가 본 적 있다

> • I **have been to** Jejudo before. 나는 예전에 제주도에 가 봤다.

📋 최상위로 가는 비법 노트

우리말 [나는 제주도에 가 본 적 있다.]를 영어로 쓰라는 서술형 문제를 출제하면, [가다]라는 말이 있어서 큰 고민 없이 동사 [go]의 과거분사형인 [gone]을 사용하여 답안을 작성하는 학생들이 아주 많다. 하지만 [gone]을 쓰면 [가 본 적 있다]는 의미가 아니라 [가버렸다]라는 의미가 되므로 매우 주의해야 한다.

(2) have gone to: ~에 가버렸다 (그래서 지금 여기에 없다.)

> • He **has gone to** Africa. (O) 그는 아프리카로 갔다. (그래서 지금 여기에 없다.)
> • They **have gone to** Africa. (O) 그들은 아프리카로 갔다. (그래서 지금 여기에 없다.)
> • I / You / We **have gone to** Africa. (X)

A. 다음 괄호 안에서 알맞은 것을 고르시오.

1. I studied English (in / for / since) 2002.

2. I've studied English (in / for / since) 2002.

3. I've studied English (in / for / since) five years.

B. 다음 괄호 안에서 알맞은 것을 고르시오.

1. I (lost / have lost) my key yesterday.

2. Tommy (went / has gone) to Incheon. I miss him.

3. He (didn't eat / hasn't eaten) anything since last Sunday.

4. He (taught / has taught) us English since last year.

5. She (finished / has finished) her project three hours ago.

6. I (bought / have bought) this doll in 2011.

7. When (did you meet / have you met) her?

8. I (worked / have worked) in this company since two months ago.

C. 다음 우리말과 같도록 빈칸에 알맞은 말을 [보기]에서 골라 쓰시오.

> **보기**
>
> already　　for　　just　　never　　since

1. 그녀는 저녁 식사를 막 끝마쳤다.

= She has _____ finished having dinner.

CHAPTER

09

2. 나는 이 책을 8시부터 읽고 있다.

= I have read this book _____ eight o'clock.

3. 나는 이미 그에게 이메일을 보냈어.

= I have _____ sent an email to him.

4. 그는 나에게 한 번도 꽃을 준 적이 없어.

= He has _____ given any flowers to me.

5. 나는 두 시간 동안 너를 기다렸어.

= I have waited for you _____ two hours.

D. 두 문장이 같은 의미가 되도록 빈칸을 완성하시오.

1. She lost her key. So she doesn't have it.

= She _____ her key.

2. My uncle went to England, and he is not here now.

= My uncle _____ to England.

056 현재완료 진행형

① 현재완료진행형은 현재완료와 진행형이 합쳐진 것이다

현 재 완 료: have + 과거분사
　　　　+
진　행　형:　　　　　be동사 + 동사원형ing
―――――――――――――――――――――――――
현재완료진행형　have　been　**동사원형ing**
　　　　　　　　　　　　　↳ be동사의 과거분사형

② 현재완료진행형은 과거에 시작된 일이 현재에도 계속되고 있음을 강조할 때 쓴다

(1) 현재완료 진행형은 현재완료의 계속적 용법과 큰 차이가 없다.

(2) 현재완료의 계속적 용법처럼 [since, for]와 함께 쓰인다.

- It **has been raining** for two days. 이틀 동안 계속 비가 내리고 있다.
- They **have been working** together since 2010. 그들은 2010년부터 함께 일하고 있다.
- She **has been talking** on the phone since this morning.
  그녀는 오늘 아침부터 계속해서 전화통화하고 있는 중이다.

개념 확인 문제

A. 다음 괄호 안에서 알맞은 것을 고르시오.

1. It (is raining / has been raining) for two days.

2. I have been (read / reading) the comic book since 7 p.m.

3. My daughter has already (done / been doing) her homework.

B. 다음 두 문장을 한 문장으로 연결하시오.

1. She started taking piano lessons in January. She is still taking them.

→ _____

2. It started snowing five days ago. It's still snowing.

→ _____

3. We started working together last year. We're still working together.

→ _____

Concept
057 과거완료

① 과거완료의 형태

> • 주어 **had + 과거분사** ~~~~.
>
>   ↳ 과거완료시제인지 판단하기 위해서는 동사의 형태만 봐도 된다.

② 과거완료는 두 개의 과거사건 중 먼저 발생한 사건을 표현한다

(1) 보통 한 문장 내에 두 개의 과거 일이 있으며, 발생한 시점에 명확한 차이가 있다.

(2) 둘 중에 더 먼저 일어난 일은 과거완료로, 그보다 이후에 일어난 일은 과거로 표현한다.

> • He **lost** the ring that his girlfriend **had given** to him.
>
>   그는 그의 여자 친구가 그에게 주었던 반지를 잃어버렸다.
>
> • The movie **had already started** when I **arrived** at the theater.
>
>   내가 극장에 도착했을 때 영화가 이미 시작되었다.

📋 최상위로 가는 비법 노트

The movie **had already started** │ when I **arrived** at the theater.

문장 1	when으로 연결된 문장 2
영화가 이미 시작했다	극장에 도착했다

1. 한 문장 내에 두 개의 과거 사건이 있으며, 발생한 시점에 명확한 차이가 있다.

2. 먼저 일어난 사건은 과거완료로, 그보다 나중에 일어난 사건은 과거로 표현한다.

내가 극장에 도착한 것보다 영화가 시작된 것이 먼저이다. 따라서 문장 1은 과거완료로, 문장 2는 과거로 표현되었다.

③ 과거완료는 두 개의 과거 시점 사이의 경험, 계속, 완료, 결과를 나타난다

(1) 현재완료는 현재를 기준으로 그보다 이전인 과거와 관련이 있다.

(2) 과거완료는 과거를 기준으로 **그보다 더 이전 과거**와 관련이 있다.

↳ [대과거]라고도 함.

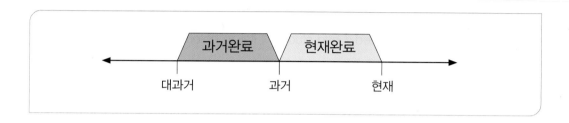

경험	She **had never been** to Europe **until then**. 그녀는 그때까지 유럽에 가 본 적이 없었다.
계속	I **was** happy to see her because I **hadn't seen** her **for ages**. 나는 몇 년 동안 그녀를 못 봤기 때문에 그녀를 보게 되어 행복했다.
완료	The thief **had already run away** when the police **arrived**. 경찰이 도착했을 때 도둑은 이미 도망갔었다.
결과	He **had lost** his key to the house, so he **couldn't enter** the house. 그는 집 열쇠를 잃어버려서, 집에 들어갈 수 없었다.

개념 확인 문제

A. 다음 괄호 안에서 알맞은 것을 고르시오.

1. I (didn't have / hadn't had) breakfast, so I felt very hungry.

2. She (has studied / had studied) Italian before she moved to Italy.

3. He couldn't get into the room because he (lost / had lost) the key.

B. 밑줄 친 부분을 어법상 바르게 고쳐 쓰시오.

1. He has already left his house when we got there.

2. I had a stomachache because I ate too much.

3. When I arrived at the station, the train already left.

C. 우리말에 맞도록 빈칸에 알맞은 말을 쓰시오.

1. 그는 그의 생일에 그녀가 그에게 준 반지를 잃어버렸다.

= He lost the ring that she _____ on his birthday.

2. 나는 안경을 잃어버려서 일을 할 수 없었다.

= I couldn't work because I _____ my glasses.

3. 학교에 도착했을 때, 나는 숙제를 가져오지 않았다는 것을 알게 되었다.

= When I arrived at school, I found out that I _____ my
homework.

Concept 058 조동사
: had better, used to, would

① had better 동사원형: ~하는 편이 좋다 / ~ 해야 한다

(1) 조동사이기 때문에 [had better] 다음에 동사원형이 온다.

(2) [has better, have better]는 없으며, 오직 [had better]만 있다. 또한 [had]가 사용되었다고 해서 과거형이라고 혼동해서는 안 된다.

> • You **had better** stop smoking. 당신은 담배를 끊는 것이 좋다.
>   ↳ 대체로 ['d better]로 줄여 쓴다.
>
> = You**'d better** stop smoking.
>
> • You**'d better** follow the traffic rules. 당신은 교통 규칙을 지켜야 한다.
> • She **has better** follow the traffic rules. (X)
> • They **have better** follow the traffic rules. (X)

② had better not 동사원형: ~하지 않는 편이 좋다 / ~하지 말아야 한다

(1) 조동사이기 때문에 부정문은 had better 다음에 not을 쓴다.

(2) [had not better] 또는 [doesn't / don't / didn't have better]와 같이 부정해서는 절대로 안 된다.

> • You**'d better not** bother your friends. 친구들을 괴롭히지 말아야 한다.
> • You **had not better** bother your friends. (X)
> • You **don't have better** bother your friends. (X)

3 used to 동사원형: (과거에) ~하곤 했다 (지금은 그렇지 않다)

(1) 조동사이기 때문에 [used to] 다음에 동사원형이 온다.

(2) 과거의 동작과 상태를 모두 표현하다.

- When I was a child, Mom **used to read** me a story at night.
  ↳ 동작

  내가 어렸을 때 엄마는 밤에 나에게 이야기를 읽어 주곤 하셨다.

- There **used to be** a beautiful house here. 여기에 아름다운 집이 있었다.
  ↳ 상태

4 would 동사원형: ~하곤 했다

(1) 조동사이기 때문에 [would] 다음에 동사원형이 온다.

(2) 과거의 동작은 표현하지만, 상태는 표현할 수 없다.

- When I was a child, Mom **would read** me a story at night.
  ↳ 동작

  내가 어렸을 때 엄마는 밤에 나에게 이야기를 읽어 주곤 하셨다.

- There **would be** a beautiful house here. (X)
  ↳ 상태

📝 **최상위로 가는 비법 노트**

과거의 동작은 표현하지만, 상태는 표현할 수 없다는 말이 어렵다. 동작인지 상태인지 판단하는 가장 간단한 방법은 [동작이나 행위]가 눈에 보이는지 확인하는 것이다. [read]는 것은 읽는 행위가 눈에 보인다. 반면에 [be동사]는 [~이다, ~있다]라는 의미로 [동작이나 행위]가 눈에 보이지 않는다.

개념 확인 문제

A. 어법상 어색한 부분을 바르게 고치시오.

1. You have better go to bed now.

2. You had not better eat too much.

3. I don't have better play computer games.

4. You'd better turning down the volume before your brother gets angry.

B. 괄호 안에서 알맞은 것을 고르시오. (복수 정답 가능)

1. There (would / used to) be a big tree here.

2. I (would / used to) go to bed late at night.

3. He is used to (eat / eating) alone now.

4. I (would / used to) play baseball every Sunday.

5. My grandfather (would / used to) have a big dog.

6. This town (would / used to) be very peaceful. Now it's very crowded.

C. 다음 문장을 used to를 사용하여 다시 쓰시오.

1. In the past, Ted studied hard. Now he doesn't.

= Ted _____ .

2. I ate ice cream a lot when I was a child. Now I don't eat ice cream a lot.

= I _____ when I was a child.

조동사 + have p.p.

1 과거에 대한 후회나 아쉬움을 표현한다

• should + have + p.p.	~했어야 했다
• should + not + have + p.p.	~하지 말았어야 했다
• could + have + p.p.	~할 수도 있었다

- I **should have listened** to my mom. 나는 엄마의 말을 들었어야 했다.

  → 자신이 엄마의 말을 듣지 않은 것에 대해서 후회하고 있음을 표현하고 있다.

- You **shouldn't have told** a lie to your teacher.

  너는 선생님에게 거짓말을 하지 말았어야 했어.

  → 상대방이 선생님에게 거짓말을 한 것에 대해 아쉬움을 표현하고 있다.

- You **could have called** me if you couldn't come in time.

  당신이 제시간에 올 수 없었다면 저에게 전화할 수도 있었어요.

  → 상대방이 제시간에 올수 없었음에도 전화조차 하지 않은 것에 대해 아쉬움을 표현하고 있다.

2 과거에 대한 추측을 표현하기도 한다

• may[might] + have + p.p.	~했을지도 모른다 (과거 사실에 대한 약한 추측)
• must + have + p.p.	~했음에 틀림없다 (과거 사실에 대한 강한 추측)
• cannot + have + p.p.	~했을 리가 없다 (과거 사실에 대한 강한 부정적 추측)

- They **may[might] have arrived** at the airport. 그들은 공항에 도착했을지도 모른다.

  → 확실하지는 않지만 그들이 공항에 도착했을지도 모른다고 약하게 추측하고 있다.

- You look very tired this morning. You **must have stayed up** last night.

  → 상대방이 현재 피곤해 보이는 것으로 보아 어제 밤을 샜다고 강하게 추측하고 있다.

  너 오늘 아침 매우 피곤해 보여. 너는 어제 밤을 샌 것이 분명해.

- My son **cannot have told** a lie. 제 아들은 거짓말을 했을 리가 없어요.

  → 아들을 가장 잘 아는 엄마로서 자신의 아들이 거짓말을 했을 리가 없다고 강한 부정적 추측을 하고 있다 .

개념 확인 문제

 의미가 자연스럽도록 괄호 안에서 알맞은 조동사를 고르고, 해석하시오.

1. I have a stomachache. I (can't / shouldn't) have eaten too much.

해석: _____

2. My father is very careful. He (can't / shouldn't) have made such a serious mistake.

해석: _____

3. He is very honest. He (cannot / may) have told a lie.

해석: _____

4. I failed the science test again. I (should / must) have studied hard.

해석: _____

5. He won the first prize in the speaking contest. He (should / must) have practiced a lot.

해석: _____

6. I (should / shouldn't) have fallen asleep. I missed my favorite drama.

해석: _____

Review Test 학교 시험에 꼭 나오는 문제

C 054

1. 대화의 빈칸에 들어갈 대답으로 알맞은 것은?

> A: Have you ever ridden an elephant?
> B: _____

① Yes, I am. ② Yes, I do. ③ Yes, I have.
④ No, I am not. ⑤ No, I don't

C 055

2. 다음 우리말을 영어로 옮길 때, 빈칸에 알맞은 것은?

> 당신은 파리에 가본 적이 있습니까?
> = Have you ever _____ to Paris?

① go ② went ③ gone
④ been ⑤ going

C 058

3. 빈칸에 공통으로 들어갈 말로 알맞은 것은?

> • I _____ eat a lot of chocolate, but I'm on a diet.
> • There _____ be a park here, but there is a shopping mall now.

① was ② use to ③ used to
④ would ⑤ had better

C 055

4. 빈칸에 들어가기에 어색한 것은?

Mina and Yuna have known each other _____.

① for years ② since 2000 ③ for a long time
④ since childhood ⑤ many years ago

C 054

5. 밑줄 친 부분 중 쓰임이 나머지와 다른 것은?

① She <u>has seen</u> the movie twice.

② I <u>have</u> never <u>been</u> to New York.

③ Cathy <u>has read</u> the book many times.

④ They <u>have waited</u> for him for an hour.

⑤ The girls <u>have tried</u> parasailing before.

C 054

6. 다음 주어진 문장과 의미가 같은 것은?

I have lost my wallet.

① I have my wallet in my pocket.

② I lost my wallet, and I found it.

③ I lost my wallet, but I have it now.

④ I lost my wallet, and I don't have it now.

⑤ I didn't have a wallet from the beginning.

7. 다음 밑줄 친 현재완료의 용법과 쓰임이 같은 것은?

> My parents <u>have lived</u> in Seoul for 10 years.

① Karen <u>has left</u> her bag on the bus.

② <u>Have</u> you ever <u>eaten</u> kimchi before?

③ I <u>have been</u> to Busan several times.

④ She <u>has taken</u> part in this program since 2011.

⑤ They <u>have</u> just <u>arrived</u> at Incheon International Airport.

8. 다음 밑줄 친 현재완료의 용법과 쓰임이 같은 것은?

> Dad <u>has</u> just <u>come</u> back from a business trip.

① I <u>haven't seen</u> you for ages.

② She <u>has gone</u> to her hometown.

③ My mom <u>has</u> never <u>been</u> angry with me.

④ I <u>haven't decided</u> what to eat for lunch yet.

⑤ I <u>have been</u> a member of this club since the first grade.

9. 우리말과 같은 뜻이 되도록 할 때, 빈칸에 알맞은 말은?

> 너는 엄마 말을 들었어야 했는데.
> = You _____ to your mother.

① cannot have listened   ② must have listened

③ should have listened   ④ could have listened

⑤ might have listened

C 057

10. 빈칸에 들어갈 말로 알맞은 것은?

> I _____ such a tall guy until then.

① didn't see   ② has seen   ③ have seen

④ haven't seen   ⑤ hadn't seen

C 058

11. 다음 중 어법상 옳은 것은?

① You have better exercise regularly.

② You had better not go out too often.

③ She has better get up early every day.

④ I don't have better eat a lot of fast food.

⑤ I had not better play computer games too much.

C 054, 055

12. 다음 중 어법상 옳은 문장의 개수는?

> ⓐ Kate have been to China three times.
>
> ⓑ I haven't ate anything since last night.
>
> ⓒ I didn't have seen such a beautiful sunrise.
>
> ⓓ We have visited Dokdo in the summer of 2018.
>
> ⓔ Sumi and Yuna have been friends for five years.
>
> ⓕ My computer has had many problems since I bought it.

① 1개   ② 2개   ③ 3개   ④ 4개   ⑤ 5개

13. 두 문장이 같은 의미가 되도록 할 때, 빈칸에 알맞은 것은?

> I'm pretty sure that Jihoon broke the window.
> = Jihoon _____ the window.

① had to break ② must have broken

③ cannot have broken ④ should have broken

⑤ shouldn't have broken

14. 다음 중 어법상 옳은 것은?

① I lost the key that he has given to me.

② When I came here, she has already left.

③ You grew up so much since I saw you.

④ We weren't hungry because we had eaten dinner.

⑤ When I arrived at the cinema, the movie already started.

15. 우리말과 일치하도록 할 때 어법상 <u>어색한</u> 곳을 바르게 고치시오.

> 수백 년 전에는 사람들이 지구가 평평하다고 생각했었으나 지금은 그렇지 않다.
> = People were used to think that the earth was flat hundreds of years ago.

_____ → _____

16. 어법상 어색한 부분을 찾아 바르게 고쳐 쓰시오.

> He must have studied Spanish. He cannot say a word.

_____ → _____

C 055 - 057

17. 다음 중 어법상 옳은 것은? (2개)

① Have you ever gone to Iceland?

② It has been raining for three days.

③ When have you finished your work?

④ He didn't remember me although he had met me once.

⑤ When I came home from school, my little brother ate all the chicken.

C 057

18. 어법상 <u>어색한</u> 부분을 찾아 바르게 고치시오.

Brian couldn't play baseball because he broke his arm.

_____ → _____

C 054

19. 주어진 두 문장을 의미가 통하는 한 문장의 영어로 쓰시오.

Hojin left his bag on the bus. So he doesn't have it now.

_____ → _____

C 056

20. 주어진 두 문장을 의미가 통하는 한 문장의 영어로 쓰시오.

(1) I started studying English five years ago. I am still studying English.

→ _____ .

(2) Tom started to read a book this morning. He is still reading it.

→ _____ .

10

to부정사와 동명사 2

It ~ to부정사

: 가주어-진주어

1 가주어-진주어의 개념 및 형태

(1) 주어 자리에 to부정사가 사용되면 to부정사를 문장의 맨 뒤로 보낸다.

(2) 주어 자리에 있던 to부정사를 문장의 뒤로 보냈기 때문에 주어 자리가 비게 된다.

(3) 주어 자리를 비워 두면 안 되므로, 빈 주어 자리에 [it]을 채워 준다.

(4) 이때, 빈 주어 자리에 쓰는 [it]을 **가(짜)주어**라고 하고, 문장의 뒤로 보낸 to부정사를 **진(짜)주어**라고 한다. [it]은 가짜 주어이므로 해석하지 않는다.

(5) 우리말에서 [~하는 것은 ~이다/하다]를 영어로 표현하고자 할 때, 가주어-진주어가 아주 잘 어울린다.

It + be동사 + 형용사 + **to 동사원형**
↓

[be동사 + 형용사]가 동사로서 기능하며, [형용사] 자리에는 [easy, hard, difficult, good, fun, interesting, important, possible, impossible] 등이 주로 온다.

- **To learn different cultures** is fun. 다른 문화를 배우는 것은 재미있다.
  → _____ is fun **to learn different cultures.**
    주어 자리에 있던 [to부정사]가 문장의 맨 뒤로 이동했다.
  → **It** is fun **to learn different cultures.**
    ↳ 가(짜)주어   ↳ 진(짜)주어
    빈 주어 자리에 가짜주어인 [It]이 들어갔다.

- **This** is important **to learn our history.** (X)
    ↳ 가주어 자리에 대명사 [this, that] 등이 들어갈 수 없다. 가주어는 [it] 하나뿐이다.
- **It** is important **to learn our history.** (O) 우리의 역사를 배우는 것은 중요하다.

② it의 다양한 쓰임

(1) [it]의 쓰임은 매우 다양하다.

(2) [it]에 밑줄을 그어 놓고, 밑줄 친 [it]이 무엇으로 쓰였는지 묻는 문제가 자주 출제된다.

(3) 현재까지 언급된 [it]의 용법을 정리해 보자.

　① 대명사 it: 앞에 나온 명사를 대신하며, [그것]이라고 해석된다.

　② 비인칭 주어 it: 날씨, 시간, 거리, 계절, 요일 등을 언급할 때 사용되며, 해석하지 않는다.

　③ 가주어 it: 문장이 [it]으로 시작했는데 뒤에 진주어인 to부정사가 있고, to부정사가 [~하는 것은/이]라고 해석되면 [it]은 가주어이다.

- **It** is my car. 그것은 나의 자동차이다.
- **It** snowed a lot yesterday. 어제 눈이 많이 내렸다.
- **It** is important **to wear a helmet**. 안전모를 착용하는 것은 중요하다.

A. 다음 문장을 가주어-진주어 구문으로 바꿔 쓰시오.

1. To cheat on exams is wrong.

→ _____

2. To have breakfast is good for your health.

→ _____

3. To go camping with my family is always exciting.

→ _____

4. To follow the safety rules is very important.

→ _____

B. 밑줄 친 It의 쓰임을 괄호 안에서 고르시오.

1. It is my fault. (대명사 / 비인칭 주어 / 가주어)

2. It is getting dark. Let's go home. (대명사 / 비인칭 주어 / 가주어)

3. It is important to listen to other people. (대명사 / 비인칭 주어 / 가주어)

4. It is hard to finish the work by tomorrow. (대명사 / 비인칭 주어 / 가주어)

Concept 061 — to부정사의 의미상 주어

1 to부정사의 의미상 주어의 개념

(1) to부정사는 동사에서 출발했으므로 동사의 주어가 필요하다.

(2) to부정사는 우리말의 [~다]로 끝나는 [문장의 동사]는 아니라서 [문장의 주어]는 가질 수 없고, 그 대신 [의미상 주어]라는 것을 갖는다.

(3) 모든 to부정사에는 의미상 주어가 있어야 하지만, 표시해 주는 경우가 있고 그렇지 않은 경우가 있다.

2 의미상 주어를 표시해 주는 경우

(1) 대부분의 경우: for 목적격 + to부정사

> • It is difficult **for me** to cook. 내가 요리를 하는 것은 어렵다.
> → 어떤 사람들에게는 요리가 쉬울지도 모르나, [내가] 요리하는 것은 어렵다는 것을 표현하는 문장이다.
>
> • It is difficult to cook. 요리를 하는 것은 어렵다.
> → 의미상 주어가 없다는 것은 특정한 사람에게만 해당하는 이야기가 아니라 대부분의 사람에게 해당하는 이야기라고 보면 된다.
>
> • It is possible **for you** to pass the exam. 네가 시험에 통과하는 것은 가능하다.
> ↳ 이 자리는 목적격이 들어가야 한다. 주격, 소유격은 안 된다.

(2) **of 목적격 + to부정사**: 사람의 성향이나 특성을 나타내는 형용사가 앞에 있는 경우

① 사람의 성향이나 특성 형용사: kind, nice, wise, rude, polite, honest, foolish 등

② 이러한 경우 to부정사는 [~하다니 / ~하는 것을 보니]라고 해석하면 자연스럽다.

> • It is very **nice of you** to help the elderly.
> 어르신들을 도와드리다니 당신은 참 친절하시네요.
>
> • It is **wise of him** to save money for the future.
> 미래를 위해 돈을 아껴두다니 그는 현명하다.

③ 의미상 주어를 표시하지 않는 경우

(1) 대부분의 사람에게 해당하거나 문맥상 쉽게 알 수 있는 경우

- It is not easy to master English. 영어를 정복하는 것은 쉽지 않다.
  → 영어를 정복하는 일은 누구에게나 어려운 일이다. 쉽다면 모든 사람이 잘할 것이다.
- My dream is to master English. 나의 꿈은 영어를 정복하는 것이다.
  → [나의 꿈]이라고 했다. 따라서 영어를 정복하는 것도 내가 정복한다는 것을 쉽게 알 수 있다.

(2) 문장의 주어와 같은 경우

- I want to master English. 나는 영어를 정복하기를 원한다.
  → 원하는 것도 [나]이고, 정복하는 것도 [나]이다. 따라서 [to master]의 의미상 주어와 문장의 주어가 동일하므로 따로 to부정사의 의미상 주어를 쓰지 않는다.

(3) 문장의 목적어와 같은 경우

- I want **you** to master English. 나는 당신이 영어를 정복하길 원한다.
  → [you]는 동사 [want]의 목적어이면서 동시에 [to master]의 의미상 주어이다. 목적어인 [you]를 통해 누가 영어를 정복하는지 표현해 주고 있으므로 따로 의미상 주어를 쓰지 않는다.

개념 확인 문제

 괄호 안에서 알맞은 것을 고르시오.

1. It was easy (of me / **for me**) to climb the mountain.

2. It is foolish (**of her** / for her) to believe it.

3. It was polite (**of you** / for you) to listen to the old lady.

4. It is important (of you / **for you**) to save your file often.

5. It was nice (**of them** / for them) to help the elderly people.

6. This box is too heavy (of him / **for him**) to carry.

7. It was rude (**of you** / for you) to behave like that.

8. This book is too difficult (of me / **for me**) to understand.

Concept 062

too 형용사/부사 to 동사원형
= so ~ that ~ can't

① too 형용사/부사 to 동사원형

(1) 의미: 너무 ～해서 ～할 수 없다.

(2) 부정어구가 없으나 부정의 의미로 이해해야 한다.

> • I am **too busy to meet** you. 나는 너무 바빠서 당신을 만날 수 없다.
> • He felt **too hungry to keep** walking. 그는 너무 배가 고파서 계속 걸을 수 없었다.

② [so 형용사/부사 that 주어 can't / couldn't 동사원형]과 바꿔 쓸 수 있다

(1) 선택형과 서술형 모두에 아주 자주 출제된다. 서로 바꿔 쓸 수 있도록 연습을 많이 해야 한다.

(2) 전체 문장의 동사가 현재일 경우 [that]절에 [can't]를 쓰고, 과거일 경우 [couldn't]를 쓴다.

> • I am **too busy to meet** you. 나는 너무 바빠서 당신을 만날 수 없다.
>   = I am **so** busy **that** I **can't meet** you.
>   ↳ 전체 문장의 시제가 현재이므로 [can't]가 사용되었다.
>
> • He felt **too hungry to keep** walking. 그는 너무 배가 고파서 계속 걸을 수 없었다.
>   = He felt **so** hungry **that** he **couldn't keep** walking.
>   ↳ 전체 문장의 시제가 과거이므로 [couldn't]가 사용되었다.

시험 문제가 어렵게 나오면 이런 문장이 나올 것이다.

1. This coffee was **too hot for me to drink.** 이 커피는 너무 뜨거워서 내가 마실 수 없었다.

2. This coffee was **so hot that I couldn't drink** ⓘt.

일단 [to drink] 앞에 [for me]는 의미상 주어라는 것을 알 수 있다. 그래서 [so ~ that] 구문으로 바뀔 때 [that] 다음에 주어는 [I]가 되었다. 그리고 전체 문장의 시제가 과거 [was]이기 때문에 [that]절의 [can't]가 [couldn't]가 되었다. 여기까지는 이해할 만하다.

문제는 이제부터 발생한다. 1번과 2번은 같은 의미의 문장인데, 1번 문장에서 없던 [it]이 2번 문장에서 나타났다. 반대로 2번 문장에 있던 [it]이 1번 문장에 없다. 이 부분 때문에 어려운 것인데, 두 문장을 서로 바꿀 때 다음의 사항을 꼭 기억하기 바란다.

1. [too ~ to부정사]구문에서 문장의 주어와 to부정사의 목적어가 동일할 경우 to부정사의 목적어는 반드시 생략한다.

• <u>This coffee</u> was too hot for me to drink <u>it</u>. (X)

       ↳ 문장의 주어 = to부정사의 목적어 ↵

• This coffee was too hot for me to drink. (O)

2. [so ~ that 주어 can't 동사원형]구문에서 [that] 다음에는 완전한 문장이 되어야 한다. 즉, 빠진 것이 없어야 한다.

• This coffee was so hot that I couldn't drink. (X)

  → 동사 [drink]는 [마시다]라는 뜻으로 [무엇을] 마시는지가 나와야 한다. 즉, [drink]는 목적어가 필요한 동사임에도 불구하고 목적어가 빠져 있다. 어법상 틀린 것이다.

• This coffee was so hot that I couldn't drink ⓘt. (O)

  → 만약에 문장의 주어가 복수라면 [it]이 아니라 [them]을 써 주어야 한다.

A. 다음 문장을 'so ~ that'을 활용하여 바꿔 쓰시오.

1. I was too tired to go there.

→ _____

2. You are too young to drive a car.

→ _____

3. The boxes were too heavy for you to carry.

→ _____

4. The weather was too bad for us to play soccer.

→ _____

B. 다음 문장을 'too ~ to'를 활용하여 바꿔 쓰시오.

1. I am so busy that I can't meet you.

→ _____

2. The puzzle was so difficult that I couldn't solve it.

→ _____

3. It is so cold that I can't go out.

→ _____

Concept 063 형용사/부사 enough to 동사원형
= so ~ that ~ can

① 형용사/부사 enough to 동사원형

(1) 의미: ～할 만큼 충분히 ～한/～하게

(2) [so 형용사/부사 that 주어 can 동사원형]과 바꿔 쓸 수 있다.

(3) 선택형과 서술형 모두에 아주 자주 출제된다. 서로 바꿔 쓸 수 있도록 연습을 많이 해야 한다.

(4) 전체 문장의 동사가 현재일 경우 [that]절에 [can]을 쓰고, 과거일 경우 [could]를 쓴다.

> • I am **tall enough to reach** the top shelf.
>   저는 꼭대기 선반에 손이 닿을 만큼 충분히 키가 커요.
>   = I am **so tall that I can reach** the top shelf.
>   ↳ 전체 문장의 시제가 현재이므로 [can]이 사용되었다.
> • We played **well enough to win** the game. 우리는 경기에서 우승할 만큼 충분히 잘했다.
>   = We played **so well that we could win** the game.
>   ↳ 전체 문장의 시제가 과거이므로 [could]가 사용되었다.

② enough의 위치

(1) 명사를 수식하는 형용사일 때는 명사 앞에 위치한다.

(2) 형용사나 부사를 수식하는 부사일 때는 형용사나 부사 뒤에 위치한다.

  ① enough + 명사

  ② 형용사 / 부사 + enough

> • I don't have **enough time** to study. 나는 공부할 충분한 시간이 없다.
>   ↳ 명사 [time]을 앞에서 수식
> • You are **strong enough** to overcome this situation.
>   ↳ 형용사 [strong]을 뒤에서 수식
>   너는 이 상황을 극복할 만큼 충분히 강하다.

개념 확인 문제

A. 다음 괄호 안에서 알맞은 것을 고르시오.

1. She doesn't have (enough time / time enough) to visit the place.

2. He is (enough tall / tall enough) to reach the top shelf.

3. The typhoon is (enough strong / strong enough) to destroy the town.

B. 다음 문장을 'so~that'을 활용하여 바꿔 쓰시오.

1. The knife is sharp enough to cut coconuts.

→ _____

2. My sister is old enough to go to school.

→ _____

3. I am strong enough to move the table.

→ _____

Concept 064

so that vs so ~ that

[so ~ that]이 사용된 구문이 많아서 혼동될 수 있다. 한꺼번에 모아서 정리해 보자. 우선 [so that]이 붙어 있는 경우와 [so]와 [that]이 [형용사 또는 부사]로 인해 떨어져 있는 경우로 크게 나누어 볼 수 있고, [so]와 [that]이 떨어져 있는 경우에도 [that] 다음에 [주어 + 동사]가 나온 경우, [주어 + can 동사원형]이 나온 경우, [주어 + can't 동사원형]이 나온 경우로 구분할 수 있다. 각각의 경우마다 의미가 다 다르니 유의하자.

1 [so that]이 붙어 있는 경우 [목적]을 의미하며, [~하기 위해서 / ~할 수 있도록]으로 해석한다

- Please speak louder **so that** everyone can hear you.
  모두가 들을 수 있도록 좀 더 크게 말해 주세요.
- Let me share my recipe **so that** you can make Kimchi.
  당신이 김치를 만들 수 있도록 저의 요리법을 공유해 드릴게요.

2 so 형용사/부사 that 주어 동사: 너무 ~해서 ~하다

- They talked **so** loudly **that** the baby woke up.
  그들은 너무 크게 이야기해서 아이가 잠에서 깨었다.

3 so 형용사/부사 that 주어 can 동사원형: ~할 수 있을 정도로 충분히 ~하다

- You are **so** old **that** you **can** go to school. 너는 학교에 갈 만큼 충분히 나이가 들었다.

4 so 형용사/부사 that 주어 can't 동사원형: 너무 ~해서 ~할 수 없다

- They talked **so** loudly **that** I **could't** sleep last night.
  그들이 너무 크게 이야기해서 나는 어젯밤에 잘 수 없었다.

개념 확인 문제

 다음 문장을 해석하시오.

1. I prepared breakfast so that Mom could rest in the morning.

→ _____

2. They were so hungry that they couldn't walk any more.

→ _____

3. The teacher spoke slowly so that we could understand her.

→ _____

4. I felt so nervous that I kept biting my nails.

→ _____

5. The test was so easy that I could get a high grade.

→ _____

6. Get enough sleep so that you can focus during class.

→ _____

Concept 065

seem to부정사 = It seems that

① 의미와 형태

(1) 의미: ~인 것 같다

(2) 동사의 시제, 그리고 주어의 인칭과 수에 따라 [seem]의 형태가 다르다.

• 주어 seem to 동사원형	현재시제이고, 주어가 3인칭, 단수가 아닐 때
• 주어 seems to 동사원형	현재시제이고, 주어가 3인칭, 단수일 때
• 주어 seemed to 동사원형	과거 시제일 때

(3) 부정문의 경우 [don't / doesn't / didn't seem to 동사원형] 형태이다.

> • Mom **seems to know** everything. 엄마는 모든 것을 아시는 것 같다.
> • She **doesn't seem to be** interested in him. 그녀는 그에게 관심이 있는 것 같지 않다.
> > ↳ 일반동사 [seem]을 부정하기 위해서 주어인 [She]에 맞춰 [doesn't]를 사용했다.
> • My parents **seemed not to be** satisfied with my grades.
> > ↳ to부정사를 부정하기 위해 앞에 [not]을 사용했다.
> > ↳ [seemed]가 사용되었다는 것은 과거 시제란 뜻이다.
> 나의 부모님은 나의 성적에 만족하지 못하시는 것 같았다.

② [It seems / seemed that 주어 동사]와 서로 바꿔 쓸 수 있다

> • Mom seems to know everything. 엄마는 모든 것을 아시는 것 같다.
> = It seems that Mom knows everything.
> • She doesn't seem to be interested in him. 그녀는 그에게 관심이 없는 것 같다.
> = It seems that she is not interested in him.
> • My parents seemed not to be satisfied with my grades.
> 나의 부모님은 나의 성적에 만족하지 않으시는 것 같았다.
> = It seemed that my parents were not satisfied with my grades.

선택형과 서술형이 모두 출제되며, 특히 서술형에서 출제되면 감점 당하기 쉬우니 조심해야 한다.
[It seems that 주어 동사]에서 [주어 seem(s) to부정사]로 바꾸는 것은 그리 어렵지 않다. 하지만 반대로
할 경우에는 어렵게 느껴진다.

 • It seems that Mom knows everything.

   = Mom seems to know everything.

1. that절의 주어를 문장의 주어 자리로 이동시킨다.

2. that절을 to부정사구로 바꾼다.

   * to부정사는 [to 동사원형]이므로 [knows]가 [know]로 바뀐 것에 유의할 것!

 • My parents seemed not to be satisfied with my grades.

   = It seemed that my parents were not satisfied with my grades.

1. **먼저 It seemed that을 쓴다.**

2. 문장의 주어를 that절의 주어로 쓰고, to부정사구를 that절 주어의 동사로 바꾼다.

3. 마지막으로 동사 [seem]의 시제를 반드시 확인하자.

   * [seemed]는 과거이므로 [not to be]는 [were not]으로 바뀐 것에 유의할 것!

개념 확인 문제

 같은 뜻의 문장이 되도록 바꿔 쓰시오.

1. It seems that she is angry at me.

→ _____

2. It seems that he likes Korean food.

→ _____

3. Mina and Yuri seem to be bored.

→ _____

4. The students seemed to enjoy the festival.

→ _____

5. The boys seemed to be working together to solve the problem.

→ _____

Concept 066

to부정사와 동명사 1

① 동사의 목적어로 to부정사 또는 동명사를 쓸 때는 각별히 주의하자

(1) to부정사와 동명사는 주어 혹은 보어 역할을 할 경우 서로 바꿔 쓸 수 있다.

(2) 하지만 동사의 목적어 역할을 할 때는 동사에 따라 구분해서 써야 한다.

동명사와만 어울리는 동사	to부정사와만 어울리는 동사	동명사와 to부정사 둘 다 어울리는 동사	
		의미 차이가 없음	의미 차이가 있음
enjoy finish mind give up keep practice * imagine	hope want plan decide agree choose * manage	start begin like love	remember forget try * stop

※ 이 동사들 말고도 더 있으나 중학교 수준에서는 이정도면 된다. 추가적으로 나오는 동사들은 그때마다 하나씩 이해하며 암기하면 된다.

② 동명사는 과거적 성향이고, to부정사는 미래적 성향이다

과거 성향의 동사	+	동명사

미래 성향의 동사	+	to부정사

(1) 동명사는 과거적 성향이기 때문에 과거적인 성향의 동사 다음에 연결된다.

(2) to부정사는 미래적 성향이기 때문에 미래적인 성향의 동사 다음에 연결된다.

(3) 과거 성향의 동사가 과거시제, 미래 성향의 동사가 미래시제를 의미하는 것이 아님에 주의하자.

(4) 동사의 시제가 현재이든 과거이든 미래이든 상관없이 동사 자체가 가진 성향이 과거적인지 미래적인지를 판단해야 한다.

(5) 지금부터 이야기를 하나씩 할 것이다. 논리적으로 따지면 할 말이 없는 경우도 있지만, 이 것은 논리적으로 따질 문제가 아니라 "이해하기 쉽고, 암기하기 쉽게 하려고 도움을 주는 구나." 정도로 이해하면 된다.

과거 성향 동사들		이 동사들 다음에는 동명사가 연결된다.
enjoy	즐기다	여행을 갔는데 너무 좋았다. 다음에 꼭 다시 한 번 오자라고 마음을 먹는다. 다음에 다시 오면 정말 제대로 여행을 즐길 수 있을 것 같은 느낌이 든다. 처음 하는 일은 제대로 즐길 수 없을 때가 많다. 경험이 쌓일수록 제대로 즐길 수 있게 된다.
finish	끝내다	시작을 했어야 끝을 낼 수 있다. 시작을 하지 않았다면 끝을 낼 수도 없다.
give up	포기하다	시작을 했어야 포기라는 것이 가능하다. 포기는 시작한 사람들에게만 주어지는 특권이라고 할 수 있다. 시작을 하지 않았다면 포기조차 할 수 없다.
keep	유지하다	시작을 했어야 유지를 할 수 있다. 시작을 하지 않았다면 유지한다는 말이 성립하지 않는다.
mind	꺼려하다	쓰라린 경험을 하게 되면 꺼려하고 싫어지게 된다.
practice	연습하다	무언가를 배웠어야 연습을 하는 것이다. 개념을 전혀 설명하지 않고 연습문제를 풀라고 하면 정말 당황스러울 것이다.
imagine	상상하다	주의! 미래적인 성향의 동사임에도 동명사와 연결되므로 주의하자.

미래 성향 동사들		이 동사들 다음에는 to부정사가 연결된다.
want	원하다	앞으로 〈~하기를〉 원하는 것이다.
plan	계획하다	앞으로의 일을 계획하지, 과거 일을 계획하지는 않는다.
hope	희망하다	희망이란 말만 들어도 희망찬 미래가 그려진다.
decide	결정하다	살을 빼기로 결정했다면 앞으로 살을 빼겠다는 것이다.
agree	동의하다	두 나라 간에 침략하지 않기로 동의했다면, 그 이후로 침략하지 않겠다는 것이다.
choose	선택하다	다른 교재 말고 여러분은 이 교재를 선택했다. 앞으로 이 책으로 공부를 하겠다는 뜻이다.
manage	가까스로 ~하다	〈가까스로 ~하다는〉 의미로 과거적인지 미래적인지 판단이 잘 안되므로 설명과 무관하게 따로 암기해주자.

※ 다시 한 번 반복하지만, 이 동사들이 과거이든, 현재이든, 미래이든 상관없다. 동사 자체가 가 진 성향이 과거적이면 동명사와, 미래적이면 to부정사와 어울린다.

✍ 괄호 안에서 알맞은 것을 고르시오.

1. He gave up (to read / reading) the book.

2. She decided (to go / going) on a diet.

3. I enjoy (to speak / speaking) in front of many people.

4. You should practice (to think / thinking) in English.

5. Do you mind (to turn / turning) on the TV?

6. My baby brother keeps (to cry / crying) at night.

7. She finished (to knit / knitting) my sweater.

8. My friends and I kept (to run / running) all day long.

9. I hope (to have / having) a pet dog.

10. Many people imagine (to win / winning) the lottery.

11. She is planning (to travel / traveling) to Africa.

Concept 067 · to부정사와 동명사 2

① 어떤 동사들은 목적어로 to부정사와 동명사 둘 다 어울리는데, 의미 차이가 없어서 마음대로 사용해도 된다

> like   love   start   begin

- I **love watching** movies in my free time. 나는 여가 시간에 영화 보는 것을 좋아한다.
  = I love **to watch** movies in my free time.

- Anyone can **start keeping** a diary in English. 누구든 영어로 일기 쓰기를 시작할 수 있다.
  = Anyone can **start to keep** a diary in English.

② 어떤 동사들은 목적어로 to부정사와 동명사 둘 다 어울리지만, 의미 차이가 있으므로 매우 주의해야 한다

remember	Ving	**(과거에) ~한 것을 기억하다** I remember **turning** off the light. 나는 불을 끈 것을 기억한다.
remember	to V	**(앞으로) ~(해야) 할 것을 기억하다** Remember **to turn** off the light. 불 꺼야 하는 것을 기억해라.
forget	Ving	**(과거에) ~한 것을 잊어버리다** I forgot **watering** the flowers. 나는 꽃에 물을 준 것을 잊어버렸다.
forget	to V	**(앞으로) ~(해야) 할 것을 잊어버리다** I forgot **to water** the flowers. 나는 꽃에 물 주는 것을 잊어버렸다.

[remember]와 [forget]의 시제와는 아무런 관련이 없다. [과거에] 한 일이면 과거 성향의 동명사가 연결되고, [앞으로] 해야 할 일이면 미래 성향의 to부정사가 연결된다는 점을 다시 한번 더 강조한다.

try	Ving	시험 삼아 한번 ~해 보다 She tried **putting** on the shoes. 그녀는 신발을 한 번 신어보았다.
try	to V	~하려고 노력하다 She tried **to put** on the shoes. 그녀는 신발을 신으려고 노력했다.
stop	Ving	~하는 것을 멈추다 He stopped **smoking**. 그는 담배피우는 것을 멈췄다. (금연했다.)
stop	to V	~하기 위해 멈추다 He stopped **to smoke**. 그는 담배 피우기 위해서 (하던 일을) 멈췄다.

※ [stop]은 동명사를 [목적어]로 받으며, to부정사는 부사적 용법의 [목적]의 의미이다.

A. 우리말에 맞도록 빈칸에서 알맞은 것을 고르시오. (복수 정답 가능)

1. I remember (to see / seeing) her last year.

2. My parents started (to play / playing) badminton.

3. Don't forget (to lock / locking) the door when you go out.

4. You are gaining weight. Stop (to eat / eating) fast food.

5. I try (to call / calling) my parents every day.

6. Remember (to finish / finishing) the work by tomorrow.

7. The boys love (to play / playing) computer games.

8. Will you stop (to watch / watching) TV and start your homework?

9. It's really hot and humid. Don't forget (to take / taking) a bottle of water.

10. She is angry at me. Because I forgot (to borrow / borrowing) some money from her.

B. 동명사나 to부정사를 이용하여 문장을 완성하시오.

1. She put the vegetables in the refrigerator. And she forgot about it.

= She forgot _____

2. I sent an email to her. I remember it.

= I remember _____

C 060

1. 빈칸에 들어갈 말이 바르게 짝지어진 것은?

_____ is important _____ during class.

① It - focus
② It - to focus
③ That - focus
④ That - to focus
⑤ This - to focus

C 061

2. 빈칸에 들어갈 전치사가 바르게 짝지어진 것은?

• It is hard _____ him to pass the test.
• It was foolish _____ you to tell a lie to her.

① for - for
② for - of
③ of - of
④ for - by
⑤ by - of

C 062

3. 주어진 문장과 의미가 같은 것은?

I'm too big to wear your shirt.

① I'm so big that I can wear your shirt.
② I'm so big that I can't wear your shirt.
③ Your shirt is so big that I can't wear it.
④ Your shirt is so small that I can wear it.
⑤ I'm so small that I can't wear your shirt.

C 025, 064

4. 다음 중 나머지 넷과 의미가 <u>다른</u> 것은?

① She ran fast to catch the bus.

② She ran fast in order to catch the bus.

③ She ran fast so as to catch the bus.

④ She ran fast so that she could catch the bus.

⑤ She ran so fast that she could catch the bus.

C 066

5. 빈칸에 들어갈 말로 알맞지 <u>않은</u> 것은? (2개)

People around the world _____ eating street food.

① like   ② love   ③ hope   ④ want   ⑤ enjoy

C 067

6. 빈칸에 들어갈 말이 바르게 짝지어진 것은?

• Kevin stopped _____ coins because he had enough.
• Kevin stopped _____ a rest because he was tired.

① to collect − to take   ② to collect − taking   ③ collecting − taking

④ collecting − to take   ⑤ collecting − took

C 066

7. 빈칸에 들어갈 말로 알맞지 <u>않은</u> 것은?

I _____ to go to school by bicycle.

① like   ② want   ③ enjoy

④ started   ⑤ decided

C 062 - 064

8. 다음 문장과 바꾸어 쓸 수 있는 것을 <u>모두</u> 고르면?

> I can't wear this sweater because it is too small.

① This sweater is too small for me to wear.

② I'm so small that I can wear this sweater.

③ I'm so small that I can't wear this sweater.

④ This sweater is so small that I can wear it.

⑤ This sweater is so small that I can't wear it.

C 060

9. 밑줄 친 It의 쓰임이 <u>다른</u> 하나는?

① <u>It</u> is Peter's lunch box.

② <u>It</u> is interesting to make a movie.

③ <u>It</u> is important to eat three meals a day.

④ <u>It</u> makes me excited to travel around the world.

⑤ <u>It</u> is difficult to hold my breath for one minute.

C 064

10. 빈칸에 공통으로 알맞은 한 단어를 쓰시오.

> Sojin liked potato soup so much _____ she decided to try making it.
> She went to the grocery store and bought fresh potatoes so _____ she
> could make delicious potato soup.

C 067

11. 우리말과 일치하도록 주어진 단어를 활용하여 빈칸을 채우시오.

> • 나는 꽃에 물을 준 것을 잊어버렸다. 그래서 또 꽃들에 물을 주었다.
>
> = I forgot _____ the flowers, so I watered them again. (water)
>
> • 나는 담임선생님에게 이메일을 보내야 하는 것을 잊었다.
>
> = I forgot _____ an email to my homeroom teacher. (send)

C 066, 067

12. 밑줄 친 부분의 쓰임이 <u>어색한</u> 것은?

① He gave up <u>to repair</u> his shoes.

② They're planning <u>to go</u> on a picnic.

③ Mina enjoys <u>cooking</u> with her mom.

④ She stopped <u>working</u> and took a rest.

⑤ I decided <u>to read</u> many English books.

C 061

13. 빈칸에 들어갈 말이 나머지와 <u>다른</u> 것은?

① Is it safe _____ me to drink this water?

② It is important _____ you to have a motto.

③ The milk was too hot _____ the baby to drink.

④ It was nice _____ you to take me to the airport.

⑤ The question was confusing _____ her to answer.

C 065

14. 두 문장이 같은 의미가 되도록 빈칸에 들어갈 말로 알맞은 것은?

> Carol seemed to be very hungry at that time.
> = It seemed that Carol _____ very hungry at that time.

① is   ② be   ③ was
④ to be   ⑤ being

C 066

15. 빈칸에 들어갈 말이 바르게 짝지어진 것은?

> • Do you mind _____ the window?
> • Have you finished _____ this magazine?

① closing − read   ② closing − to read
③ to close − to read   ④ closing − reading
⑤ close − read

C 066, 067

16. 밑줄 친 부분이 어법상 어색한 것은?

① Can you stop <u>talking</u>?
② We need <u>to take</u> a break.
③ She loves <u>to cook</u> at home.
④ I don't mind <u>to eat</u> lunch alone.
⑤ He continued <u>working</u> after a short break.

C 062, 063

17. 다음 중 어법상 어색한 것은?

① I'm too busy to have free time.

② The place is too far for her to go.

③ She exercised hard enough to lose weight.

④ The time is enough long to finish your homework.

⑤ The weather was nice enough for us to go camping.

C 062 - 064

18. 다음 문장을 지시대로 바꿔 쓰시오.

(1) The math problems were too difficult to solve.

(so ~ that 구문으로)

→ _____

(2) The blue jeans are so small that I can't wear them.

(too ~ to 구문으로)

→ _____

(3) I am strong enough to move the table.

(so ~ that 구문으로)

→ _____

(4) The movie was so sad that it could make me cry.

(enough to 구문으로)

→ _____

C 064

19. 같은 의미가 되도록 주어진 단어로 시작하여 쓰시오.

(1) Jenny seems to enjoy swimming in the pool.

= It _____

(2) The man seemed to be looking at the woman.

= It _____

CHAPTER

10

Chapter

11

분사와 분사구문

Concept 068 현재분사와 과거분사

① 분사의 개념

분사는 동사를 형용사로 바꾼 것이다. 그럼 결국 형용사가 하는 일인 명사를 수식하거나 보어가 되는 것이다. 그런데 왜 이미 형용사라는 것이 있는데 동사를 굳이 형용사로 바꿔야 할까? [잠자고 있는, 걸어가고 있는, 살고 있는…] 이런 말들은 모두 [ㄴ]으로 끝나고 있는 형용사이다. 그런데 여기에 해당하는 영어 단어가 형용사 자체로는 없었다. 그럼 새로 만들어 내면 될 텐데 가만히 생각해 보니 완전히 새로운 형용사를 새로 만들어 내는 것보다는 자다(sleep), 걷다(walk), 살다(live) 등과 같은 동사를 활용하면 훨씬 더 경제적이지 않을까라고 생각하게 된 것이다. 그래서 탄생한 것이 바로 분사이다.

이런 분사에는 현재분사와 과거분사 두 종류가 있는데, 중요한 것은 [분사]는 [형용사]라는 것을 기억하는 것이다. 그래서 동명사처럼 분사를 동형사라고 기억하는 것도 아주 좋은 방법이다.

② 분사는 동사를 형용사로 바꾼 것, 따라서 명사를 수식하거나 보어가 된다

	현재분사	과거분사
형태	동사원형 + ing	동사원형 + ed/en
의미	능동, 진행	수동, 완료
해석	~하는, ~하고 있는	~된, ~되는

※ 분사가 수식하거나 보충하는 명사를 찾아 기준 잡아라!

- Look at the **falling** leaves. 떨어지고 있는 잎들을 봐라.
- Look at the **fallen** leaves. 떨어진 잎들을 봐라. (낙엽을 봐라.)

③ 분사가 의미상으로 두 단어 이상의 묶음일 때는 명사를 뒤에서 수식한다

(1) 분사가 단독으로 쓰이는 경우에는 명사를 앞에서 수식한다.

(2) 의미상으로 두 단어 이상의 묶음일 때는 명사를 뒤에서 수식한다.

> • The **sleeping** baby is my daughter. 잠자고 있는 아기는 나의 딸이다.
>   ↳ 한 단어짜리 현재분사이므로 명사 [baby]를 앞에서 수식하고 있다.
>
> • The baby **sleeping in the living room** is my daughter.
>
> 거실에서 잠자고 있는 아기: 의미상으로 4단어의 묶음이므로 명사 [baby]를 뒤에서 수식하고 있다.
>
> 거실에서 잠자고 있는 아기는 나의 딸이다.

(3) 명사와의 관계가 능동이면 현재분사, 수동이면 과거분사를 사용한다.

> • People **living in the country** usually live long. 시골에서 사는 사람들은 보통 오래 산다.
>
> 시골에서 사는 사람들 (사람들이 시골에서 사는 것이기 때문에 능동관계)
>
> • The people **invited to the party** were my old friends.
>
> 파티에 초대된 사람들 (사람들이 파티에 초대된 것이기 때문에 수동관계)
>
> 파티에 초대된 사람들은 나의 옛날 친구들이었다.

📋 최상위로 가는 비법 노트

✏️ 공식처럼 기억해 두자!

명사 + <u>Ving ~~~~~</u>　　　명사 + <u>p.p. ~~~~~</u>

~하고 / ~하고 있는　　　　~ 된 / ~되는

중요한 것은 명사 다음에 현재분사나 과거분사부터 어디까지를 의미 단위로 묶어 주는가인데, 분사는 동사에서 출발한 것이기 때문에 분사에 사용된 동사를 보고 그 뒤에 말을 의미상으로 묶어 주어야 한다. 문장의 형식에서 배웠던 내용을 적용해 보면 된다. 처음에는 어렵겠지만 영어를 계속 공부하다 보면 상당 부분 저절로 해결되는 부분이기 때문에 너무 걱정하지 않아도 된다.

✍ 괄호 안에서 알맞은 것을 고르시오.

1. Look at the bird (sung / singing) in the tree.

2. People like smartphones (made / making) in Korea.

3. This is the picture (paint / painted / painting) by Vincent van Gogh.

4. Look at the (broke / broken) windows.

5. Mina showed me some photos (took / taken / taking) in Europe.

6. The man (calls / called / calling) Mr. Lee came to see you.

7. The books (wrote / written / writing) by Brown are popular.

8. People (live / lived / living) in Spain often sleep in the daytime.

9. The sleep (call / called / calling) "siesta" is good for health.

10. I decided to buy a (used / using) car.

11. The girl (wear / worn / wearing) sunglasses is my daughter.

12. Look at the mountain (covered / covering) with snow.

13. The money (found / finding) under the sofa was mine.

14. We threw a (surprised / surprising) party for our parents.

15. I bought a new cellphone (advertise / advertised / advertising) on TV.

Concept 069 현재분사와 동명사의 구별

1 [be동사] 다음에 [동사ing]가 있는 경우

(1) [~하는 중이다]로 해석되면 현재분사, [~하는 것이다]로 해석되면 동명사이다.

(2) 주어와 다른 말이면 현재분사, 같은 말이면 동명사이다.

> • She is **reading** books. 그녀는 책을 읽고 있다.
> • My hobby is **reading** books. 나의 취미는 책을 읽는 것이다.

📓 최상위로 가는 비법 노트

✏️ 동사원형ing가 현재분사야, 동명사야?

[She is reading books.]에서 [is reading]은 [~읽는 중이다]라고 해석된다. [그녀는 책을 읽는 것이다.]라고 해석하면 매우 어색하다. 따라서 [reading]은 현재분사이다. 반면에 [My hobby is reading books.]에서 [is reading]은 [~읽는 것이다]라고 해석된다. [나의 취미는 책을 읽는 중이다.]라고 해석하면 매우 어색하다. 따라서 [reading]은 동명사이다.

이렇게 파악할 수도 있다. [She is reading books.]에서 주어인 [She]와 [reading]은 같은 말이 절대로 될 수 없다. 사람과 행위가 같은 말이 될 수는 없기 때문이다. 둘이 같은 말이 아니므로 [reading]은 현재분사이다. 반면에 주어인 [My hobby]와 [reading]은 같은 말이다. [나의 취미]가 [책을 읽는 것]이고, [책을 읽는 것]이 [나의 취미]인 것이다. 둘이 같은 말이므로 [reading]은 동명사이다.

2 명사 앞에 [동사ing]가 있는 경우

(1) [~하고 있는]으로 해석되면 현재분사

(2) [~하기 위한]으로 해석되면 동명사

> • a **sleeping** baby / a **sleeping** bag
> • a **walking** dictionary / a **walking** stick

[a sleeping baby]는 [잠자고 있는 아기]이다. [잠자기 위한 아기]는 매우 어색하다. 따라서 여기에서의 [sleeping]은 현재분사이다. 반면에 [a sleeping bag]은 [잠자기 위한 가방(침낭)]으로 해석된다. [잠자고 있는 가방]으로는 해석될 수 없다. 물론 동화나 만화에서는 가능할 수는 있으나 현실 세계에서는 불가능하다. 따라서 여기에서의 [sleeping]은 동명사라고 판단하면 된다.

마찬가지로 [a walking dictionary]는 일종의 의인법으로 [걸어 다니는 사전]이 된다. [걸어 다니기 위한 사전]은 매우 어색하다. 따라서 여기에서의 [walking]은 현재분사이다. 반면에 [a walking stick]에서 [walking]은 [걸어 다니기 위한 막대기(지팡이)]로 해석된다. [걸어 다니는 막대기]는 매우 어색하다. 따라서 여기에서의 [walking]은 동명사이다.

개념 확인 문제

 밑줄 친 부분이 동명사인지 현재분사인지 괄호 안에서 고르시오.

1. A man is looking for a <u>smoking</u> room.　　　(동명사 / 현재분사)

2. The police are talking to a <u>smoking</u> man.　　(동명사 / 현재분사)

3. He is <u>playing</u> badminton.　　　　　　　　(동명사 / 현재분사)

4. My hobby is <u>playing</u> badminton.　　　　　(동명사 / 현재분사)

5. I enjoyed <u>flying</u> a kite when I was young.　　(동명사 / 현재분사)

6. The boys are <u>flying</u> kites by the lake.　　　(동명사 / 현재분사)

7. <u>Listening</u> to music makes me relaxed.　　　(동명사 / 현재분사)

8. The woman <u>listening</u> to music is my mom.　(동명사 / 현재분사)

보어로 쓰이는 분사

1 주격 보어로 쓰이는 현재분사와 과거분사

(1) 분사는 형용사이므로 명사를 수식하는 것 이외에 보어가 될 수도 있다.

(2) 주격 보어로 사용되는 경우 주어의 상태를 보충 설명하며, 주어를 기준으로 주어와의 관계가 능동이면 현재분사, 수동이면 과거분사를 쓴다.

(3) 분사가 감정을 나타내는 경우가 있다. 이때는 주어가 감정을 느끼게 하면 현재분사, 주어가 감정을 느끼게 되면 과거분사를 쓴다.

현재분사	과거분사	현재분사	과거분사
boring 지겨운	bored 지루한	moving 감동적인	moved 감동받은
exciting 신나는	excited 신난	shocking 충격적인	shocked 충격 받은
interesting 재미있는	interested 관심 있는	confusing 혼란스럽게 하는	confused 혼란스러운
surprising 놀라운	surprised 놀란	satisfying 만족스러운	satisfied 만족하는
amazing 놀라운	amazed 놀란	disappointing 실망스러운	disappointed 실망한
touching 감동적인	touched 감동받은	embarrassing 당황스러운	embarrassed 당황한

- **The movie** was really **boring.** 그 영화는 정말 지루했다.
  → 영화가 지루함을 준 것이므로 현재분사가 사용되었다.

- I was **touched** by the movie. 나는 그 영화에 감동받았다.
  → 나는 영화에 의해 감동을 느낀 것이므로 과거분사가 사용되었다.

- **The news** was **shocking.** 그 소식은 충격적이었다.
  → 그 소식은 충격을 준 것이므로 현재분사가 사용되었다.

- I was **shocked** by the news. 나는 그 소식에 충격받았다.
  → 나는 그 소식에 의해 충격을 느낀 것이므로 과거분사가 사용되었다.

② 목적격 보어로 쓰이는 현재분사와 과거분사

(1) 분사가 목적격 보어로 사용되는 경우 목적어의 상태를 보충 설명하며, 목적어와의 관계에 따라 능동이면 현재분사, 수동이면 과거분사를 쓴다.

(2) 주로 사역동사와 지각동사가 사용된 문장에 해당된다.

① 사역동사

make	목적어	동사원형 과거분사	(동사원형) 목적어가 ~**하게** 만들다 (과거분사) 목적어가 ~**되게** 만들다
have			(동사원형) 목적어가 ~**하게** 하다 (과거분사) 목적어가 ~**되게** 하다
let			(동사원형) 목적어가 ~**하게** 해 주다 (과거분사) 목적어가 ~**되게** 두다

- I **had him fix** my computer. 나는 그가 나의 컴퓨터를 수리하게 했다.
  ↳ 그가 **수리하는 것**이므로 능동관계이다. 따라서 동사원형을 쓴다.
- I had **my computer fixed** by him. 나는 나의 컴퓨터가 그에 의해서 수리되게 했다.
  ↳ 나의 컴퓨터는 **수리되는 것**이므로 수동관계이다. 따라서 과거분사를 쓴다.

② 지각동사

see	목적어	동사원형 현재분사 과거분사	(동사원형) 목적어가 ~**하는 것**을 보다 (현재분사) 목적어가 ~**하고 있는 것**을 보다 (과거분사) 목적어가 ~**되는 것**을 보다
hear			(동사원형) 목적어가 ~**하는 것**을 듣다 (현재분사) 목적어가 ~**하고 있는 것**을 듣다 (과거분사) 목적어가 ~**되는 것**을 듣다
feel			(동사원형) 목적어가 ~**하는 것**을 느끼다 (현재분사) 목적어가 ~**하고 있는 것**을 느끼다 (과거분사) 목적어가 ~**되는 것**을 느끼다

- I heard **someone call** my name. 나는 누군가 나의 이름을 부르는 것을 들었다.
  ↳ 누군가 나의 이름을 **부르는 것**이므로 능동관계이다. 따라서 동사원형을 쓴다.
- I heard **someone calling** my name. 나는 누군가 나의 이름을 부르고 있는 것을 들었다.
  ↳ 누군가 나의 이름을 **부르고 있는 것**이므로 능동, 진행관계이다. 따라서 현재분사를 쓴다.
- I heard **my name called**. 나는 나이 이름이 불리는 것을 들었다.
  ↳ 나의 이름이 **불리는 것**이므로 수동관계이다. 따라서 과거분사를 쓴다.

개념 확인 문제

A. 괄호 안에서 알맞은 것을 고르시오.

1. The news was (surprised / surprising).

2. Peter was (surprised / surprising) by the news.

3. Are you (interesting / interested) in art?

4. Basketball is an (exciting / excited) game.

5. Your story is (touched / touching).

6. Many people were (moved / moving) by her love story.

7. Wow, look at the fireworks. They're (amazed / amazing).

8. She was (embarrassed / embarrassing) while she was singing in public.

9. David is very (depressed / depressing) because his cat died yesterday.

10. The math problem was so (confused / confusing) that nobody could solve it.

B. 괄호 안에서 알맞은 것을 고르시오. (복수 정답 가능)

1. I had my hair (cut / to cut / cutting).

2. Can you smell something (burns / to burn / burning)?

3. Mom has her clothes (dry-cleaned / dry-cleaning) on Mondays.

4. He made me (go / to go / going) to see a doctor.

5. I had my car (wash / washed / to wash / washing) by my son.

6. She heard Paul (shout / to shout / shouting) at people.

7. I saw Chris (wait / waited / to wait / waiting) for the bus.

8. Dad gets his car (wash / to wash / washed / washing) on Sundays.

9. Sometimes I have hamburgers (deliver / to deliver / delivered / delivering).

10. I felt someone (touch / to touch / touched / touching) my shoulder.

Concept 071

with + 명사 + 분사

① with + 명사 + 현재분사 / 과거분사

(1) 분사는 형용사이므로 수식하는 명사와의 관계를 확인한다.

(2) 명사와의 관계가 능동이면 현재분사, 수동이면 과거분사를 쓴다.

• with + 명사 + **현재분사**	명사와 능동관계	명사를 ～한 채로
• with + 명사 + **과거분사**	명사와 수동관계	명사가 ～된 채로

- Mom smiled **with tears coming out of her eyes.** 엄마는 눈물을 흘리며 웃으셨다.
  - → 눈물은 흐르는 것이므로 능동관계이다. 따라서 현재분사가 적합하다.
- Dad was waiting for me **with his arms folded.** 아빠는 팔짱을 낀 채 나를 기다리고 계셨다.
  - → 팔은 스스로 접는 것이 아니라 접히는 것이므로 수동관계이다. 따라서 과거분사가 적합하다.

② 분사 대신 형용사나 부사(구)를 쓸 수도 있다

- I was putting on eye make-up **with my mouth open.**
  나는 입을 연 채로 눈 화장을 하고 있었다.   ↳ 형용사
- I fell asleep **with the TV on.** 나는 TV를 켠 채로 잠이 들었다.
  ↳ 부사

개념 확인 문제

✍ 다음 괄호 안에서 알맞은 것을 고르시오.

1. I was walking along the river with my dog (following / followed) me.

2. My parents tell me not to talk with my mouth (full / fully).

3. Don't sleep with the computer (turning on / turned on).

4. Don't sleep in the car with the windows (closed / closing).

5. She was listening to music with her eyes (closed / closing).

분사구문

① 분사구문은 분사를 사용하여 부사절을 부사구로 바꾼 것으로,
다음과 같은 형태의 부사절이 꼭 있어야 한다 (일부 예외 있음)

↳ '접속사+주어+동사~'부분

- **접속사 + 주어 + 동사 ~, 주어 + 동사 ~.**
  부사절(종속절)   주절

- **주어 + 동사 ~ 접속사 + 주어 + 동사 ~.**
  주절   부사절(종속절)

> **참고**
> - 주절: 문장의 주어와 동사가 있는 부분
> - 종속절: [접속사+주어+동사 ~] 부분
>   ↳ 명사절, 형용사절, 부사절

- **Because I felt sleepy, I went to bed early.** 나는 졸렸기 때문에 일찍 잠자리에 들었다.
  부사절   주절

② 접속사와 주어를 생략하고 동사를 현재분사로 바꾸면 분사구문이 된다

- Because I felt sleepy, I went to bed early.
  ↳ [부사절 + 주절]로 이루어진 문장이므로 분사구문으로 전환할 수 있다.

① 접속사를 생략한다.

→ ~~Because~~ I felt sleepy, I went to bed early.

② 주절의 주어와 부사절의 주어와 같으면 부사절의 주어를 생략한다.

→ ~~Because I~~ felt sleepy, I went to bed early.

③ 부사절의 동사를 현재분사로 바꾼다.

→ **Feeling** sleepy, I went to bed early.

③ 분사구문은 생략된 접속사에 따라 다양한 의미를 지닌다

(1) 시간: ～할 때(when), ～하자마자(as soon as)

- When he saw me, he ran away. 그가 나를 봤을 때, 그는 도망갔다.
  → **Seeing** me, he ran away.

📓 최상위로 가는 비법 노트

분사구문은 콤마(,) 앞과 뒤의 문장을 따로따로 해석해 보면, 대부분 자연스럽게 그 의미가 파악된다.

(2) 원인: ～ 때문에(as, since, because)

- Because she studied hard, she passed the exam.
  그녀가 열심히 공부했기 때문에 그녀는 시험에 통과했다.
  → **Studying** hard, she passed the exam.

📓 최상위로 가는 비법 노트

공부를 열심히 한 것이 원인이 되어 시험에 통과했다는 자연스러운 결과가 이어졌다. 원인과 결과가 명확한 경우로 의미 파악이 비교적 쉽다.

(3) 양보: 비록 ～이지만(though, although, even though)

- Although she studied hard, she failed the exam.
  비록 그녀가 열심히 공부했지만, 시험에 실패했다.
  → **Studying** hard, she failed the exam.

[원인]의 경우에서처럼 공부를 열심히 했다면 좋은 결과가 나오는 것이 상식인데, 시험에서 떨어졌다는 예상외의 결과가 연결되어 있다. 이렇게 예상되는 결과와 다른 결과가 나오는 것을 [양보]라고 한다. 콤마(,)를 기준으로 앞 문장과 뒷 문장을 해석해 보면 분사구문의 의미 파악이 가능해진다.

(4) 조건: ~하면(if)

- If you turn right, you will find the subway station.

  오른쪽으로 돌면, 지하철역을 발견할 겁니다.

  → **Turning** right, you **will find** the subway station.

  ↳ 주절에 조동사 [will]이 포함된 경우가 많다.

📋 최상위로 가는 비법 노트

[조건]을 의미하는 분사구문의 경우에는 주로 미래를 표현해 주는 조동사 [will]이 포함되어 있다.

(5) 동시동작: ~하면서(while)

- Mom is watching TV while she is drinking coffee.

  엄마는 커피를 마시며 TV를 보고 계셨다.

  → Mom is watching TV, **drinking** coffee.

  ↳ 분사구문이 문장 중간에 있는 경우 주로 동시동작

📋 최상위로 가는 비법 노트

콤마(,) 다음에 현재분사가 보이는 경우 현재분사구문이라고 보면 된다. 하지만 콤마(,)가 없는 경우에는 주의를 기울여야 한다. 왜냐하면 앞에 있는 명사인 [TV]를 현재분사가 뒤에서 수식하는 것은 아닌가라고 생각할 수 있기 때문이다. 하지만 의미를 파악해 보면 [커피를 마시는 TV]가 논리적으로 불가능하므로 현재분사가 아니라 분사구문인 것으로 판단해야 한다.

(6) 연속동작: 그리고(and) ～하다.

> • I woke up early in the morning, and prepared breakfast.
> 나는 아침에 일찍 일어나서 아침을 준비했다.
> → I woke up early in the morning, **preparing** breakfast.

📔 **최상위로 가는 비법 노트**

동시동작과 마찬가지로 문장의 중간부터 분사구문이 시작된다. 동시동작과 연속동작의 차이는 말 그대로 동시동작은 두 개의 동작이 동시에 일어나고 있는 상황이고, 연속동작은 하나의 동작이 완료된 직후에 다음의 동작이 일어나는 상황이다. 예문을 보면 일어나는 동작이 종료된 후에 아침 식사를 준비하는 것으로 볼 수 있다.

④ 분사구문을 부정할 때는 분사 앞에 not이나 never를 쓰며, 절대로 do/does/ did not을 사용하지 않도록 한다

> • As I didn't go to the party, I couldn't meet my friends.
> 나는 파티에 가지 않았기 때문에, 친구들을 만날 수 없었다.
> → **Didn't** going to the party, I couldn't meet my friends. (X)
> → **Not** going to the party, I couldn't meet friends.

⑤ 주절의 주어와 부사절의 주어가 다를 경우 부사절의 주어를 생략해서는 안 된다

> • After **Peter** finished dinner, **we** went out for a walk.
> └─── 주어가 다르다 ───┘
> → **Peter finishing** dinner, **we** went out for a walk.
> ↳ 주어가 다를 경우 분사구문 앞에 주어를 꼭 남겨 두어야 한다.
> Peter가 저녁을 다 먹은 후에, 우리는 산책하러 나갔다.

개념 확인 문제

A. [보기]와 같이 두 문장이 같은 의미가 되도록 빈칸을 완성하시오.

> **보기**
>
> Living next door, I don't know her.
> = **Though** **I** **live** next door, I don't know her.

1. Having nothing to do, I was bored.

= _____ _____ _____ nothing to do, I was bored.

2. Finishing dinner, we went for a walk.

= _____ _____ _____ dinner, we went for a walk.

3. Turning to the right, you will find the bakery.

= _____ _____ _____ to the right, you will find the bakery.

4. Reading the book, she couldn't remember the story.

= _____ _____ _____ the book, she couldn't remember the story.

5. Entering the room, he found his mom sleeping.

= _____ _____ _____ the room, he found his mom sleeping.

6. He washed the dishes, listening to music.

= He washed the dishes _____ _____ _____ to music.

CHAPTER

11

B. 다음 문장과 같은 의미가 되도록 분사구문을 이용하여 빈칸에 알맞은 말을 쓰시오.

1. As soon as Tom saw Kate, he fell in love.

= _____, Tom fell in love.

2. Because I felt tired, I didn't go out.

= _____, I didn't go out.

3. I studied English while I was listening to music.

= I studied English, _____.

4. Although he studied hard, he failed the exam.

= _____, he failed the exam.

5. If you leave now, you will catch the train.

= _____, you will catch the train.

6. As I didn't know what to do, I stood still.

= _____, I stood still.

C 068

1. 빈칸에 들어갈 말로 가장 적절한 것은?

> Who is the woman _____ the plants over there?

① water
② waters
③ watered
④ watering
⑤ is watering

C 070

2. 빈칸에 들어갈 말로 가장 적절한 것은?

> A: How was the movie?
> B: It was really _____, so I cried a lot.

① touch
② touches
③ touched
④ touching
⑤ to touch

C 069

3. 밑줄 친 부분의 쓰임이 다른 하나는?

① He is <u>reading</u> a book.

② Julia is <u>playing</u> computer games.

③ My hobby is <u>listening</u> to music.

④ My father is <u>painting</u> the house.

⑤ An old lady is <u>walking</u> her dog.

C 026, 069

4. 밑줄 친 부분의 쓰임이 <u>다른</u> 하나는?

① <u>Finishing</u> a marathon is difficult.

② I am interested in <u>taking</u> pictures.

③ Who is the boy <u>dancing</u> on the stage?

④ People in Korea love <u>eating</u> street food.

⑤ Students enjoy <u>playing</u> computer games.

C 068, 070

5. 대화의 빈칸 ⓐ와 ⓑ에 들어갈 말이 바르게 짝지어진 것은?

> A: I watched a very ⓐ _____ movie last night.
> B: What's the name of the movie?
> A: It's Myeongnyang.
> B: I saw the movie, too. I was ⓑ _____ by it.

① interesting − move   ② interested − moved

③ interesting − moved   ④ interested − moving

⑤ interesting − moving

C 070

6. 다음 중 어법상 옳은 것은? (2개)

① This novel is really bored.

② The soccer game was excited.

③ They were shocked by the news.

④ Mom was satisfying with my grades.

⑤ People around the world were moved by his poems.

7. 밑줄 친 부분의 쓰임이 <u>다른</u> 하나는?

① It was an <u>amazing</u> story.

② I bought a <u>sleeping</u> bag.

③ A <u>barking</u> dog never bites.

④ A <u>rolling</u> stone gathers no moss.

⑤ People call me a <u>walking</u> dictionary.

8. 밑줄 친 부분의 쓰임이 어법상 옳은 것은?

① I got a letter <u>wrote</u> in English.

② These are the pictures <u>paint</u> by Picasso.

③ What is the language <u>speaking</u> in Mexico?

④ Look at my schedule <u>filling</u> with homework.

⑤ There are many houses <u>destroyed</u> by the storm.

9. 밑줄 친 부분의 의미를 가장 잘 나타낸 것은?

<u>Not having enough money</u>, I can't buy it.

① If I don't have enough money

② While I don't have enough money

③ Before I don't have enough money

④ Because I don't have enough money

⑤ Although I don't have enough money

C 072

10. 밑줄 친 부분의 우리말 뜻이 <u>어색한</u> 것은?

① <u>Being very sick</u>, I couldn't go to school.

(매우 아팠기 때문에)

② <u>Studying for the exam</u>, he failed it again.

(시험공부를 했지만)

③ The woman drank coffee, <u>sitting on the sofa</u>.

(소파에 앉아서)

④ <u>Taking a nap</u>, you will feel better.

(낮잠을 자면)

⑤ <u>Being a tall boy</u>, he was not good at basketball.

(키가 큰 소년이었기 때문에)

C 068, 069

11. 밑줄 친 부분의 쓰임이 나머지 넷과 <u>다른</u> 것은?

① Look at the <u>singing</u> birds.

② My mom is <u>listening</u> to the radio.

③ They are <u>building</u> sand castles.

④ Her favorite activity is <u>hiking</u>.

⑤ She saw the boy <u>running</u> toward the gate.

C 068

12. 밑줄 친 부분 중 어법상 <u>어색한</u> 것은?

① Look at the star <u>shining</u> in the sky.

② The dog <u>barking</u> at us looks scary.

③ Who is the man <u>singing</u> with her?

④ It's not a problem <u>causing</u> by one person.

⑤ The man <u>walking</u> on the street is my new science teacher.

13. 대화의 빈칸에 들어갈 말로 알맞은 것은?

> A: Good morning. How was your weekend?
> B: I was busy because I had my house _____.
> A: Oh, then invite me sometime.

① paint   ② paints   ③ painting
④ painted   ⑤ to paint

14. 밑줄 친 부분의 쓰임이 옳은 것은?

① I bought a bag <u>making</u> in Italy.
② What is the language <u>spoken</u> in Brazil?
③ The story <u>writing</u> by her is very touching.
④ Look at the little girl <u>danced</u> in the room.
⑤ Cricket is a game <u>playing</u> in many English−speaking countries.

15. 그림과 일치하도록 할 때, 빈칸에 들어갈 말로 알맞은 것은?

> She fell asleep with _____.

① her arms up   ② her arms open
③ her arms folded   ④ her legs crossed
⑤ her mouth wide−open

C 072

16. 다음 분사구문을 부사절로 바꾼 것 중 <u>어색한</u> 것은?

① Being sleepy, he took a short nap.

　= Because he was sleepy, he took a short nap.

② Having a toothache, I went to the dentist.

　= Though I had a toothache, I went to the dentist.

③ Turning right, you will see the building.

　= If you turn right, you will see the building.

④ Finishing my homework, I went to the concert.

　= After I finished my homework, I went to the concert.

⑤ Speaking in front of people, I always feel nervous.

　= When I speak in front of people, I always feel nervous.

C 072

17. 두 문장이 같은 의미가 되도록 할 때, 빈칸에 들어갈 말로 알맞은 것은?

> When she smiled at me, I felt like I was walking on air.
>
> = ＿＿＿＿＿＿＿＿＿ at me, I felt like I was walking on air.

① Smile　　　　　　　　　　② Smiled

③ Smiling　　　　　　　　　④ She smiled

⑤ She smiling

C 070

18. 다음 문장과 같은 의미가 되도록 빈칸에 알맞은 말을 쓰시오.

> Jim's car was broken, so he took it to the garage, and a mechanic repaired it yesterday.
>
> = Jim ＿＿＿＿＿＿＿ his car ＿＿＿＿＿＿＿ yesterday.

C 070

19. 우리말과 같은 뜻이 되도록 빈칸에 알맞은 말을 쓰시오.

> 그 영화가 너무 지루해서 우리 모두 영화를 보는 동안 지루해했다.
>
> = The movie was very _____, so all of us felt _____
>
> during the movie.

C 072

20. 주어진 문장과 같은 뜻이 되도록 접속사를 이용하여 문장을 다시 쓰시오.

(1) Not knowing what to do, I'm asking for your help.

= _____

(2) Being weak, she spent her whole life helping the poor.

= _____

(3) Reading the newspaper, Dad dropped his cup in surprise.

= _____

12

능동태와 수동태

Concept 073 수동태는 왜 사용할까?

① 강조하고 싶은 목적어를 주어 자리로 이동시켜 먼저 말하고 싶을 때

- He broke **the window.** 그가 창문을 깼다.
- **The window** was broken by him. 창문이 그에 의해 깨졌다.

📝 최상위로 가는 비법 노트

위 문장에서 [the window]의 위치가 뒤에서 앞으로 바뀌었다. 첫 번째 문장의 초점은 [그가 창문을 깼다] 는 것으로 [그가 깼다]는 것이 핵심이다. 반면에 두 번째 문장의 초점은 [창문이 그에 의해 깨졌다]는 것 으로 [창문이 깨졌다]는 것이 핵심이다.

영어의 가장 큰 특징은 의미 전달에서 가장 중요한 주어와 동사를 먼저 말하는 것이었다. 따라서 뒤에 있는 목적어를 주어 자리로 이동하는 것은 목적어를 강조하기 위해서 먼저 말하겠다는 뜻으로 이해하면 된다.

② 주어를 모르거나 관심이 없을 때 혹은 그냥 수동태 문장이 더 자연스러울 때

- He **was injured** in a car accident. 그는 자동차 사고에서 부상을 당했다.
  - → 자동차 사고에서 부상을 당했다는 것이지, 누구에 의해 부상을 당했는지는 모르거나 중요하지 않다.
- My bike **was stolen** yesterday. 내 자전거는 어제 도난당했다.
  - → 누가 훔쳐갔는지 모르는 상태에서 자전거가 도난당했다는 것을 표현하고 있다.
- My left leg **was broken** while I was playing soccer.
  난 축구를 하다가 왼쪽 다리가 부러졌다.
  - → 다른 사람에 의해서 다리가 부러진 것이 초점이 아니라 단순히 축구를 하다가 다리가 부러진 것이다.
- The tickets **were sold out.** 표가 다 팔렸다.
  - → 일반적으로 [사람들이 표를 다 샀다.]라고 말하기보다는 [표가 다 팔렸다.]라고 한다. 이런 문장은 수동태로 표현해야 자연스러운 것이다.
- Many stars **are seen** in the sky. 하늘에 많은 별들이 보인다.
  - → 그냥 많은 별이 보이는 것이다. 수동태로 쓰이는 것이 훨씬 자연스러운 문장이다.

Concept 074 수동태의 개념

1 능동태와 수동태

(1) 능동태: 주어가 어떤 행동을 **하는** 것

(2) 수동태: 주어가 어떤 상태로 **되는** 것

> • Tony **broke** the window. Tony는 창문을 깼다.
>   → Tony가 깬 것이므로 능동태
>
> • The window **was broken** by Tony. 창문은 Tony에 의해서 깨졌다.
>   → 창문이 깨진 것이므로 수동태

📝 최상위로 가는 비법 노트

영어의 모든 문장은 능동태와 수동태 둘 중에 하나이다. 능동태는 주어가 어떤 행위를 하는 것이고, 수동태는 외부적인 요인에 의해 주어가 어떠한 상태가 되거나 당하는 것을 의미한다. 이 둘은 의미상으로 구분할 수 있지만, 의미를 몰라도 어떤 문장이 능동태인지 수동태인지는 동사만 보면 바로 구분할 수 있다. 동사가 [be동사 + 과거분사] 모양이면 수동태, 아니면 능동태라고 판단하면 된다.

주어 + 동사 ~~~~.
　　└ be + p.p. → 수동태

> **잠깐!**
> 과거분사(Past Participle)는 보통 p.p.라고 줄여서 표현한다.

2 수동태는 목적어를 주어 자리로 이동시킨 것이다.
따라서 목적어가 없는 문장은 수동태로 전환이 불가능하다.

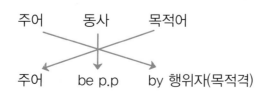

▶ 수동태로 전환할 때 꼭 확인해야 할 3가지

(1) 능동문 동사의 시제	(2) 주어의 단수/복수	(3) by + 행위자(목적격)
① 현재: am / are / is ② 과거: was / were ③ 미래: will be	① 단수 주어 – 단수 동사 ② 복수 주어 – 복수 동사	① 일반인일 경우 생략 ② by 다음에 목적격이 왔는 지 꼭 확인

📓 최상위로 가는 비법 노트

He	made	this box.
그는	**만들었다**	**이 상자를**
주어	동사	목적어

이 문장은 동사의 모양이 [be동사 + 과거분사]가 아니므로 능동태이다. 그런데 목적어가 있다. 수동태로 바꿀 수 있다는 뜻이다.

1. 목적어를 주어 자리로 이동시킨다.

· **This box**

2. 동사를 [be동사 + 과거분사] 형태로 바꾼다. 이때 위의 3가지를 보자.

· **This box was made**

   (1) 동사가 과거형(made)이니까 be동사는 [was]나 [were] 둘 중에 하나
   (2) 주어가 단수(This box)이니까 be동사는 [was]로 결정
      * make – made – made 이니까 과거분사는 [made]로 결정
   (3) 주어를 [by + 목적격] 형태로 문장의 맨 뒤로 보낸다.

· **This box was made by him.**

언어의 감각이 좋아서 자연스럽게 바꿀 수 있으면 가장 좋지만, 수동태로의 전환이 익숙하지 않은 수준이라면 번거롭더라도 이 과정을 반복하자.

A. 괄호 안에서 알맞은 말을 고르시오.

1. Taeho (broke / was broken) the vase.

2. These poems (wrote / were written) by me.

3. English (speaks / is spoken) all over the world.

4. Many cave paintings (found / were found) this morning.

B. 능동태 문장을 수동태 문장으로 바꾸시오.

1. My father and I painted the house.

→ _____

2. Somebody stole my bicycle yesterday.

→ _____

3. Mom cleans my room every day.

→ _____

4. She made these cookies.

→ _____

5. He wrote this book in English.

→ _____

C. 수동태 문장을 능동태 문장으로 바꾸시오.

1. The movie was seen by many young people.

→ _____

2. Hangeul was invented by King Sejong.

→ _____

3. This house was designed by a famous architect.

→ _____

CHAPTER

12

Concept 075 조동사, 동사구가 있는 문장의 수동태

① 조동사가 있는 문장의 수동태

(1) 동사 자리에 조동사가 포함되어 있는 경우이다.

(2) 조동사 다음에는 동사원형이 오기 때문에 [조동사 + be + 과거분사]가 된다.

- Drivers **must follow** the traffic rules. 운전자들은 교통 규칙을 준수해야 한다.
  ↳ 조동사 + 일반동사 원형

→ The traffic rules **must be followed** by drivers.
  ↳ 조동사가 포함되어 있으니 고민 없이 [조동사 + be + 과거분사]로 써 주면 된다.

교통규칙은 운전자들에 의해 준수되어야 한다.

- You **can find** the answers easily. 너는 정답을 쉽게 찾을 수 있을 거야.
  ↳ 조동사 + 일반동사 원형

→ The answers **can be found** easily by you. 정답은 너에 의해서 쉽게 찾아질 수 있다.
  ↳ 조동사가 포함되어 있으니 고민 없이 [조동사 + be + 과거분사]로 써 주면 된다.

📝 최상위로 가는 비법 노트

조동사가 포함되어 있는 경우는 수동태로의 전환이 복잡해지는 것이 아니라 오히려 큰 고민거리가 하나 줄어든다. 수동태는 [be동사 + 과거분사]의 형태이고, [be동사]를 결정할 때 [시제와 수]를 따져야 했다. 그런데 만약에 [be동사] 앞에 조동사가 있다면 조동사 다음에는 동사원형이 오기 때문에 고민할 것 없이 무조건 [be]를 쓰면 되는 것이다. 따라서 조동사가 포함된 문장의 수동태는 [조동사 + be + 과거분사]라고 기억해 두면 편하다.

2 동사구가 있는 문장의 수동태: 동사구 전체를 한 단어의 동사로 취급한다.

(1) 동사 자리에 두 단어 이상으로 된 일종의 숙어가 나와 있는 경우이다.

(2) 동사 자리에 쓰인 숙어는 두 단어이든 세 단어이든 네 단어이든 무조건 한 단어짜리 동사로 봐야 한다. 그래서 수동태가 될 때에도 하나의 덩어리로 움직인다.

• They **laughed at** me. 그들이 나를 비웃었다.
  ↳ [laugh at]은 [비웃다]란 의미의 숙어이므로, 두 단어이지만 한 단어로 취급한다.

→ I **was laughed at** by them. 나는 그들에 의해 비웃음을 당했다.
  ↳ 과거분사는 [laughed at]까지이며, 절대로 [at]을 빼놓으면 안 된다.

• Mom **takes care of** my little brother. 엄마는 나의 남동생을 돌보신다.
  ↳ [take care of]는 [~을 돌보다]란 의미의 숙어이므로, 세 단어이지만 한 단어로 취급한다.

→ My little brother **is taken care of** by Mom. 나의 남동생은 엄마에 의해 돌보아진다.
  ↳ 과거분사는 [taken care of]까지이며, 절대로 [care of]를 빼놓으면 안 된다.

A. 능동태 문장을 수동태 문장으로 바꾸시오.

1. My friends laughed at her.

→ _____

2. We will paint the school walls.

→ _____

3. You must not touch the paintings.

→ _____

4. You should take good care of these flowers.

→ _____

B. 수동태 문장을 능동태 문장으로 바꾸시오.

1. The computer should be turned off by you.

→ _____

2. Many stars can be seen at night by people.

→ _____

3. The books must be returned by tomorrow by you.

→ _____

4. The treasure box will be found by me.

→ _____

Concept 076 수동태의 부정문, 의문문

① 수동태의 부정문: be + not + 과거분사

> • Dad doesn't help Mom. 아빠는 엄마를 도와주지 않는다.
> → Mom **is not helped** by Dad. 엄마는 아빠에 의해 도움받지 못한다.

📝 최상위로 가는 비법 노트

수동태가 긍정문인지 부정문인지는 [be동사] 다음에 [not]이 있는지 없는지만 보면 된다. 하지만 부정문인 능동태를 수동태로, 부정문인 수동태를 능동태로 전환하는 경우에는 신경을 써야 한다.

1. 부정문인 능동태를 수동태로 전환하기

부정문의 경우에는 일반 동사 앞에 대부분 doesn't / don't / didn't 중에 하나가 있을 것이다. 그래서 많은 학생이 수동태의 부정을 할 때 doesn't / don't / didn't 중에 하나를 쓰는 실수를 하는데, 수동태의 부정은 [be동사 + not + 과거분사]라는 것을 꼭 명심하자.

• Dad **doesn't help** Mom.

    ↳ 일반동사 [help]를 [doesn't] 사용해서 부정문으로 만들었다.

→ Mom **is not helped** by Dad.

    ↳ 1. 주어가 3인칭, 단수이며, 능동태의 [doesn't help]가 현재이므로 be동사는 [is]를 썼다.

    2. be동사가 포함되어 있으므로 부정문을 만들기 위해 [is] 다음에 [not]을 썼다.

2. 부정문인 수동태를 능동태로 전환하기

• This toy **wasn't made** by me. 이 장난감은 나에 의해 만들어지지 않았다.

    ↳ 1. 동사의 형태가 수동태이고, [not]이 있으므로 부정문이다.

    2. 과거분사인 [made]는 일반동사에서 출발했으므로, 능동태가 되는 경우 부정문은 [don't / doesn't / didn't] 중 하나를 사용해서 부정한다.

    3. [was]를 보고 시제가 과거로 판단되므로 [didn't]를 활용하면 된다.

→ I **didn't make** this toy. 나는 이 장난감을 만들지 않았다.

    ↳ 조동사 [didn't] 다음에는 당연히 동사원형이 와야 하므로 [make]가 되었다.

② 수동태의 의문문

(1) 의문사가 없는 경우

Be동사	+	주어	+	과거분사	+	by 행위자 ?

- Do people speak English in India? 사람들은 인도에서 영어를 말하니?
  → **Is** English **spoken** in India (by people)? 인도에서 영어가 사용되니?

(2) 의문사가 있는 경우

의문사	+	be동사	+	주어	+	과거분사	+	by 행위자 ?

- When did you make this cake? 너는 언제 이 케이크를 만들었니?
  → When **was** this cake **made** by you? 이 케이크가 언제 너에 의해서 만들어졌니?

(3) 주어가 의문사일 경우

By whom	+	be동사	+	주어	+	과거분사 ?

- Who wrote this poem? 누가 이 시를 썼니?
  ↳ [누가]라고 해석이 되며 의문사이자 동시에 주어로 사용되었다.
  → By whom was this poem written? 이 시는 누구에 의해서 쓰여졌니?

개념 확인 문제

✎ 다음 문장을 수동태로 바꾸시오.

1. Who broke this glass?

→ _____

2. Did they invite her to the party?

→ _____

3. When did he build this house?

→ _____

4. She doesn't love him.

→ _____

5. What do you call this plant?

→ _____

6. She didn't invite me to the party.

→ _____

7. Do you clean your room every day?

→ _____

8. Who took these pictures?

→ _____

9. Where did you find the missing child?

→ _____

10. Koreans don't buy products from Japan.

→ _____

by 이외의 전치사가
사용되는 수동태

be interested in	~에 관심이 있다	I am interested in cooking. 나는 요리에 관심이 있다.
be worried about	~에 대해 걱정하다	My mom is worried about my grade. 나의 엄마는 나의 성적에 대해 걱정하신다.
be filled with	~로 가득 차다	The parking lot is filled with cars. 주차장은 차들로 가득 차 있다.
be covered with	~로 덮여 있다	The mountain is covered with snow. 산은 눈으로 덮여있다.
be satisfied with	~에 대해 만족하다	I am satisfied with your answer. 나는 너의 대답에 만족한다.
be made of	~로 만들어지다	This desk was made of wood. 이 책상은 나무로 만들어졌다.
be made from	~로 만들어지다	Cheese is made from milk. 치즈는 우유로 만들어진다.
be known for	~로 유명하다	Busan is known for its seafood. 부산은 해산물로 유명하다.
be tired of	~에 대해 싫증나다	I am tired of eating the same food. 나는 같은 음식을 먹는 것에 대해 싫증난다.
be surprised at(by)	~에 놀라다	I was surprised at(by) the news. 나는 그 소식에 놀랐다.

※ 다른 설명이 필요 없다. 숙어로 암기해 주면 된다.

✎ 다음 빈칸에 알맞은 전치사를 쓰시오.

1. The house was filled ＿＿＿＿＿＿ smoke.

2. The roof of the house is covered ＿＿＿＿＿＿ snow.

3. Everyone was surprised ＿＿＿＿＿＿ the news.

4. The teacher was satisfied ＿＿＿＿＿＿ her answer.

5. I am worried ＿＿＿＿＿＿ my grandparents' health.

6. This wine was made ＿＿＿＿＿＿ grapes from France.

7. She seems to be interested ＿＿＿＿＿＿ classical music.

8. He was tired ＿＿＿＿＿＿ staying home.

9. This table is made ＿＿＿＿＿＿ wood.

10. Australia is known ＿＿＿＿＿＿ its beautiful nature.

C 074

1. 수동태로 바꿔 쓸 수 <u>없는</u> 문장은?

① I love him.

② You look happy.

③ I saw her crying.

④ I sent him a card.

⑤ Who wrote this letter?

C 074

2. 어법상 옳은 문장은?

① This cake was made by she.

② The door fixed by my father.

③ The car was found near the river.

④ That tower were built 50 years ago.

⑤ This book was wrote in easy English.

C 074

3. 어법에 맞는 문장이 되도록 할 때, 빈칸에 들어갈 말이 바르게 짝지어진 것은?

> • King Sejong ＿＿＿＿＿＿＿＿＿＿＿＿＿＿ Hangeul.
>
> • The telephone ＿＿＿＿＿＿＿＿＿＿＿＿ in 1876.

① invented	—	invented
② was invented	—	invented
③ has invented	—	invented
④ invented	—	was invented
⑤ was invented	—	was invented

4. 다음 빈칸에 들어갈 말로 가장 적절한 것은?

> My father wrote this poem.
> → This poem _____ by my father.

① is wrote   ② was wrote

③ is written   ④ was written

⑤ has written

5. 주어진 문장을 수동태로 바르게 바꾼 것은?

> My classmates made fun of me.

① My classmates was made fun by me.

② My classmates were made fun by me.

③ I was made fun of my classmates.

④ I was made fun by my classmates.

⑤ I was made fun of by my classmates.

6. 주어진 문장을 수동태로 바르게 바꾼 것은?

> We should save energy for the future.

① Energy should save for the future.

② Energy should be save for the future.

③ Energy should be saved for the future.

④ We should saved energy for the future.

⑤ We should be saved energy for the future.

7. 빈칸에 들어갈 말로 가장 적절한 것은?

> 고대에는 많은 것들이 돈으로 사용되었다.
> → Many things _____ in ancient times.

① used as money　　　　　　　② was used as money

③ was used by money　　　　　④ were used as money

⑤ were used by money

8. 빈칸에 들어갈 말로 가장 적절한 것은?

> Some animals _____ on the road.

① kill　　　　　　② killed　　　　　　③ is killed

④ was killed　　　⑤ are killed

9. 빈칸에 들어갈 말을 바르게 짝지어진 것은?

> • Cheese is made _____ milk.
> • I am worried _____ my grades.
> • The classroom is filled _____ students.

① with − from − with　　　　② of − about − of

③ from − about − of　　　　　④ of − from − of

⑤ from − about − with

C 076

10. 대화의 흐름에 맞게 빈칸에 들어갈 말을 쓰시오.

A: What a cute dog! Did you bring it?
B: No, it _____ by Seho.

C 074

11. 주어진 문장을 수동태로 바르게 바꾼 것은?

They elected him president.

① He was elected president by them.
② He was elected them by president.
③ President was elected them by him.
④ They were elected president by him.
⑤ President was elected him by them.

C 074

12. 밑줄 친 부분이 어법상 <u>어색한</u> 것은?

① Coffee <u>is grown</u> in Brazil.
② The ball <u>was kicked</u> by the boy.
③ The park <u>is cleaned</u> by the students.
④ The fans <u>were</u> already <u>taken</u> all the seats.
⑤ Korean <u>is learned</u> by a lot of foreigners these days.

C 074, 075

13. 다음 빈칸에 들어갈 말로 가장 적절한 것은?

> The 2018 Winter Games _____ in PyeongChang.

① hold   ② holds   ③ held

④ will be hold   ⑤ will be held

C 074, 075

14. 빈칸에 들어갈 말로 가장 적절한 것은?

> The class rules should _____ by every student.

① follow   ② follows   ③ followed

④ be followed   ⑤ be following

C 074

15. 주어진 문장과 의미가 같은 것은?

> My father built a tree house for me.

① A tree house is built by me.

② I built a tree house for my father.

③ A tree house was built for me by my father.

④ I was building a tree house with my father.

⑤ A tree house was built by me for my father.

C 074, 075

16. 어법상 어색한 부분을 바르게 고치시오.

> My phone should fix by tomorrow.

C 076

17. 다음 대화의 빈칸에 알맞은 의문문을 쓰시오. (단, 수동태로 쓰시오.)

> A: I have some questions about Hangeul.
> B: What are they?
> A: First, (1) _____
> B: It was invented by King Sejong.
> A: Second, (2) _____
> B: It was invented in 1443.

C 074 - 076

18. 다음 문장을 수동태로 바꿔 쓰시오.

(1) He didn't build this house.

→ _____

(2) Did Kevin write this letter?

→ _____

(3) They should deal with it carefully.

→ _____

(4) When did he write this novel?

→ _____

13

관계대명사와 관계부사

관계사는 왜 사용할까?
↳ 관계대명사, 관계부사

① **관계사는 한마디로 형용사이므로 앞에 있는 명사를 수식한다 (일부 예외 있음)**

관계사는 무척 어려운 문법으로 분류가 되는데, 관계사는 어렵게 공부할 이유가 전혀 없다. 관계사는 앞에 있는 명사를 자세하게 설명하는 역할을 할 뿐이다. 단, 앞에 있는 명사가 사람이면 [who], 사람이 아니면 [which], 장소면 [where], 시간이면 [when], 이유면 [why]를 쓴 후 구체적인 설명을 연결해 주면 된다. 다시 말해서, 명사 다음에 [wh-]로 시작하는 말이 나오면 명사를 구체적으로 설명하겠다는 강력한 힌트라고 판단하면 된다. 정리하면, 관계사는 명사를 구체적으로 설명하기 위해 사용하는 것이고, 의미를 파악할 때는 다음에 나오는 표 하나만 기억하자.

┌→ 아~ 앞에 있는 명사를 설명하려는구나~

명사 + 관계사
↓
이것이 관계사인지 아는 방법: 명사 다음에 [wh-]로 시작하는 단어가 있으면 관계사

② **해석할 때는 관계사 부분에서 [어떤 명사?]를 떠올리면 된다**

(어떤 소년?)
• Do you know that boy / who is dancing on the stage?
　너는 저 소년 알아?　　　　무대 위에서 춤추고 있는 (소년)

(어떤 로봇?)
• I want to have a robot / which can do the homework for me.
　나는 로봇을 갖고 싶다　　　날 위해·숙제를 해줄 수 있는 (로봇)

(어떤 날?)
• I can remember the day / when I met you.
　나는 그 날을 기억할 수 있다　　내가 당신을 만난 (날)

(어떤 장소?)
• Do you remember the place / where you parked your car?
　장소를 기억해요?　　　　　　당신이 차를 주차한 (장소)

Concept 079 관계대명사의 주격, 목적격 1

① 관계대명사는 뭔가 하나 빠져 있는 형용사이다

(1) 형용사이기 때문에 앞에 있는 명사(선행사)를 수식한다.

　* 관계대명사절은 기본적으로 2단어 이상이기 때문에 명사를 뒤에서 수식한다.

(2) 앞에 있는 명사가 사람인지 아닌지에 따라 **관계대명사의 종류**가 결정된다.

(3) 관계대명사 다음에 무엇이 빠졌는지에 따라 **관계대명사의 격**이 결정된다.

선행사 ＼ 격	주격	목적격	소유격
사람	who	who(m)	whose
사물/동물	which	which	whose
사람/사물/동물	that	that	−

② 관계대명사 주격

(1) 관계대명사 다음에 주어가 빠져 있다면 주격이다.

(2) 관계대명사 다음에 동사가 바로 보인다. 단, 동사를 수식하는 부사가 동사 앞에 있을 수 있다.

(3) 관계대명사 앞에 있는 명사가 사람이면 [who], 사람이 아니면 [which]를 쓴다.

(4) 관계대명사 [who]와 [which]는 [that]으로 바꿔 쓸 수 있다.

> • I have a friend **who makes** me laugh. 나는 나를 웃게 하는 친구가 있다.
> 　　　　　　　↳ 관계대명사 다음에 동사 [makes]가 바로 보이므로 주격이다.
> 앞에 있는 명사가 사람이므로 [who]가 쓰였으며, [that]으로 바꿔 쓸 수 있다.
>
> 　* I have a friend **who always makes** me laugh. 나는 나를 항상 웃게 하는 친구가 있다.
> 동사 앞에 부사가 나와서 관계대명사 다음에 동사가 바로 나오지 않은 것처럼 보일 수도 있다.
>
> • There are many things **which are** hard to change. 바꾸기 어려운 것들이 많이 있다.
> 　　　　　　　↳ 관계대명사 다음에 동사 [are]가 바로 보이므로 주격이다.
> 앞에 있는 명사가 사람이 아니므로 [which]가 쓰였으며, [that]으로 바꿔 쓸 수 있다.

CHAPTER

13

✏️ 관계대명사는 뭔가 하나 빠진 형용사이다

관계대명사는 한 마디로 [형용사]이다. 왜일까? 앞에서 관계대명사는 앞에 있는 명사를 구체적으로 설명하는 역할을 한다고 했는데, 명사를 구체적으로 설명하는 것이 바로 [형용사]이기 때문이다. 누군가 관계대명사가 뭐냐고 물으면 자신 있게 [형.용.사.]라고 말하자! 이때, 앞에 있는 명사(선행사)가 사람인가 아닌가에 따라 관계대명사의 종류가 결정된다.

또한 관계대명사의 아주 중요한 특징은 관계대명사 뒤에 주어나 목적어가 빠져 있다는 것이다. 주어가 빠져 있는 경우를 주격이라고 하고, 목적어가 빠져 있는 경우를 목적격이라고 한다. 즉, 관계대명사 뒤에 무엇이 빠졌는가에 따라 관계대명사의 격이 결정된다. 관계대명사를 이해하는데 결정적인 역할을 하는 문장이니 꼭 기억하자!

③ 관계대명사 목적격

(1) 관계대명사 다음에 목적어가 빠져 있다면 목적격이다.

　　* 동사의 목적어 혹은 전치사의 목적어가 빠져 있다.

> **잠깐!**
> 전치사 다음에는 명사가 오는데,
> 이 명사를 전치사의 목적어라고 한다.

(2) 관계대명사 다음에 주어가 바로 보인다.

(3) 관계대명사 앞에 있는 명사가 사람이면 [who] 또는 [whom], 사람이 아니면 [which]를 쓴다.

(4) 관계대명사 [who], [whom], [which]는 [that]으로 바꿔 쓸 수 있다.

| 명사 | + | 관계대명사 | + | 주어 | + | 동사 |

- Daniel is the friend **who(m)** I can trust the most.

　Daniel은 내가 가장 신뢰할 수 있는 친구이다.

　– 앞에 있는 명사가 사람이므로 [who] 또는 [whom]이 가능하며, [that]으로 바꿔 쓸 수 있다.

　– 관계대명사 [who(m)] 다음에 주어 [I]가 바로 보이며, 동사 [can trust]의 목적어가 빠져 있으므로 목적격이다.

- League of Legend is the game **which** many students like.

　– 앞에 있는 명사가 사람이 아니므로 [which]가 쓰였으며, [that]으로 바꿔 쓸 수 있다.

　– 관계대명사 [which] 다음에 주어 [many students]가 바로 보이며, 동사 [like]의 목적어가 빠져 있으므로 목적격이다.

- This is the house **which** I used to live in.

　– 앞에 있는 명사가 사람이 아니므로 [which]가 쓰였으며, [that]으로 바꿔 쓸 수 있다.

　– 관계대명사 [which] 다음에 주어 [I]가 바로 보이며, 전치사 [in]의 목적어가 빠져 있으므로 목적격이다.

✏️ 관계대명사 [whom]에게 고마워 하자

[who]는 앞에 있는 명사가 사람이라는 정보는 제공하지만, 주격인지 목적격인지 파악하기 위해서는 뒤에 무엇이 빠져 있는지 확인해야 한다. 하지만 [whom]은 앞에 있는 명사가 사람이면서 목적격이라는 것을 곧바로 알 수 있게 해 준다. [whom]에서 끝에 있는 알파벳 [m]을 보자. [m]은 한글로 [ㅁ]에 해당된다. 이 부분에 힌트를 얻어 [목적격]이라고 판단해 보면 어떨까?

목적격이라는 정보

whom   m = ㅁ → **목적격**

앞에 명사가 사람이라는 정보

주의! [who]는 주격, 목적격에 모두 사용되지만, [whom]은 자신이 목적격이라는 것을 분명히 밝히고 있으므로 주격에는 사용할 수 없고 목적격에만 사용할 수 있다.

CHAPTER

13

개념 확인 문제

A. 괄호 안에서 알맞은 것을 모두 고르시오.

1. I know a girl (who / whom / which) can play soccer well.

2. You can eat the orange (who / whom / which) is on the table.

3. I love the black cats (who / whom / which) my uncle gave to me.

4. Here are some flowers (who / whom / which) Jack sent you.

5. I want to know the name of the girl (who / whom / which) I met yesterday.

B. 빈칸에 알맞은 관계대명사를 쓰시오.

1. Mr. Kim is the teacher _____ I like most.

2. Mr. Kim is the teacher _____ is nice to all students.

3. The teacher _____ I respect is Mr. Brown.

4. This is the bag _____ my mom bought for me.

5. I know a girl _____ can speak five languages.

6. The hamburger _____ I ate for lunch was really terrible.

7. Look at the boy and his dog _____ are walking together.

Concept 080 관계대명사의 주격, 목적격 2

① 주격 관계대명사의 경우 선행사와 동사의 수는 반드시 일치되어야 한다

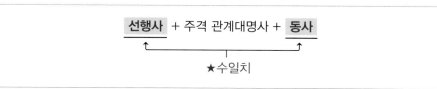

선행사 + 주격 관계대명사 + 동사

★수일치

➡ 선행사가 단수면 동사도 단수, 선행사가 복수면 동사도 복수

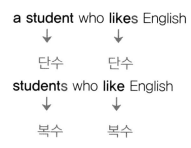

a student who likes English
↓ ↓
단수 단수

students who like English
↓ ↓
복수 복수

② [주어 + 관계대명사 ~~~~~ + 동사]에서 주어와 동사의 수 일치를 확인하자

(1) 문장의 주어가 관계대명사에 의해 수식을 받을 수 있다. 왜냐하면 주어가 될 수 있는 품사가 명사이기 때문에 명사를 수식하는 관계대명사 절이 뒤에 이어질 수 있다.

(2) 이럴 경우 주어와 동사가 멀리 떨어지게 되어, 주어와 동사의 수를 일치시키기 어려워진다. 각종 시험에서 자주 출제되는 부분이며, 책의 후반부인 수 일치 편에서 다시 한번 다룰 것이다.

> • The door which was broken by my little brother hasn't been repaired yet.
>   ↓   ↓
> 주어 (단수)   동사 (단수)
> 남동생에 의해 망가졌던 문이 아직 수리되지 않았다.
>
> • The doors which were broken by my little brother haven't been repaired yet.
>   ↓   ↓
> 주어 (복수)   동사 (복수)
> 남동생에 의해 망가졌던 문들이 아직 수리되지 않았다.

CHAPTER

13

3 **[주격 관계대명사 + be동사]는 덩어리로 생략이 가능하다**

(1) 생략하고 나면 대부분 현재분사 혹은 과거분사가 남는다.

(2) 절대로 be동사 없이 주격 관계대명사만 홀로 생략할 수 없다.

> • Look at the girl **(who is)** playing the piano. 피아노를 치고 있는 소녀를 보아라.
> ↳ 현재분사가 남았다.
> • I bought a book **(which was)** written in easy English.
> ↳ 과거분사가 남았다.
> 나는 쉬운 영어로 쓰여진 책을 한 권 샀다.

📖 **최상위로 가는 비법 노트**

✎ **[주격 관계대명사 + be동사]를 왜 생략할까?**

분사는 형용사이다. 관계대명사 또한 형용사이다. 분사와 관계대명사가 모두 형용사이기 때문에 앞에 있는 명사를 수식하는 같은 역할을 한다면, 분사 앞에 굳이 [주격 관계대명사 + be동사]를 남겨 놓을 필요가 있을까? 그래서 생략하는 것이다.

4 **목적격 관계대명사는 홀로 생략이 가능하다**

(1) 타동사의 목적어가 빠져 있는 경우

> • This is the book **(that)** I bought yesterday. 이것은 내가 어제 산 책이다.

(2) 전치사의 목적어가 빠져 있는 경우

> • You are the person **(whom)** I have been looking for.
> 당신이 제가 계속해서 찾고 있던 사람입니다.

📖 **최상위로 가는 비법 노트**

목적격 관계대명사가 생략되고 나면, 다음과 같은 구조가 된다. 문장을 해석할 때 아주 도움이 되므로 많은 예문을 통해서 구조에 익숙해져야 한다.

명사 + 주어 + 동사 ~   • the book I bought yesterday

명사 (어떤 명사?) 주어가 동사 하는   책 (어떤 책?) 내가 어제 산

개념 확인 문제

A. 괄호 안에서 알맞은 것을 고르시오.

1. This is the girl who (is / are) a famous golfer in Korea.

2. I bought a novel which (was / were) written by Dan Brown.

3. They have a house that (has / have) a nice view.

4. I don't like the movies which (has / have) sad endings.

5. Children who (play / plays) with fire (is / are) more likely to get burned.

B. 다음 중 생략할 수 있는 것을 괄호로 묶으시오.

1. Look at the boy who is standing next to his mother.

2. This is the book which I bought yesterday.

3. The girl who is playing the piano is my sister.

4. This is the woman whom we saw last night.

5. This is the house which he lives in.

6. The movie that we watched yesterday was very interesting.

7. These are the pictures which were painted by Jane.

8. English is the language which is used all over the world.

Concept 081 관계대명사로 문장 연결하기

① 관계대명사 주격의 경우

(1) 두 문장에서 중복되는 말을 찾는다.

> • Do you know **the boy**? **He** is dancing on the stage.

(2) 두 번째 문장의 중복되는 말이 사람이면 [who], 사람이 아니면 [which]로 바꾼다.

> • Do you know **the boy**? **who** is dancing on the stage.

(3) 첫 번째 문장의 문장부호를 사용한다.

> • Do you know **the boy who** is dancing on the stage?

주의!! 첫 번째 문장의 중복되는 말이 주어인 경우 매우 조심하자!

(1) 두 문장에서 중복되는 말을 찾는다.

> • **The girl** is looking at you. **She** is wearing a blue dress.

(2) 두 번째 문장의 중복되는 말이 사람이면 [who], 사람이 아니면 [which]로 바꾼다.
  * 사람이든 아니든 모두 that으로 바꿀 수 있다.

> • **The girl** is looking at you. **who** is wearing a blue dress.

(3) 두 번째 문장 전체를 첫 번째 문장의 중복되는 말 바로 뒤에 연결한다.

> • **The girl who is wearing a blue dress** is looking at you.
> 파란색 드레스를 입고 있는 소녀가 너를 보고 있어.

② 관계대명사 목적격의 경우

(1) 두 문장에서 중복되는 말을 찾는다.

> • This is **the man**. I met **him** at the bus stop.

(2) 두 번째 문장의 중복되는 말이 사람이면 who, 사람이 아니면 which로 바꾼다.

> • This is **the man**. I met **who(m)** at the bus stop.

(3) 바꾼 관계대명사를 두 번째 문장의 맨 앞으로 보낸다.

> • This is **the man**. **who(m)** I met at the bus stop.

(4) 문장부호는 첫 번째 문장부호를 사용한다.

> • This is **the man who(m)** I met at the bus stop.

주의!! 첫 번째 문장의 중복되는 말이 주어인 경우 매우 조심하자!

(1) 두 문장에서 중복되는 말을 찾는다.

> • **The steak** was great. I ate **it** at this restaurant.

(2) 두 번째 문장의 중복되는 말이 사람이면 who, 사람이 아니면 which로 바꾼다.
  * 사람이든 아니든 모두 that으로 바꿀 수도 있다.

> • **The steak** was great. I ate **which** at this restaurant.

(3) 바꾼 관계대명사를 두 번째 문장의 맨 앞으로 보낸다.

> • **The steak** was great. **which** I ate at this restaurant.

(4) 두 번째 문장 전체를 첫 번째 문장의 중복되는 말 바로 뒤에 연결한다.

> • **The steak which I ate at this restaurant** was great.
> 내가 이 식당에서 먹었던 스테이크는 맛있었다.

✍ 두 문장을 관계대명사를 사용하여 한 문장으로 연결하시오.

1. She painted a mother. The mother was looking at her daughter.

→ _____

2. This is the book. Many people want to read it.

→ _____

3. I'd like to live in a house. It has a fine view.

→ _____

4. The steak was great. I ate it at the restaurant.

→ _____

5. The meeting was canceled. I was interested in the meeting.

→ _____

6. The boy is my best friend. He is singing on the stage.

→ _____

7. The rumor wasn't true. I told you the rumor last night.

→ _____

8. The girl lives next door. I saw her at the park this morning.

→ _____

Concept 082 관계대명사의 소유격

① 소유격 관계대명사는 관계대명사 다음에 관사 없는 명사가 보인다 (예외 있음)

(1) 앞에 있는 명사가 사람이든 아니든 상관없이 [whose]를 쓴다.

(2) 소유격 관계대명사 다음에는 주로 관사나 소유격이 없는 상태의 명사가 나오게 되며, [명사가 ~인]이라고 해석이 된다.

> • Look at the house **whose** roof is red. 지붕이 빨간 색인 집을 봐라.
>   → 명사 [roof] 앞에 관사나 소유격이 없는 상태이며, [지붕이 빨간 색인]이라고 해석되고 있다.
> • I know a boy **whose** brother is a famous singer. 나는 형이 유명한 가수인 소년을 안다.
>   → 명사 [brother] 앞에 관사나 소유격이 없는 상태이며, [형이 유명한 가수인]이라고 해석되고 있다.

📓 최상위로 가는 비법 노트

소유격 관계대명사의 경우 앞에 명사가 사람이 아닌 경우 [of which]를 쓰는 경우도 있으나 현대 영어에서는 [whose]를 사용한다. 독해 지문에서는 소유격 관계대명사가 [of which]로 사용된 경우를 만날수 있는데 당황할 이유가 없다. 관계대명사는 앞에 전치사가 있다하더라도 혹은 그것이 소유격 관계대명사라고 하더라도 여전히 앞에 있는 명사를 구체적으로 설명한다는 것은 변하지 않는다.

② 관계대명사를 사용하여 두 문장을 한 문장으로 연결하기

(1) 특별히 중복되는 말이 보이지 않을 수 있다.

(2) 두 번째 문장이 [소유격 + 명사]로 시작하는 경우가 많다.

(3) [소유격 + 명사]에서 소유격을 [whose]로 바꾼다.

(4) 두 번째 문장 전체를 의미상으로 연결된 명사 뒤에 붙인다.

> • Look at **the mountain**. + **Its top** is covered with snow.
>   → Look at the mountain whose top is covered with snow.
>   꼭대기가 눈으로 덮여 있는 산을 봐라.

A. 괄호 안에서 알맞은 것을 고르시오.

1. Look at the house (which / whose) roof is blue.

2. English is the subject (which / whose) I am interested in.

3. I have a friend (who / whose) mother is a famous actor.

4. I have a twin sister (who / whose) personality is totally different.

B. 빈칸에 알맞은 관계대명사를 쓰시오.

1. He bought a book _____ cover is black.

2. Mr. Kim is the teacher _____ hobby is swimming.

3. I like the person _____ looks on the bright side of things.

4. I want to buy the table _____ legs are very long.

C. 두 문장을 관계대명사를 사용하여 한 문장으로 연결하시오.

1. He has a sister. Her eyes are blue.

→ _____

2. I met a boy. His name is the same as mine.

→ _____

3. I need a table. Its color matches the wall.

→ _____

4. I read a story about a woman. Her life was saved by her dog.

→ _____

Concept 083 관계대명사의 계속적 용법

1 관계대명사의 두 가지 용법

(1) 제한적 용법: 관계대명사 앞에 콤마(,)가 없으며, 앞에 있는 명사의 범위를 제한한다.

(2) 계속적 용법: 관계대명사 앞에 콤마(,)가 있으며, 앞에 있는 명사에 대한 추가적인 정보를
제공한다. 앞에 있는 명사는 고유명사와 같이 범위를 제한할 필요가 없는 말이 주로 나온다.

> • I have a son **who** is a pianist. 나는 피아니스트인 아들이 한 명 있다.
> ↳ 아들이 두 명 이상일 수 있고, 그 아들 중에 피아니스트인 아들이 한 명 있다는 의미이다. 아들이 두
> 명이기 때문에 그중에 한 명으로 범위를 제한하는 것이다.
> • I have a son ⟨,⟩ **who** is a pianist. 나는 아들이 한 명 있는데, 그 아들이 피아니스트이다.
> ↳ 아들이 한 명 밖에 없고, 그 한 명인 아들이 피아니스트라는 의미이다. 아들이 한 명이니 범위를 제한
> 할 필요가 없다. 따라서 계속적 용법을 사용했다.
> • Barcelona is famous for La Sagrada Familia, **which** was built by Antonio
> Gaudi. 바르셀로나는 사그라다 파밀리아로 유명한데, 그것은 안토니오 가우디에 의해서 건설되었다.

📋 최상위로 가는 비법 노트

사그라다 파밀리아(La Sagrada Familia)는 스페인의 바르셀로나에 있는 성당으로 전 세계에 하나밖에
없다. 고유명사이며 굳이 범위를 제한할 필요가 없으므로 계속적 용법으로 사용되었다.

2 계속적 용법은 앞에 있는 명사뿐만 아니라 명사구, 명사절, 앞 문장 전체를 선행사로 받을 수 있다

> • He said nothing **which** made me angry. 그는 나를 화나게 하는 어떤 말도 하지 않았다.
> ↳ 그가 나를 화나게 하는 어떤 말도 하지 않았다는 의미
> • He said nothing ⟨,⟩ **which** made me angry.
> 앞 문장 전체가 선행사   ↳ 그가 아무 말도 하지 않았고, 그것이 나를 화나게 했다는 의미
> 그는 아무 말도 하지 않았다. 그런데 그것이 나를 화나게 했다.

관계대명사가 제한적 용법인지 계속적 용법인지를 판단하는 것은 콤마(,)가 있는지 없는지만 보면 되기 때문에 아주 단순하고 쉽다. 하지만 의미 파악은 결코 만만치 않으니 다양한 예문을 통해서 그 차이를 느껴야 한다.

③ 계속적 용법은 앞에서부터 순차적으로 해석한다

(1) 선행사가 사람일 경우: 그런데/하지만 그 사람은

(2) 이외의 경우: 그런데/하지만 그것은

- I like my homeroom teacher, **who** is always kind to me.
  나는 나의 담임 선생님을 좋아한다. 그런데 담임 선생님은 나에게 항상 친절하다.
- My grandfather passed away, **which** makes me sad.
  나의 할아버지께서 돌아가셨다. 그런데 그것이 나를 슬프게 한다.

개념 확인 문제

A. 다음 괄호 안에서 알맞은 말을 고르시오.

1. I like Julie, [who / which / that] is popular in my school.

2. This is the new library, [who / which] just opened last month.

3. The person I respect most is Yi Sunsin, [who / which] invented geobukseon.

4. Mr. Kim's dogs bark a lot at night, [who / which / that] really makes me angry.

B. 다음 중 어법상 <u>어색한</u> 부분을 바르게 고치시오.

1. I respect my teacher, that always listens to me.

2. This is the house, that she lives in.

CHAPTER

13

관계대명사 that

① **관계대명사 that의 경우 다음 사항에 주의하자**

(1) 앞의 명사가 사람이든 사람이 아니든 상관없이 사용한다.

(2) 주격이든 목적격이든 상관없이 사용한다.

(3) 선행사가 사람과 사람이 아닌 것이 동시에 나왔을 때 사용한다.

> • Look at **the boy and his dog that** are playing with a ball.
> ↳ 선행사

📝 최상위로 가는 비법 노트

✏️ 관계대명사 who를 써야 할까? which를 써야 할까?

위의 문장에서 선행사(앞에 있는 명사)는 [the boy and his dog]이다. [the boy]는 사람이니까 관계대명사 [who]를 써야 할 것 같고, [his dog]은 사람이 아니니까 [which]를 써야 할 것 같다. 만약에 [who]를 쓰면 [his dog]이 기분 나쁠 것 같고, [which]를 쓰자니 [the boy]가 기분 나쁠 것 같다. 둘 모두의 기분을 상하게 하지 않으면서 문법적으로 틀리지 않을 수 없을까? 우리에겐 [that]이 있다. 관계대명사 [that]은 선행사가 사람이든 사람이 아니든 쓸 수 있다. 따라서 [the boy]와 [his dog] 모두를 기분 상하게 하지 않으면서 문법적으로도 틀리지 않을 수 있는 것이다.

(4) 선행사 앞에 최상급, 서수, the only, the very, the same, all, no, every, any 등이 올 때 주로 사용한다.

> • This is **the most beautiful building that** I have ever seen.
> ↳ 최상급
> • Schoolwork is not **the only way that** students learn.

(5) 관계대명사 that은 계속적 용법으로 사용할 수 없다. → ~ , that (X)

> • This book is about King Sejong, **that** invented Hangeul. (X)

(6) 관계대명사 that 앞에 전치사를 쓸 수 없다. → 전치사 + that (X)

> • Do you know the man with **that** she is talking? (X)

② 관계대명사 that과 접속사 that의 차이는?

(1) 관계대명사 that: 형용사이므로 앞에 명사가 있으며, that 다음이 불완전하다.

(2) 접속사 that: 대부분 동사나 [be동사+형용사]가 앞에 있으며, that 다음이 완전하다.

> • It is true **that** he is honest.
>   be동사 + 형용사 　　완전한 문장
> • Look at the boy **that** is sleeping under the tree.
>   　　명사 　　　　　주어가 빠진 불완전한 문장
> • I think **that** he is honest.
>   　동사 　　　완전한 문장

📓 최상위로 가는 비법 노트

✎ that의 다양한 쓰임

지금까지 살펴보았던 [that]이 사용되는 경우를 정리해 보자. 관계대명사 [that]이 시험 범위에 포함되는 경우 아주 어려운 시험 문제로 출제되는 부분이니 만점에 도전하는 학생들은 꼭 극복해 보자.

1. **지시대명사 that**: [저것]이라고 해석되며, 주로 주어 또는 목적어로 쓰인다.

   That is my pen.

2. **지시형용사 that** [저]라고 해석되며, 뒤에 명사가 나온다.

   That pen is mine.
   저 펜

3. **접속사 that**

   I think **that** he is kind.
   　　　 ↓　　 ↳ 완전한 문장이 연결되었음.
   　　동사 다음에 있고

최상위로 가는 비법 노트

> ※이걸 한번 보자. 제일 혼동되는 부분이니 눈 크게 뜨고 봐야 한다.
>
> • I think **that** pen is mine.
> > ↳ 접속사 that이 아니라 뒤에 있는 명사 pen을 수식하는 지시형용사이다.
>
> 만약에 [that]다음에 관사(a/an/the)나 소유격(my/his/her 등)이 없이 명사가 나온 경우는 지시형용사인지 강하게 의심해 보고, [that]이 [저 또는 그]라고 해석이 되면 지시형용사라고 판단해야 한다. 위 문장에서는 [that] 다음에 명사인 [pen]이 관사나 소유격 없이 나왔으며, [저 펜] 또는 [그 펜]이라고 자연스럽게 해석되기 때문에 지시형용사로 구분한다는 것이다.

4. 관계대명사 that

Look at the boy **that** is reading a book.
> ↳ 앞에 명사가 있고, 뒤에 주어가 빠져 있으므로 관계대명사이다.

개념 확인 문제

A. 어법상 어색한 부분을 바르게 고치시오.

1. Is there anything which I can do for you?

2. He was the first boy who solved the puzzle.

3. It was the most interesting experience which I've ever had.

4. My family went to the Eiffel Tower, that is famous for its beauty.

5. Look at the girl and her dog which are playing with a ball in the park.

B. 밑줄 친 that의 용법을 괄호 안에서 고르시오.

1. Do you think that you can do it?　　　　　　　　(접속사 / 관계대명사)

2. A doctor is a person that takes care of sick people.　　(접속사 / 관계대명사)

3. I am not sure that it will snow on Christmas.　　(접속사 / 관계대명사)

4. You are the only person that I can trust.　　　(접속사 / 관계대명사)

Concept 085 관계대명사 what

① 관계대명사 what

(1) 선행사와 관계대명사가 포함된 **명사절**이다.

→ the thing(s) which(that) = what

- This is **the thing.** I bought **the thing** yesterday.
  = This is **the thing which[that]** I bought yesterday.
  = This is **the thing** I bought yesterday. (관계대명사는 목적격이므로 생략되었음)
  = This is **what** I bought yesterday.

(2) [~하는 것]으로 해석된다.

(3) 관계대명사 [what]은 형용사절이 아니라 명사절이므로 주어, 보어, 목적어가 된다.

- 주어: **What I said** is true. **내가 말한 것은** 사실이다.
- 보어: This is exactly **what I want.** 이것은 정확하게 **내가 원하는 것이다.**
- 목적어: I can't understand **what you are saying.** 나는 **네가 말하는 것을** 이해할 수 없다.

(4) 선행사를 포함하고 있어 [what] 앞에는 명사가 오면 안 된다.

② 관계대명사 what과 관계대명사 that, which의 구별 * 선행사의 유무로 판단

(1) [what] 앞에는 선행사가 있어서는 안 된다.

(2) [that]과 [which] 앞에는 선행사가 있어야만 한다. 단, 인칭대명사는 선행사가 될 수 없다.

- Mom is reading **a poem what** my sister wrote. (X)
  ↳ 관계대명사 [what] 앞에 선행사가 있으면 안 된다.
- Mom is reading **which[that]** my sister wrote. (X)
  ↳ 관계대명사 [which[that]] 앞에 선행사가 없으면 안 된다.
- Mom is reading **a poem which[that]** my sister wrote.
  엄마는 여동생이 쓴 시를 읽고 계신다.
- Give me **what** you have in your hand. 너의 손에 있는 것을 나에게 줘라.
  ↳ 인칭대명사는 선행사가 아니다. 대명사는 명사를 대신하는 것이므로 굳이 설명을 할 필요가 없다.

③ 관계대명사 what과 의문사 what의 구별

(1) 관계대명사 what

→ 다른 문장의 일부(주어, 목적어, 보어)가 되면서 [~것]이라고 해석되며, 주어나 목적어가 빠져 있는 불완전한 절이다.

(2) 의문사 what: 의문문을 만들면서 [무엇]이라고 해석된다.

　① 특히 문장의 동사가 [궁금증 해결]과 관련되어 있는 동사인지 확인한다.

　② 궁금증 해결 관련 동사: ask, wonder, want to know 등

> • 의문사: **What** are you doing? 무엇을 하고 있는 중이니?
> • 의문사: Do you know **what** he will say? 그가 뭐라고 말할지 아니?
> • 관계대명사: Listen carefully to **what** he will say. 그가 말하려는 것을 주의 깊게 들어라.

📝 최상위로 가는 비법 노트

그런데 왜 자꾸 의문사과 관계사를 구별하라고 할까? [what]이 의문사로 사용되기도 하고, 관계사로도 사용되기도 해서 시험 문제로 출제하기 딱 좋기 때문이다. 그런데 [관계대명사 what]과 [의문사 what]을 구별하는 것은 너무나도 애매하여 시험에서 출제될 부분은 아니라고 생각한다. 하지만 출제가 되기 때문에 정리를 해 두자.

일반적으로 [관계대명사 what]은 [~것]으로 해석되고, [의문사 what]은 [무엇]으로 해석이 되는데, 어떤 [what]은 두 가지 모두로 해석되는 경우가 있다. 그럼 어쩌란 말인가?

1. 명확하게 [무엇]이라고만 해석되면 의문사, [~것]이라고만 해석되면 관계대명사이다.

2. 문장의 동사를 확인해서, [궁금증 해결]과 관련되어 있다면 그다음에 사용된 [what]은 의문사이다. 의문사라는 것이 원래 궁금해서 물어보려고 하는 것이기 때문이다.

• Give me **what** you have in your pocket. 너의 주머니에 가지고 있는 것을 나에게 줘.

　→ [~것]으로만 해석된다. 따라서 관계대명사이다.

• She asked me **what** his name was. 그녀는 나에게 그의 이름이 무엇인지 물었다.

　→ [무엇]으로만 해석된다. 따라서 의문사이다.

• I don't know **what** he is doing.

　→ 둘 다 해석이 가능하다. 하지만 [그가 무엇을 하고 있는지] 혹은 [그가 하고 있는 것]을 단순히 **모른다는 것**을 표현하는 문장이므로 [궁금증 해결]과 관련이 없으므로 여기서 [what]은 관계대명사로 보는 것이 맞다.

• I want to know **what** he is doing.

　→ 둘 다 해석이 가능하다. 하지만 [그가 무엇을 하고 있는지] 혹은 [그가 하고 있는 것]을 **알고 싶다는 것**을 표현하는 문장이므로 [궁금증 해결]과 관련이 있다. 따라서 여기서 [what]은 의문사로 보는 것이 맞다.

개념 확인 문제

A. 괄호 안에서 알맞은 것을 고르시오.

1. (That / What) she said is true.

2. That's not (what / which) I want to have.

3. I can't understand (that / what) you are talking about.

4. Please show me (that / what) you have in your bag.

B. 빈칸에 that이나 what 중 알맞은 것을 쓰시오.

1. I don't agree with _____ you said.

2. This is the only hint _____ I can give you.

3. This is the most exciting place _____ I have ever visited.

4. _____ she said yesterday turned out false.

5. I can remember everything _____ happened last summer.

6. You are the only person _____ really knows me.

7. This is _____ I am looking for.

8. He told me about _____ he saw.

9. I can't believe _____ you said to me.

10. He is the person who gives me _____ I want.

관계부사

1 관계부사는 뭔가 빠진 것이 없는 형용사이다

(1) 선행사(시간, 장소, 이유, 방법)에 따라 관계부사의 종류가 결정된다.

(2) 관계대명사와는 달리 관계부사 다음에는 완전한 문장이 연결된다.

선행사	관계부사	전치사 + 관계대명사
시간 (the time)	when	in/at/on + which S V
장소 (the place)	where	in/at/on + which S V
이유 (the reason)	why	for + which S V
방법 (the way)	how	in + which S V

주의! [the way]와 [how]는 함께 사용할 수 없다.

- I still remember **the day when** I first met you.
  ↳ 선행사가 시간(the day) 명사이며, 관계부사 [when] 다음에 완전한 문장이 연결되었다.

  저는 제가 당신을 처음 만날 날을 여전히 기억해요.

- This is **the house where** I was born. 이것은 내가 태어난 집이다.
  ↳ 선행사가 장소(the place) 명사이며, 관계부사 [where] 다음에 완전한 문장이 연결되었다.

- Do you know **the reason why** she is crying? 그녀가 울고 있는 이유를 아니?
  ↳ 선행사가 이유(the reason) 명사이며, 관계부사 [why] 다음에 완전한 문장이 연결되었다.

- Can you explain **how** you solved the problem?

  어떻게 그 문제를 풀었는지 설명해줄 수 있니?

- * Can you explain **the way how** you solved the problem? (X)
  ↳ [the way]와 [how]는 함께 사용할 수 없다.

② **선행사가 장소, 시간, 이유, 방법이라고 무조건 관계부사를 써서는 안 된다**

(1) 관계대명사 다음에는 불완전한 문장이, 관계부사 다음에는 완전한 문장이 연결된다.

(2) 선행사만 보고 판단하지 말고 어떤 문장이 연결되었는지 반드시 확인하자.

> • This is the house **which[that]** I bought last year.
>   관계대명사   ↳ [bought]의 목적어가 빠진 불완전한 문장
>
> • This is the house **where** I lived last year.
>   관계부사   ↳ 빠진 것이 없는 완전한 문장

 최상위로 가는 비법 노트

✎ 관계대명사와 관계부사의 차이

관계대명사와 동일하게 관계부사도 앞에 있는 명사를 구체적으로 설명하는 형용사이다. 다만, 두 가지 중요한 차이가 있다.

1. 선행사(앞에 있는 명사)의 종류가 다르다.
   (1) 관계대명사는 선행사가 사람인지 아닌지 구별하면 된다.
   (2) 관계부사는 선행사가 시간, 장소, 이유, 방법인지를 구별하면 된다.
   - 시간(the time): day, month, year 등 시간을 의미하는 명사
   - 장소(the place): house, city, country 등 장소를 의미하는 명사
   - 이유: the reason 하나이다.
   - 방법: the way와 how는 함께 쓰지 않는다. [the way]만 쓰거나, [how]만 쓰거나, [the way in which]로 쓰거나 셋 중에 하나이다.

2. 관계대명사 다음에는 주어, 목적어, 소유격이 빠져 있는 불완전한 형태가 연결되고, 관계부사 다음에는 어떤 것도 빠져 있지 않은 완전한 형태가 온다는 차이가 있다.

> 선행사 + 관계대명사 + 불완전한 문장
>
> 선행사 + 관계부사 + 완전한 문장

③ 관계부사를 사용하여 두 문장을 한 문장으로 연결하기

(1) 두 문장에서 중복되는 말을 찾는다.

(2) 두 번째 중복되는 말이 장소, 시간, 이유, 방법인지 확인한 뒤 which로 바꾼다.

(3) **which 앞에 있는 전치사를 함께 묶어서** 관계부사로 바꾼다.

(4) 바꾼 관계부사를 두 번째 문장 맨 앞으로 보낸다.

(5) 두 번째 문장 전체를 첫 번째 문장의 중복되는 말 바로 뒤에 연결한다.

- I can remember **the day**. + I met her on **that day**.
  → I can remember **the day**. + I met her on **which**.
  → I can remember **the day**. + I met her **when**.
  → I can remember **the day**. + **when** I met her.
  → I can remember **the day when** I met her.

  나는 내가 그녀를 만난 날을 기억할 수 있다.

---

④ 관계부사는 [전치사+관계대명사]로 바꿔 쓸 수 있다

- This is **the house**. I live in **the house**.

= This is **the house which** I live **in**. (O)	
= This **is the house in which** I live. (O)	전치사 [in]이 관계대명사를 따라갔다.
= This is **the house where** I live. (O)	[전치사 + 관계대명사]를 관계부사로 바꾸었다.
= This is **the house in where** I live. (X)	관계부사는 [전치사+ 관계대명사]로 바꿀 수 있는데 그 앞에 전치사가 또 있으면 중복이 되어서 안 된다.
= This is **the house where** I live **in**. (X)	관계부사 다음에는 완전한 문장이 연결될 뿐만 아니라, 이미 전치사 [in]은 관계부사 안에 포함되어 있다.
= This is **the house in which** I live **in**. (X)	전치사 [in]이 관계대명사 앞에 있는데, 관계대명사절 안에 중복되어 들어가 있다.
= This is **the house which** I live. (X)	관계대명사 다음에는 불완전한 문장이 연결되고, 관계부사 다음에는 완전한 문장이 연결되어야 한다.

A. 괄호 안에서 알맞은 것을 고르시오.

1. Please show me (the way how / how) you made this cake.

2. Tell me the reason (why / which) you love me.

3. I can remember the day (when / which) I first met you.

4. December is the month (when / which) comes after November.

5. Can you tell me the hospital (where / which) your daughter was born?

6. This is the house (where / which) was built by my father.

7. The town (where / which) I used to live in was by the sea.

8. This is the place in (which / where) they practice dancing and singing.

B. 다음 두 문장을 관계부사를 사용해 한 문장으로 연결하시오.

1. I visited the office. My mom works in the office.

→ _____

2. I don't like the way. He talks to me in the way.

→ _____

3. Do you know the reason? She cries for the reason.

→ _____

4. Please let me know the day. You will come to my house on the day.

→ _____

5. The town used to be calm and peaceful. I was born in the town.

→ _____

13 Review Test 학교 시험에 꼭 나오는 문제

C 079, 080, 082

1. 빈칸에 들어갈 말이 바르게 짝지어진 것은?

> • He is the boy _____ broke the vase.
>
> • I have a friend _____ mother is a teacher.
>
> • The man _____ you introduced to me was great.

① who − whom − whose

② who − whose − whom

③ whom − who − whose

④ whom − whose − who

⑤ whose − who − whom

C 083

2. 빈칸에 공통으로 들어갈 알맞은 것은?

> • My father stopped smoking a few years ago, _____ made him healthy again.
>
> • My grandparents live in a small town, _____ is surrounded by mountains.

① who   ② that   ③ which

④ when   ⑤ where

CHAPTER
13

3. 빈칸에 들어갈 말이 바르게 짝지어진 것은?

> The movies _____ were directed by Steven Spielberg _____ touching to me.

① who – was
② whom – were
③ that – was
④ which – were
⑤ whose – was

4. 빈칸에 들어갈 말로 알맞은 것은?

> This is the park _____ we visited last year.

① who
② when
③ where
④ which
⑤ whose

5. 빈칸에 들어갈 말로 알맞은 것은?

> I have a friend _____ hobby is chatting with foreign friends.

① who
② that
③ which
④ whom
⑤ whose

6. 밑줄 친 what의 쓰임이 <u>다른</u> 하나는?

① Fried chicken is <u>what</u> I like most.

② I know <u>what</u> you did last summer.

③ <u>What</u> I want to do now is to sleep.

④ <u>What</u> is your plan for the weekend?

⑤ Show me <u>what</u> you have in your pocket.

7. 밑줄 친 that의 쓰임이 <u>다른</u> 하나는?

① There is a girl <u>that</u> is riding a bike.

② Eric is the boy <u>that</u> came from Canada.

③ Susie needs a bag <u>that</u> has many pockets.

④ I think <u>that</u> is one way of saving electricity.

⑤ Kate has a brother <u>that</u> can play the violin.

8. 다음 중 어법상 옳은 것은?

① This is the machine that make coffee.

② I have a friend who he lives in Japan.

③ I know the man whom is talking to Jane.

④ Look at the boy which is wearing shorts.

⑤ The woman who is mowing the grass is my neighbor.

C 079, 080

9. 밑줄 친 부분의 쓰임이 <u>어색한</u> 것은?

① I have a dog <u>which</u> has a long tail.

② I met my cousin <u>that</u> became a doctor.

③ There is a hotel <u>which</u> has a swimming pool.

④ I found a little boy <u>who</u> was crying on the street.

⑤ My father is reading a book <u>what</u> he bought yesterday.

C 080

10. 밑줄 친 <u>that</u> 중 생략할 수 <u>없는</u> 것은?

① I have a class <u>that</u> begins at 8:30.

② This is the hairpin <u>that</u> Kate gave me.

③ The girl <u>that</u> you are looking at is Jisu.

④ The movie <u>that</u> I watched last night was interesting.

⑤ The man <u>that</u> you saw at the meeting was my teacher.

C 085

11. 빈칸에 공통으로 들어갈 말로 알맞은 것은?

> • They didn't believe _____ I said.
>
> • This is just _____ I have been looking for.

① who   ② what   ③ whom

④ which   ⑤ whose

C 086

12. 빈칸에 들어갈 말이 나머지 넷과 다른 것은?

① I don't know the time _____ he left.

② This is the city _____ my dad was born.

③ This is the restaurant _____ I met her.

④ That building is the gym _____ I used to exercise.

⑤ Beijing is the city _____ the 2008 Olympic Games were held.

C 086

13. 다음 중 어법상 옳은 것은?

① This is the house which I live.

② This is the house in where I live.

③ This is the house which I live in.

④ This is the house where I live in.

⑤ This is the house in which I live in.

C 079

14. 다음 밑줄 친 단어의 쓰임이 다른 것은?

① People who climb mountains are healthy.

② I'd like to know who painted this picture.

③ This is the girl who is the tallest in my class.

④ I know a boy who has the same name as me.

⑤ The woman who interviewed me was very friendly.

C 079, 080

15. 다음 밑줄 친 부분 중 생략할 수 <u>없는</u> 것은?

① The woman <u>who</u> I saw was Judy.

② I like the stories <u>that</u> have happy endings.

③ He is the person <u>whom</u> you have to talk to.

④ Do you know the man <u>who is</u> wearing sunglasses?

⑤ I read a poem <u>which was</u> written by Emily Dickinson.

C 081

16. 두 문장을 한 문장으로 바르게 바꾼 것은? (2개)

> The paint on the bench is still wet.
> You are sitting on the bench.

① The paint where you are sitting on the bench is still wet.

② The paint on the bench where you are sitting is still wet.

③ The paint on the bench which you are sitting is still wet.

④ The paint on the bench which you are sitting on is still wet.

⑤ The paint on the bench where you are sitting on is still wet.

C 079, 084, 085, 086

17. 다음 중 어법상 옳은 것은?

① This is the way how I study English.

② He said nothing, that made her angry.

③ Tell me the thing what you are thinking of.

④ She is the teacher who is loved by students.

⑤ This is the place in that I used to play soccer.

18. 다음 두 문장을 관계사를 사용하여 한 문장으로 바꾸시오.

(1) I know a boy.

He can speak English fluently.

→ _____

(2) This is the computer.

My uncle bought it for me.

→ _____

(3) Can you remember the place?

I parked my car in the place.

→ _____

(4) I can't understand the reason.

She was angry with me for the reason.

→ _____

(5) I will never forget the moment.

You asked me out at the moment.

→ _____

(6) I still don't know the way.

You climbed the tree in the way.

→ _____

14

가정법 과거와
가정법 과거완료

가정법이 무엇일까?

우리는 살아가면서 [만약에 ~라면]라는 말을 참 많이 사용한다.

> • 내가 부자라면…
> • 나에게 오빠가 있다면…
> • 내가 학교 다닐 때 공부를 열심히 했더라면…

어떤 마음으로 이런 말을 하게 될까? 분명 다음과 같이 생각을 하거나 했을 것이다.

> • 나는 지금 부자가 아닌데, 부자이면 좋겠다.
> • 나에게 지금 오빠가 없는데, 있으면 좋겠다.
> • 나는 학교 다닐 때 공부를 열심히 하지 않았는데, 공부를 열심히 했더라면 좋았겠다.

이처럼, [만약에 ~라면]이란 표현은 실제 사실과 다른 이야기를 할 때 사용하며, 가정법은 실제 사실과 다른 이야기를 하려고 할 때 사용하는 문장의 형태이다. 실제 사실과 다른 이야기를 하기 때문에 문장의 형태가 매우 독특하다. 영어 문장으로 보자.

> • 내가 부자라면,… * 동사의 형태는 과거인데, 의미는 현재임.
>   → If I **were** rich,…
> • 나에게 오빠가 있다면… * 동사의 형태는 과거인데, 의미는 현재임.
>   → If I **had** a brother…
> • 학교 다닐 때 공부를 열심히 했더라면,… * 동사의 형태는 과거완료인데, 의미는 과거임.
>   → If I **had studied** hard when I was a student,…

예문에서 보듯이 가정법은 동사의 형태와 의미하는 것이 다르다. 이 차이를 이해하는 것이 가정법의 핵심이다.

가정법 과거와 가정법 과거완료

가정법은 형태와 의미가 다르다

① 가정법 과거는 현재사실과 반대되거나 실현 불가능한 일을 표현한다

(1) 형태

| If | 주어 | 동사의 과거형, | 주어 | would / could 동사원형 |

① if절의 be동사는 인칭이나 수에 상관없이 **[were]**를 쓰는 것이 원칙이다. 하지만, 구어체에서는 [was]도 많이 사용한다.

② 가정법 주절에서 조동사 [would / could]는 필수다. 이것만 보고도 가정법 과거임을 알 수 있게 된다.

(2) 의미: 형태는 과거이지만 의미는 현재이다.

(3) 해석: 만약 ~한다면, ~할 텐데…

> • If I **knew** her number, I **would call** her.
> 내가 그녀의 전화번호를 안다면, 나는 그녀에게 전화할 텐데….
> ➜ 나는 지금 그녀의 전화번호를 모르기 때문에, 그녀에게 전화를 못 한다는 의미

📝 최상위로 가는 비법 노트

가정법 과거는 동사의 형태가 과거이므로 가정법 과거라고 부른다. 하지만 실제 의미는 현재라는 것을 꼭 기억하자.

• If I **knew** her number, I **would call** her.

동사의 형태가 모두 과거형으로 되어 있다. 따라서 [가정법 과거]이고, 의미는 [현재]이다. 또한 가정법 과거는 현재 사실과 다른 이야기를 한다. 그래서 [만약에 내가 그녀의 전화번호를 안다면, 그녀에게 전화할 텐데…]로 해석하지만 실제로는 [내가 지금 그녀의 전화번호를 몰라서, 그녀에게 전화를 못 한다.]는 의미이다.

- If I **were** a bird, I **could fly** to you right now. ↴

  동사는 과거형이지만 실제 의미가 현재이므로 현재를 의미하는 시간표시부사구와 잘 어울림.

  내가 새라면, 나는 지금 당신에게 날아갈 수 있을 텐데….

  → 나는 새가 아니라서, 나는 지금 당신에게 날아갈 수 없다는 의미

📋 **최상위로 가는 비법 노트**

✎ **단순조건문과 가정법 과거의 차이**

1. 단순 조건문 (가정법 현재): If 절의 상황이 그럴 수도 있고 아닐 수도 있는 경우
- If it **is** fine, I **will go** hiking. 날씨가 좋다면, 나는 하이킹을 갈 것이다.

단순 조건문의 형태로 되어 있으므로 날씨가 좋을지 좋지 않을지는 확실히 알 수 없지만, 실제 날씨가 좋다면 하이킹을 가겠다는 의미이다.

2. 가정법 과거: If 절의 상황이 현재사실과 반대이거나 실현 불가능한 경우
- If it **were** fine, I **would go** hiking. 날씨가 좋다면, 나는 하이킹을 갈 텐데.

가정법 과거의 형태로 되어 있으므로 현재사실과 반대의 이야기를 하는 것이다. 즉, 날씨가 좋을 수도 안 좋을 수도 있는 것이 아니라 지금 현재는 분명 날씨가 안 좋아서 하이킹을 갈 수 없는 상황이다. 이런 얄미운 날씨를 보며 [날씨가 좋으면…]이라고 가정해 보는 것이다.

② **가정법 과거완료는 과거 사실과 반대되는 일을 표현한다**

(1) 형태

| If | 주어 | had pp, | 주어 | would / could have p.p. |

(2) 의미: 형태는 과거완료이지만 의미는 과거이다.

(3) 해석: 만약 ~했다면, ~했을 텐데

- If I **had known** her number, I **would have called** her.

  내가 그녀의 전화번호를 알았다면, 나는 그녀에게 전화했을 텐데….

  → 그녀의 전화번호를 몰랐기 때문에, 그녀에게 전화를 못 했다는 의미

가정법 과거완료는 동사의 형태가 과거완료이므로 [가정법 과거완료]라고 한다. 하지만 실제 의미는 [과거]라는 것을 꼭 기억하자.

• If I **had known** her number, I **would have called** her.

If절의 동사의 형태가 과거완료이다. 주절의 동사 형태는 [would have p.p.]이다. 원래는 여기에도 과거완료 [had p.p.]가 들어가야 하는데 조동사의 과거형이 앞에 있어 [조동사 과거형 + have + p.p.]가 된 것이다. 동사의 형태가 이러하다면 [가정법 과거완료]이고, 의미는 [과거]이다. 또한 가정법은 사실과 다른 이야기를 하기 때문에, 가정법 과거완료는 과거사실과 다른 이야기를 한다고 이해하면 된다. 그래서 [만약에 내가 그녀의 전화번호를 알았다면, 그녀에게 전화했을 텐데…]로 해석하지만 실제로는 [내가 그녀의 전화번호를 몰라서, 그녀에게 전화를 못 했다.]는 의미인 것이다.

가정법은 늘 형태와 의미가 다르다는 것, 그리고 사실과 다른 이야기를 한다는 것을 다시 한번 더 강조한다.

• If I **had been** a bird, I **could have flied** to you then.
내가 새였다면, 내가 그때 당신에게 날아갈 수 있었을 텐데….
→ 새가 아니었기 때문에, 그때 당신에게 날아갈 수 없었다는 의미

개념 확인 문제

✍ 다음 괄호 안에서 알맞은 것을 고르시오.

1. If I (am / were) you, I wouldn't do that.

2. If I (have / had) wings, I could fly to you.

3. If I had dressed warmly, I wouldn't (catch / have caught) a cold.

4. If I had more time, we (can / could) see each other more often.

5. If you (made / had made) a reservation, I wouldn't have waited that long.

6. If you (woke / had woken) me up early, I wouldn't have been late for school.

7. If I won the lottery, I (will / would) buy a new house for my parents.

8. If you had been more careful, you wouldn't (drop / have dropped) the camera.

9. If mom had bought me an electronic dictionary, I could (pass / have passed) the English test.

Concept 089 가정법을 직설법으로 전환하기

1 가정법 과거를 직설법으로 바꾸기

(1) 가정법 과거는 형태가 과거일 뿐, 의미는 **현재 사실의 반대**이므로

(2) 사실 그대로를 말하는 직설법으로 바꿀 때는 동사를 현재시제로 바꾸고,

(3) 긍정을 부정으로, 부정을 긍정으로 바꾼다.

- **If I had** more time, I **could travel** more often.

  내가 시간이 좀 더 있다면, 나는 좀 더 자주 여행을 할 수 있을 텐데.

  = **As I don't have** more time, I **can't travel** more often.

  나는 좀 더 시간이 없으므로, 나는 좀 더 자주 여행을 할 수 없다.

  = I **don't have** more time, **so** I **can't travel** more often.

  나는 좀 더 시간이 없어서 좀 더 자주 여행을 할 수 없다.

📒 최상위로 가는 비법 노트

[If]가 사용된 문장에서 동사를 보니 [had]와 [could travel]이 보인다. 특히 조동사의 과거형인 [could]가 있는 것으로 보아 [가정법 과거]가 확실해 보인다. 가정법 과거는 현재사실과 반대이므로 사실 그대로를 말하는 직설법으로 바꿀 때는 동사의 시제를 과거에서 현재로 바꾸면서, 긍정이므로 부정으로 바꾸어야 한다.

2 가정법 과거완료를 직설법으로 바꾸기

(1) 가정법 과거완료는 형태가 과거완료일 뿐, 의미는 과거 사실의 반대이므로

(2) 사실 그대로를 말하는 직설법으로 바꿀 때는 동사를 과거 시제로 바꾸고,

(3) 긍정을 부정으로, 부정을 긍정으로 바꾼다.

CHAPTER

14

- If he **had practiced** more, he **could have passed** the audition.

  그가 좀 더 연습했다면, 그는 오디션에 통과했을 텐데.

  = **As** he **didn't practice** more, he **couldn't pass** the audition.

  그가 좀 더 연습하지 않았기 때문에, 그는 오디션에 통과할 수 없었다.

  = He **didn't practice** more, **so** he **couldn't pass** the audition.

  그는 좀 더 연습하지 않아서 오디션에 통과할 수 없었다.

📓 최상위로 가는 비법 노트

[If]가 사용된 문장에서 동사를 보니 [had practiced]와 [could have passed]가 보이므로 [가정법 과거완료]가 확실하다. 가정법 과거완료는 과거사실과 반대이므로 사실 그대로를 말하는 직설법으로 바꿀 때는 동사의 시제를 모두 과거완료에서 과거로 바꾸면서, 긍정이므로 부정으로 바꾸어야 한다.

A. 두 문장이 같은 뜻이 되도록 빈칸에 알맞은 말을 쓰시오.

1. If I had wings, I could fly to you.

= As I _____ , I _____ to you.

2. If you had come earlier, you could have met the boss.

= As you _____ earlier, you_____ the boss.

3. If she listened to others, she would have many friends.

= As she _____ , she _____ many friends.

4. If I had heard the phone ring, I could have answered it.

= As I _____ the phone ring, I _____ it.

B. 다음 주어진 문장을 if를 사용하여 가정법 문장으로 쓰시오.

1. He isn't wise, so he does such a silly thing.

= _____

2. As you are not here, I feel lonely.

= _____

3. As you didn't call me, I was worried about you.

= _____

4. She didn't hand in her homework, so I gave her a low mark.

= _____

Concept 090 · I wish 가정법

① I wish + 가정법 과거

(1) 형태: I wish + 주어 + **동사의 과거형**

(2) 의미: 형태는 과거이지만, 의미는 현재이다.

현재 사실에 대한 후회나 안타까움을 표현한다.

(3) 해석: ~라면 좋을 텐데…

> • I wish I **were** as tall as you. 내가 너만큼 기가 크면 좋을 텐데.
> → I am sorry (that) I **am not** as tall as you. 나는 너만큼 키가 크지 않아 유감이다.

(4) I am sorry 구문으로 바꿀 때

① 가정법 과거이므로 현재 사실과 반대이다.

② 따라서 긍정은 부정, 부정은 긍정으로 바꾸고, 시제는 현재시제로 바꾼다.

📓 최상위로 가는 비법 노트

       ↱ 과거, 긍정 → 현재, 부정으로 전환

• I wish I **were** as tall as you.

❶ I wish 다음에 be동사의 과거형인 [were]가 나왔으므로 **가정법 과거**임을 알 수 있다.

특히, 주어인 [I]와 맞지도 않는 [were]가 있으므로 가정법 과거라고 확신할 수 있다.

❷ 가정법 과거는 현재사실과 반대이므로, 현재시제이면서 부정으로 바꾸어 준다.

               ↱ 현재, 부정으로 전환되었음.

→ I am sorry (that) I **am not** as tall as you.

          ↳ I wish 가정법 구문은 I am sorry (that) 직설법 구문으로 바꿀 수 있다.

2 **I wish + 가정법 과거완료**

(1) 형태: I wish + 주어 + 과거완료 (had p.p.)

(2) 의미: 형태는 과거완료이지만, 의미는 과거이다.

　　　　과거 사실에 대한 후회나 안타까움을 표현한다.

(3) 해석: ～했더라면 좋았을 텐데…

> • I wish I **had done** my homework last night. 어젯밤에 숙제를 했더라면 좋았을 텐데.
> → I am sorry (that) I **didn't do** my homework last night.
> 어젯밤에 숙제를 하지 않아서 유감이다.

📝 최상위로 가는 비법 노트

　　　　　　　　　　　↱ 과거완료, 긍정 → 과거, 부정으로 전환
• I wish I **had done** my homework last night.

　❶ I wish 다음에 had done이 나왔으므로 **가정법 과거완료**임을 알 수 있다.

　❷ 가정법 과거완료는 과거사실과 반대이므로, 과거 시제이면서 부정으로 바꾸어 준다.

　　　　　　　　　　　↱ 과거, 부정으로 전환되었음.
→ I am sorry (that) I **didn't do** my homework last night.
　　　　↳ I wish 가정법 구문은 I am sorry (that) 직설법 구문으로 바꿀 수 있다.

(4) I am sorry 구문으로 바꿀 때

　　① 가정법 과거완료이므로 과거 사실과 반대이다.

　　② 따라서 긍정은 부정, 부정은 긍정으로 바꾸고, 시제는 과거 시제로 바꾼다.

두 문장이 같은 의미가 되도록 바꾸어 쓰시오.

1. I wish I were taller and thinner.

= I am sorry _____

2. I wish you were in my shoes.

= I am sorry _____

3. I wish you were a positive person.

= I am sorry _____

4. I wish you had told me about it earlier.

= I am sorry _____

5. I wish I had learned to drive a car then.

= I am sorry _____

C 088

1. 빈칸에 들어갈 말로 알맞은 것은?

> If I _____ you, I wouldn't go there.

① am   ② are   ③ is

④ were   ⑤ had been

C 088

2. 빈칸에 들어갈 말로 알맞은 것은?

> If she _____ home, I will take her to you.

① come   ② came   ③ comes

④ will come   ⑤ had come

C 088

3. 빈칸에 들어갈 말로 알맞은 것은?

> _____ , he would not have failed.

① If he listens to me

② If he listened to me

③ If he has listened to me

④ If he had listened to me

⑤ If he will listened to me

C 088

4. 빈칸에 들어갈 말로 알맞은 것은?

> If you _____ me, I wouldn't have been worried about you.

① call   ② called   ③ have called

④ had called   ⑤ were called

C 090

5. 다음 우리말과 같은 뜻이 되도록 할 때, 빈칸에 알맞은 말은?

> 내가 어렸을 때 열심히 공부했다면 좋았을 텐데.
> = I wish _____ when I was young.

① I study hard

② I studied hard

③ I will study hard

④ I had studied hard

⑤ I have studied hard

C 090

6. 두 문장이 같은 뜻이 되도록 할 때, 빈칸에 알맞은 말은?

> I wish you told me the truth
> = I am sorry _____ .

① you tell me the truth

② you told me the truth

③ you don't tell me the truth

④ you didn't tell me the truth

⑤ you hadn't told me the truth

C 089

7. 다음 문장과 같은 의미의 문장은?

> If I knew her number, I could call her.

① As I know her number, I can call her.

② As I knew her number, I could call her.

③ As I don't know her number, I can't call her.

④ As I didn't know her number, I couldn't call her.

⑤ I didn't know her number, so I couldn't call her.

C 089

8. 다음 문장과 같은 의미의 문장은?

> If you had been honest, they would have trusted you.

① You are honest, so they trust you.

② As you are honest, they trust you.

③ As you were honest, they trusted you.

④ As you aren't honest, they don't trust you.

⑤ As you weren't honest, they didn't trust you.

C 088

9. 다음 중 어법상 <u>어색한</u> 것은?

① If I were you, I would buy the book.

② If Mom knew about it, she would get angry.

③ If we had a map, we could find the way home.

④ If it weren't raining, we would go out and play.

⑤ If I had enough time, I could have finished the report.

10. 다음 중 어법상 옳은 것은?

① If I have a car, I could drive you home.

② If I were in your shoes, I would have done it.

③ What would you do if you became Iron Man?

④ If I booked a little earlier, we could have watched this movie.

⑤ If she had been more careful, she wouldn't have a car accident.

11. 두 문장이 같은 뜻이 되도록 할 때, 빈칸에 들어갈 말이 바르게 짝지어진 것은?

> I'm sorry that my grandmother isn't here with me.
>
> = I _____ my grandmother _____ here with me.

① wish − is

② wish − were

③ wish − had been

④ wished − were

⑤ wished − had been

12. 괄호 안에 주어진 단어를 사용하여 빈칸에 알맞은 말을 쓰시오.

> What would you do if you won one million dollars?
>
> = If I _____ (win) one million dollars,
>
> I _____ (travel) around the world.

C 088

13. 두 문장이 같은 뜻이 되도록 할 때, 빈칸에 들어갈 말이 바르게 짝지어진 것은?

As he didn't invite me to the party, I didn't go there.

= If he _____ me to the party,

I _____ there.

① invited − would go

② invited − would have gone

③ had invited − would go

④ had invited − would have gone

⑤ hadn't invited − wouldn't have gone

C 090

14. 같은 의미의 문장이 되도록 빈칸에 들어갈 말을 쓰시오.

(1) I wish she did her best.

= I am sorry she _____

(2) I wish he hadn't heard about it.

= I am sorry he _____

(3) As I am not tall, I can't dunk.

= If _____

(4) As you don't know me, you think of me that way.

= If _____

15

접속사 2, 간접의문문

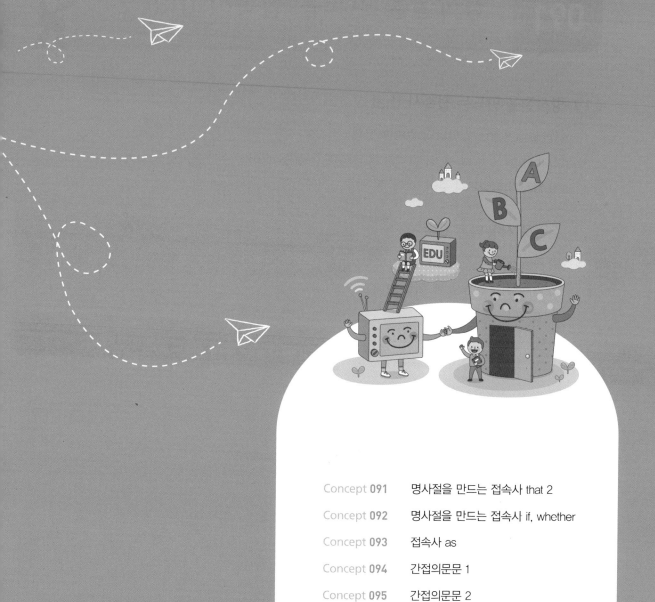

Concept 091 명사절을 만드는 접속사 that 2

① 명사절을 만드는 접속사 that

(1) He is kind. → 하나의 완벽한 문장

(2) that he is kind → 이 완벽한 문장 앞에 [that]을 붙이는 순간 통째로 명사가 된다.

(3) 명사가 되었으니 주어, 보어, 목적어 자리에 마음껏 사용하면 된다.

② 주어로 사용되는 접속사 that절

(1) [that절]이 문장의 주어로 쓰이는 경우 주어가 길어진다.

(2) [that절]을 문장의 맨 뒤로 보내고, 빈 주어 자리에 [it]을 넣어 가주어–진주어 구문으로 사용한다.

that 주어 동사~~ 동사 → It 동사 that 주어 동사~~

문장의 주어로 쓰인 that절   가주어   진주어

> • **That you should exercise regularly** is important. 규칙적으로 운동하는 것은 중요하다.
> = It is important **that you should exercise regularly.**

③ 보어로 사용되는 접속사 that절

(1) 주로 be동사 다음에 [that절]이 온다.

(2) [~하는 것이다]로 해석된다.

주어 be동사 that 주어 동사~~

문장의 보어로 쓰인 that절

> • My biggest problem is **that I sometimes tell lies.**
> 나의 가장 큰 문제는 내가 때때로 거짓말을 한다는 것이다.
> • The fact is **that we need your help.** 사실은 우리가 당신의 도움이 필요하다는 것이다.

④ **목적어로 사용되는 접속사 that절**

(1) 형태

① 주어 일반동사 that 주어 동사 ~~~~.

② 주어 be동사 형용사 that 주어 동사 ~~~~.

               ↳ [be동사 + 형용사]는 하나의 덩어리가 되어 동사의 기능을 한다.

(2) 의미: ~라는 것을, ~라고

(3) 주로 know, think, believe, hope 등의 동사 다음에 나오며, 목적어절을 이끄는 접속사 [that]은 주로 생략된다.

> - I think (that) he is kind. 나는 그가 친절하다고 생각한다.
> - I am sure (that) you like me. 나는 네가 나를 좋아한다고 확신해.

개념 확인 문제

 [보기]와 같이 주어진 문장을 바꾸어 쓰시오.

1. History repeats itself. It is true.

→ _____

2. We should listen to the voice of our students. It is important.

→ _____

3. Many animals can use tools. It is interesting.

→ _____

4. You spent all of your money on books. It is not surprising.

→ _____

Concept 092 명사절을 만드는 접속사 if, whether

1 명사절을 만들기 때문에 문장에서 주어, 보어, 목적어가 된다

(1) 주로 know, ask, wonder, be sure 등의 목적어로 쓰인다.

(2) [~인지 (어떤지)]로 해석된다.

> • He wants to know **if/whether** she likes chocolate cakes.
> 그는 그녀가 초콜릿을 좋아하는지 알고 싶어 한다.
> • I'm not sure **if/whether** Mom is home now. 나는 엄마가 지금 집에 계시는지 모른다.

2 [whether + 주어 + 동사]는 주어, 보어, 목적어로 모두 사용될 수 있지만, [if + 주어 + 동사]는 동사의 목적어로만 사용된다

(1) 주어로 사용되는 경우

> • **Whether** you succeed or fail depends on your effort.
> 당신이 성공할지 아니면 실패할지는 당신의 노력에 달려있다.
> • **If** you succeed or fail depends on your effort. (X)
>   ↳ if절은 주어 역할을 할 수 없다.

(2) 보어로 사용되는 경우

> • The question is **whether** my plan will work. 문제는 내 계획이 통할 것이냐이다.
>   ↳ 문장의 보어로 사용되었다.
> • The question is **if** my plan will work. (X)
>   ↳ if절은 보어 역할을 할 수 없다.

CHAPTER

15

(3) 목적어로 사용되는 경우

- I wonder **if** he will come to the party **or not**.
  나는 그가 파티에 올지 안 올지 궁금하다.
- I wonder **whether** he will come to the party **or not**.

📋 **최상위로 가는 비법 노트**

[whether]절은 [whether ~ or not] 또는 [whether or not]의 구조로 사용할 수 있다.
- I wonder **whether** he will come to the party **or not**.
- I wonder **whether or not** he will come to the party .

[if]절에서는 [if ~ or not]만 가능하다.
- I wonder **if** he will come to the party **or not**. (O)
- I wonder **if or not** he will come to the party. (X)

③ 조건의 부사절을 만드는 [if]와 구별하자

- **If** it snows tomorrow, I will make a snowman. 내일 눈이 오면 나는 눈사람을 만들 거야.
  ↳ [~라면]이라고 해석되는 조건의 부사절이며, 실제 의미가 미래이지만 현재시제가 사용되었다.
- I don't know **if** it will snow tomorrow. 나는 내일 눈이 올 것인지 모른다.
  ↳ 동사 know의 목적어로 사용된 명사절이다. 명사절로 사용되는 [if]
  절에는 미래라면 미래시제로 써 주어야 한다.

개념 확인 문제

A. 밑줄 친 부분의 유의하여 해석하시오.

1. <u>Whether</u> you are rich or not is not important.

해석: _____

2. I wonder <u>if/whether</u> you agree or disagree with my opinion.

해석: _____

B. 밑줄 친 <u>if</u>의 의미를 괄호 안에서 고르시오.

1. I wonder <u>if</u> you like this food.   (만약 ~라면 / ~인지 아닌지)

2. <u>If</u> we don't hurry, we'll be late for the meeting. (만약 ~라면 / ~인지 아닌지)

3. I'm not sure <u>if</u> it will rain tomorrow or not.   (만약 ~라면 / ~인지 아닌지)

4. I don't know <u>if</u> my sisters will come or not.   (만약 ~라면 / ~인지 아닌지)

Concept 093 접속사 as

1 (부사로 사용되어) ~만큼

- I am **as** tall **as** my father (is).

  ↳ 품사가 무엇인지 구별하지 않아도 되며, [만큼]이라고 해석되는 것만 알아도 충분하다.

  형용사 tall 앞에 사용된 부사이며, 해석하지 않아도 된다.

2 (전치사로 사용되어) ~로서, ~처럼

- I respect him **as** a teacher. 나는 선생님으로서 그를 존경한다.
- We worked together **as** a team. 우리는 한 팀으로 함께 일했다.
- We were dressed **as** ghosts. 우리는 유령처럼 옷을 입었다.

📝 최상위로 가는 비법 노트

세 문장 모두 [as] 다음에 명사가 나와 있다. 전치사이므로 [~로서] 또는 [~처럼]이라고 해석하면 된다.

3 시간: ~할 때(when), ~하는 동안(while)

- **As** I heard the story, I couldn't help crying.

  내가 그 이야기를 들었을 때, 나는 울 수밖에 없었다.
- I liked going camping **as** I was a child. 내가 어렸을 때 나는 캠핑 가는 것을 좋아했다.

4 이유: 때문에(because, since)

- Junwoo couldn't go to school **as** he was sick.
  준우는 아팠기 때문에 학교에 갈 수 없었다.
- I didn't buy the shirt **as** it was too expensive. 나는 셔츠가 너무 비싸서 사지 않았다.

5 상태의 변화: ~함에 따라, ~할수록

- As he grew older, he became interested in history.
  ↓ ↳그에 따른 변화가 생기는 경우
  이곳에 변화가 생김에 따라
  그는 나이가 들어감에 따라 역사에 관심을 갖게 되었다.
- As our lives change, many jobs will disappear.
  우리의 삶이 변화함에 따라, 많은 직업들이 사라질 것이다.

6 ~처럼, ~대로, ~시피

- As you know, I won't give up. 여러분이 아시는 것처럼 저는 포기하지 않을 것입니다.
- You can decorate your house **as** you want.
  당신은 당신이 원하는 대로 집을 장식할 수 있다.
- I want you to do **as** I told you. 저는 당신이 제가 말한 대로 하길 원합니다.

📔 **최상위로 가는 비법 노트**

✏️ **as의 쓰임에 관한 시험 문제가 나오면**

1. as에 모두 동그라미 한다.
   ❶ [as ~ as]의 구조라면 앞에 [as]는 해석하지 않고, 뒤에 [as]는 [만큼]이라고 해석한다.
   ❷ [as] 다음에 명사까지만 있으면 전치사이며, [~로서 / ~처럼]이라고 해석한다.
   ❸ [as] 다음에 [주어+동사]가 연결되어 있으면 접속사이다.

2. 접속사 [as]는 다양한 해석이 가능한데, 해석을 암기할 수 있으면 좋지만 굳이 암기하지 않더라도 의미 파악은 얼마든지 가능하다. [as]는 접속사이기 때문에 문장과 문장을 연결하게 된다. 따라서 문장을 각각 해석하고 나면 두 문장이 이미 머릿속에서 의미상으로 연결되어 있는 경우가 많다.

3. 게다가 시험에는 명확하게 구분되는 경우가 출제되기 때문에 너무 걱정하지 말자.

밑줄 친 as의 의미를 괄호 안에 쓰시오.

1. He did <u>as</u> I said. ( )

2. <u>As</u> I climbed higher, it became darker. ( )

3. <u>As</u> I felt tired, I went to bed early last night. ( )

4. Brian fell down by mistake <u>as</u> he ran. ( )

5. <u>As</u> she is smart and funny, everyone likes her. ( )

6. These days, I am as busy <u>as</u> a bee. ( )

7. She works <u>as</u> an engineer. ( )

8. <u>As</u> I entered the house, they were having dinner. ( )

9. <u>As</u> I don't have enough money, I can't buy the car. ( )

10. <u>As</u> you know, he is moving soon. ( )

11. <u>As</u> I was late for school, I took a taxi. ( )

12. <u>As</u> the price of bananas rises, less people want to buy them. ( )

간접의문문 1

1 의문문이 다른 문장에 연결되면 간접의문문이 된다

(1) 의문문은 [의문사가 있는 의문문]과 [의문사가 없는 의문문]으로 구분할 수 있다.

(2) 의문문은 일반적으로 [(의문사) + 동사 + 주어 ~?]의 순서이지만, 의문문이 다른 문장에 연결되면, [의문사 + 주어 + 동사]의 순서가 된다.

(3) 이렇게 의문문이 다른 문장에 연결된 경우 간접의문문이라고 부른다.

📋 최상위로 가는 비법 노트

✏️ 간접의문문은 어순이 핵심이다

대부분 동사의 목적어로 사용되며, 시험에도 동사의 목적으로 사용되는 간접의문문이 출제된다. 간접의문문이 문제로 출제되면, 간접의문문의 순서가 제대로 되었는지 확인해야 한다. 가장 간단한 방법은 문장의 중간에 의문사가 보이는 경우 [의문사 + 주어 + 동사]의 순서로 되어 있는지 확인하는 것이다.

• Do you know <u>who</u> <u>is</u> <u>she</u>?

　　　　　　의문사 ↵　동사 ↳ 주어

문장 중간에 의문사 [who]가 보인다. 그런데 그다음을 보니 [동사 + 주어]의 순서로 되어 있다. 어법상 틀린 것이다. 아주 자주 실수하는 부분이어서 시험에도 정말 자주 출제된다.

• Do you know <u>who</u> <u>she</u> <u>is</u>?

　　　　　　의문사 ↵　주어 ↳ 동사

2 의문문을 다른 문장에 연결하기

(1) 의문사가 있는지 없는지 확인한다.

① 의문사가 있다면 [의문사 + 주어 + 동사]의 순서로 바꾼 후 연결한다.

② 의문사가 없다면 [if/whether + 주어 + 동사]의 순서로 바꾼 후 연결한다.

(2) 반드시 동사를 확인하자!

    ① be동사인 경우: be동사와 주어의 자리를 바꾼다.

    ② 조동사가 포함된 경우: 조동사와 주어의 자리를 바꾼다.

    ③ [do / does / did]가 포함된 경우는 매우 조심해야 한다.

        – do: do를 삭제만 하면 된다.

        – does: does를 삭제하고, 주어 다음에 있는 일반동사를 3인칭, 단수, 현재형으로 바꾼다.

        – did: did를 삭제하고, 주어 다음에 있는 일반동사를 과거형으로 바꾼다.

(3) 문장부호는 첫 번째 문장의 문장부호를 따른다.

> • I want to know. + When is your birthday?
> → I want to know when your birthday is. 나는 너의 생일이 언제인지 알고 싶다.

📒 최상위로 가는 비법 노트

의문문이 be동사를 포함하고 있다. 따라서 be동사 [is]를 주어인 [your birthday] 뒤로 보내 주기만 하면 된다.

> • Can you tell me? + What should I do?
> → Can you tell me what I should do? 내가 무엇을 해야 하는지 말해 주실 수 있나요?

📒 최상위로 가는 비법 노트

의문문이 조동사를 포함하고 있다. 따라서 조동사 [should]를 주어인 [I]뒤로 보내 주기만 하면 된다.

> • He asked me. + Where did Jenny eat lunch?
> → He asked me where Jenny ate lunch.
> 그는 나에게 Jenny가 어디에서 점심을 먹었는지 물어보았다.

의문문이 [did]를 포함하고 있다. 따라서 [did]를 삭제하고 [did]가 갖고 있던 과거 시제를 일반동사인 [eat]에 넘겨주어 [ate]로 바꿔 주는 것이 핵심이다.

- I wonder. + Can you help me?
→ I wonder if[whether] you can help me.
저는 당신이 저를 도와주실 수 있는지 궁금합니다.

📝 **최상위로 가는 비법 노트**

의문문에 의문사가 없다. 고민하지 말자. 의문사 역할을 해 줄 수 있는 [if] 또는 [whether]를 넣어 주도록 하자. 이게 핵심이다.

개념 확인 문제

✎ 다음 두 문장을 한 문장으로 연결하시오.

1. Do you know? + Where did Tom buy it?

→ _____

2. I wonder. + Did you come to the party?

→ _____

3. Can you tell me? + Is there a bank near here?

→ _____

4. I want to know. + Who broke the window?

→ _____

5. I don't know. + Why was she late for school?

→ _____

6. Please tell me. + What does she want?

→ _____

7. I don't know. + Where does he live?

→ _____

8. Do you know? + When will the movie start?

→ _____

9. I want to know. + Did you find your smartphone?

→ _____

10. I wonder. + Does your mom like Mexican food?

→ _____

간접의문문 2

1 **[how often, how much, how many friends, what color]처럼 하나의 의미 단위로 쓰이는 의문사구는 한 단어처럼 취급한다**

(1) [how]가 [어떻게]가 아니라 [얼마나]로 해석되는 경우에는 [how + 형용사 + 명사] 또는 [how + 부사]가 하나의 덩어리가 되므로 한 단어처럼 취급해야 한다.

(2) [what]이 [무엇]이 아니라 [어떤 / 무슨]이라고 해석되는 경우는 [what + 명사]를 한 단어 처럼 취급해야 한다.

> • Do you know? + How often does the number 1 bus come?
> → Do you know **how often** the number 1 bus comes?
> 1번 버스가 얼마나 자주 오는지 아니?

📝 **최상위로 가는 비법 노트**

위 문장에 의문사 [how]가 있는데 [어떻게]로 해석되지 않고, 뒤에 있는 부사인 [often]과 하나의 덩어리가 되어 [얼마나 자주]라고 해석된다. 따라서 [how often]을 의문사로 판단해야 한다. 또한 위 문장은 일반동사를 포함하고 있으며, [does]를 통해 3인칭, 단수, 현재라고 알 수 있다. [does]를 삭제하고 [does]가 갖고 있던 3인칭, 단수, 현재 시제를 일반동사인 [come]에 넘겨주어 [comes]로 바꿔 준다.

2 **의문사이면서 동시에 주어인 경우 [의문사 + 동사]의 어순이 된다**

> • Can you tell me? <u>Who</u> broke the window? 말해 주실 수 있나요? 누가 창문을 깼나요?
>   ↳ who는 [누가]라고 해석되며, 의문사이면서 동시에 주어이다.
>
> → Can you tell me **who broke the window?** 누가 창문을 깼는지 말해 주실 수 있나요?
>   ↓   ↳ 동사
>   의문사이면서 동시에 주어

- I want to know. What makes you think so?
  ↳ what은 [무엇이]라고 해석되며, 의문사이면서 동시에 주어이다.

나는 알고 싶다. 무엇이 너를 그렇게 생각하게 하니?

→ I want to know what makes you think so. 무엇이 너를 그렇게 생각하게 하는지 알고 싶다.

    ↓   ↳ 동사   = 왜 그렇게 생각하는지

  의문사이면서 동시에 주어

📓 **최상위로 가는 비법 노트**

의문사이면서 동시에 주어인 경우는 대부분 [who] 또는 [what]이다. [who]는 [누가]라고 해석되는 경우, [what]은 [무엇이]라고 해석되는 경우라고 보면 된다.

③ 주절의 동사가 think, imagine, believe, suppose, guess 등과 같이 생각 이나 추측을 나타낼 경우 의문사를 문장 맨 앞으로 보낸다

- Do you think? + When will he come? 너는 생각하니? 그가 언제 올까?
  → Do you think when he will come? (X)
  → When do you think he will come? 너는 그가 언제 올 거라고 생각하니?
    ↳ 문장의 동사가 [think]이기 때문에 의문사 [when]은 문장의 맨 앞으로 보낸다.

📓 **최상위로 가는 비법 노트**

✏️ **think, believe, imagine, guess, suppose 암기법**

예전에 [Think Big!]이란 이름을 가진 학습지가 있었는데, 꽤 괜찮은 학습지 이름이었던 것 같다. 간접 의문문이 포함된 문장의 동사가 think, believe, imagine, guess, suppose 등과 같이 생각이나 추측을 나타낼 경우 의문사를 맨 앞으로 보내야 하는데, 이것을 위 학습지의 이름과 연결해서 [Think Bigs]라고 암기해 보면 어떨까?

✍️ 다음 두 문장을 한 문장으로 연결하시오.

1. Do you think? + What does he want to have?

→ _____

2. Can you tell me? + Who won the speaking contest?

→ _____

3. Do you guess? + Who will win this game?

→ _____

4. I am not sure. + Is the baby hungry or sick?

→ _____

5. Can you tell me? + How far is it from here to the airport?

→ _____

6. Do you think? + Who is responsible for the accident?

→ _____

7. Do you guess? + When did you lose your bag?

→ _____

8. Do you suppose? + Where does he study?

→ _____

9. I wonder. + How many books do you read a month?

→ _____

10. I want to know. + What color do you like the most?

→ _____

15 ▸ Review Test 학교 시험에 꼭 나오는 문제

C 095

1. 밑줄 친 부분의 의미가 다른 하나는?

① He was there <u>as</u> the sun set and the stars rose.

② <u>As</u> it was raining hard, we put off our camping.

③ <u>As</u> yoga makes me relaxed, I enjoy doing it a lot.

④ We don't have to go to school <u>as</u> tomorrow is a holiday.

⑤ He lost the competition <u>as</u> he didn't practice hard enough.

C 095

2. 주어진 문장의 밑줄 친 As[as]와 같은 의미로 사용된 것은?

> Just do <u>as</u> I said.

① <u>As</u> Mary grew older, she got prettier.

② When in Rome, do <u>as</u> the Romans do.

③ I'll go to the dentist <u>as</u> I have a toothache.

④ <u>As</u> Mike lost Sarah's book, he bought her a new one.

⑤ <u>As</u> I was looking out the window, I saw dark clouds.

C 092

3. 밑줄 친 부분의 성격이 나머지 넷과 다른 것은?

① I will meet him <u>if</u> I'm not busy.

② It will be romantic <u>if</u> he sings for me.

③ I'm not sure <u>if</u> she likes action movies.

④ She will get better <u>if</u> she gets enough rest.

⑤ You can watch TV <u>if</u> you finish your homework.

C 093, 094

4. 다음 중 어법상 <u>어색한</u> 것은?

① Do you think who she is?

② Tell me how you got there.

③ I wonder if she knows the answer.

④ Do you know whether she is angry?

⑤ I don't know what he was doing at that time.

C 092

5. 밑줄 친 If(if)의 쓰임이 나머지 넷과 <u>다른</u> 것은?

① <u>If</u> it rains tomorrow, we will stay at home.

② Do you know <u>if</u> he will come to school or not?

③ You'll miss the train <u>if</u> you don't hurry.

④ <u>If</u> you listen to my advice, you won't regret it.

⑤ <u>If</u> we take a taxi during rush hour, it will cost a lot.

C 093, 094

6. 다음 중 어법상 <u>어색한</u> 문장은?

① Who do you think is wrong?

② Tell me who the window broke.

③ I want to know where you study.

④ Do you know when the movie starts?

⑤ Can you tell me why you are crying?

CHAPTER

15

C 093, 094

7. 다음 중 어법상 옳은 것은?

① I'm not sure what can he do.

② He asked her where was the bank.

③ Can you tell me what time is it?

④ Do you know when does she come?

⑤ I wonder who can answer the question.

C 093, 094

8. 다음 두 문장을 한 문장으로 바르게 연결한 것은?

① Do you think? + Who is she?

= Do you think who she is?

② I wonder. + Does he like kimchi?

= I wonder if he like kimchi.

③ I don't know. + What does she like?

= I don't know what she likes.

④ Can you tell me? + Where did you buy it?

= Can you tell me where you buy it?

⑤ Let me know. + What do you want to do?

= Let me know what do you want to do?

C 093, 094

9. 우리말을 영어로 옮긴 것 중 <u>어색한</u> 것을 모두 고르시오.

나는 네가 나를 믿는지 안 믿는지 알고 싶다.

① I want to know if you believe me or not.

② I want to know if or not you believe me.

③ I want to know that you believe me or not.

④ I want to know whether you believe me or not.

⑤ I want to know whether or not you believe me.

10. 다음 두 문장을 한 문장으로 연결하시오.

(1) Do you think? + Why does he like you?

→ _____

(2) I want to know. + What time is it now?

→ _____

(3) I remember. + When did we take this picture?

→ _____

(4) Nobody knows. + How old is Mrs. Smith?

→ _____

(5) Can you tell me? + Why did she take a bus instead of a taxi?

→ _____

_____

(6) Do you know? + Does he always go to the library after school?

→ _____

_____

11. 간접의문문을 사용하여 대화를 완성하시오.

(1) A: Please tell me _____.

B: I want to be a vet in the future.

(2) A: Where did you park your car?

B: I can't remember _____.

(3) A: Can you tell me _____?

B: I'm interested in playing baseball.

16

특수구문
(강조, 도치, 일치, 화법)

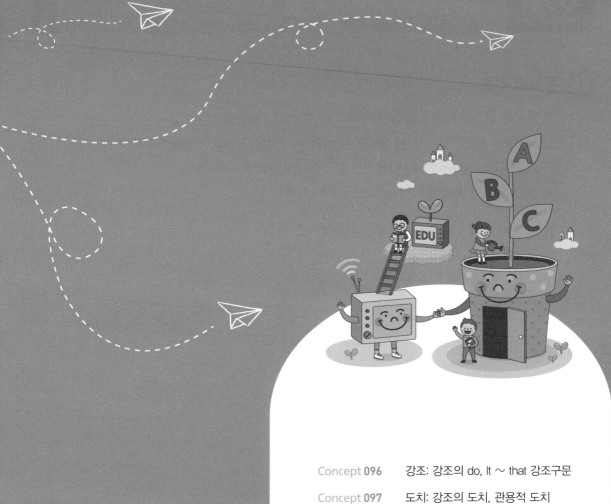

Concept 096 강조
: 강조의 do, It ~ that 강조구문

① 동사의 강조

(1) 동사를 강조할 때는 일반동사 앞에 do / does / did를 붙인다.

(2) 의문문도 부정문도 아닌데 일반동사 앞에 do / does / did가 있으면 강조의 do이다.

(3) 강조의 do / does / did 다음에는 **일반동사의 원형**이 와야 한다.

(4) do는 인칭과 시제에 따라 does / did로 바뀐다.

> • I **do love** English. 나는 정말로 영어를 좋아한다.
> • She **does tell** the truth. 그녀는 정말로 진실을 말한다.
> • He **did pass** the audition. 그는 정말로 오디션에 통과했다.

📔 최상위로 가는 비법 노트

부정문도 의문문도 아닌데 일반동사 [love, tell, pass] 앞에 [do, does, did]가 있다. 따라서 [do, does, did]는 [강조의 do]로 판단할 수 있다. 인칭과 시제는 강조의 [do / does / did]에 표현되며, [강조의 do]도 조동사이므로 다음에 동사원형이 나와야 한다는 것도 꼭 기억하자.

② 주어, 목적어, 부사(구) 강조: It is/was ~ that 강조 구문

(1) 형태: It is / was + **강조어구** + that….

　　　↳ 현재라면 [is], 과거라면 [was] 둘 중에 하나이다.

(2) 해석: … 하는 것은 바로 ~이다.

(3) 강조어구: 주어, 목적어, 부사(구)

※ 단, 동사는 강조할 수 없다. 동사는 앞에서 본 것처럼 [do / does / did]로 강조한다.

(4) 강조어구가 사람이면 who, 사물이면 which, 장소를 나타내면 where, 때를 나타내면 when으로 바꿔 쓸 수 있다.

- I saw Tony in the theater yesterday.
  ①   ②   ③   ④

① **It was** I **that(who)** saw Tony in the theater yesterday.

어제 극장에서 Tony를 봤던 것은 바로 나였다.

② **It was** Tony **that(who(m))** I saw in the theater yesterday.

어제 극장에서 내가 봤던 사람은 바로 Tony였다.

③ **It was** in the theater **that(where)** I saw Tony yesterday.

어제 내가 Tony를 봤던 곳은 바로 극장에서였다.

④ **It was** yesterday **that(when)** I saw Tony in the theater.

극장에서 내가 Tony를 봤던 것은 바로 어제였다.

③ [It ~ that 강조 구문]과 [It ~ that 가주어-진주어 구문]을 어떻게 구별할까?

(1) 강조구문인 경우

① It is/was ⬚ that

    ↳ 이 자리에 명사 또는 장소나 시간의 부사(구)가 온다. 특히 장소나 시간의 부사(구)가
       오면 무조건 강조구문이다.

② It is/was ~ that을 빼고, 강조어구를 원위치로 보내면 완전한 문장이 만들어진다.

- **It was** yesterday **that** I saw her. 내가 그녀를 본 것은 바로 어제였다.
- **It was** my mother **that** made this skirt. 이 치마를 만든 것은 바로 나의 엄마였다.

(2) 가주어-진주어인 경우

① It is/was ⬚ that

    ↳ 대부분 이 자리에 형용사가 온다.

② It is/was ~ that을 빼고 나면 완전한 문장이 만들어지지 않는다.

- **It is** true **that** the early bird catches the worm.
  일찍 일어나는 새가 벌레를 잡는다는 것은 사실이다.

개념 확인 문제

A. 밑줄 친 부분이 일반동사인지 강조의 do인지 조동사 do인지 괄호 안에 쓰시오.

1. Sally <u>does</u> have a camera.   (   )

2. Tom <u>did</u> go there with me.   (   )

3. She <u>doesn't</u> want to play the game.   (   )

4. I <u>did</u> my best to win the race.   (   )

5. <u>Do</u> you like swimming?   (   )

6. I <u>do</u> understand you.   (   )

B. 밑줄 친 부분을 강조하여 문장을 다시 쓰시오.

1. <u>I</u> met <u>Jinsu</u> at <u>the park</u> <u>yesterday</u>.
  ①   ②   ③   ④

  ① It _____

  ② It _____

  ③ It _____

  ④ It _____

2. <u>Hojin</u> broke <u>the window</u>.
    ①   ②

  ① It _____

  ② It _____

C. 밑줄 친 It, that이 강조구문인지 가주어-진주어인지 괄호 안에서 고르시오.

1. <u>It</u> was true <u>that</u> Tony broke the window.   (강조구문 / 가주어-진주어)

2. <u>It</u> was Tony <u>that</u> broke the window.   (강조구문 / 가주어-진주어)

3. <u>It</u> was surprising <u>that</u> I passed the test.   (강조구문 / 가주어-진주어)

4. <u>It</u> was in the morning <u>that</u> my father washed his car. (강조구문 / 가주어-진주어)

5. <u>It</u> was your laptop computer <u>that</u> Anthony used in your room yesterday.

                                      (강조구문 / 가주어-진주어)

Concept 097

도치

: 강조의 도치, 관용적 도치

1 **도치의 개념**

(1) 주어와 동사의 순서가 바뀌는 것을 도치라고 한다.

(2) 강조를 위하여 부정어구 혹은 장소의 부사(구)가 앞으로 나가면 도치가 일어난다.

(3) 관용적으로 도치가 일어나기도 한다.

2 **강조를 위한 도치**

(1) 부정어구가 문장의 맨 앞으로 나가는 경우

부정어(Never, Not 등) 준부정어(Little, Hardly, Rarely, Not only 등)	+	동사	+	주어

• I have never seen such a beautiful house. 나는 그렇게 아름다운 집을 본 적이 없다.
= **Never have** I **seen** such a beautiful house.

📔 **최상위로 가는 비법 노트**

(1) 부정어구나 준부정어구가 문장의 앞으로 나가면

(2) 동사를 확인하여

❶ be동사라면 be동사가 주어 앞으로 이동

❷ 조동사라면 조동사가 주어 앞으로 이동 (완료에서 has/have/had도 조동사이다.)

❸ 일반동사라면 do / does / did가 주어 앞으로 이동한다.

(3) do / does / did가 주어 앞으로 이동하는 경우 주어 다음의 일반동사는 반드시 원형이어야 한다.

CHAPTER

16

(2) 장소의 부사(구)가 문장 맨 앞으로 나가는 경우

    ① 문장의 동사가 자동사(be, go, come 등)이어야 하고,

    ② 주어가 대명사가 아니어야 한다.

- In front of the door was a large package. 문 앞에 커다란 소포가 있었다.
  장소의 부사구   자동사   대명사 아닌 주어
- Here comes the bus. 버스가 온다.
- Here he comes. (O) 그가 온다.
- Here comes he. (X)
  ↳ 주어가 대명사 이므로 도치가 되면 안 된다.
- In the backyard, my father planted an apple tree.
  ↳ 목적어가 있는 타동사이므로 도치가 일어나면 안 된다.

뒷마당에 아빠가 사과나무 한 그루를 심으셨다.

③ 관용적 도치: So(Neither) + 동사 + 주어 → 주어도 그렇다

(1) 앞 문장의 동사가 be동사, 조동사라면 be동사와 조동사를 활용하며,

(2) 앞 문장의 동사가 일반동사라면 do/does/did 중 하나를 사용한다.

- I am not tired. Neither am I. 나는 피곤하지 않아. 나도 그래(나도 안 피곤해).
  ↳ 부정문   ↓
              앞 문장의 동사가 [am]이므로 주어 [I]에 맞춰 [am]을 사용
- I know why she is popular. So do I. 나는 왜 그녀가 인기 있는지 알아. 나도 그래(나도 알아).
  ↳ 긍정문   ↓
  앞 문장의 동사 [know]가 일반동사의 현재형이므로 주어 [I]에 맞춰 [do]를 사용

개념 확인 문제

A. 밑줄 친 부분을 문장 앞으로 보내어 강조하는 문장으로 바꾸시오.

1. The bank is <u>on your left</u>. → _____

2. He <u>never</u> keeps his words. → _____

3. I could <u>hardly</u> believe it. → _____

B. 우리말에 맞도록 빈칸에 들어갈 말을 쓰시오.

1. I am happy. _____ (나도 그래.)

2. I am not interested in Politics. _____ (나도 그래.)

3. He didn't attend the meeting. _____ (나도 그래.)

4. Kate likes Tommy. _____ (Chris도 그래.)

CHAPTER

16

시제의 일치

주절의 시제		종속절의 시제
현재	→	모든 시제 가능
과거	→	과거 / 과거완료

① 주절의 시제가 현재일 경우 종속절의 시제는 부사에 따라 모든 시제가 가능하다

- I **think** that you **are** our hero now. 저는 이제 당신이 우리의 영웅이라고 생각해요.
- I **think** that you **were** our hero at that time.
  저는 당신이 그 당시에 우리의 영웅이었다고 생각해요.
- I **think** that you **will be** our hero in the near future.
  저는 당신이 가까운 미래에 우리의 영웅이 될 거라고 생각해요.

② 주절의 시제가 과거일 경우 종속절의 시제는 과거와 과거완료만 가능하다

- I **thought** that he **would** come to the party. 나는 그가 파티에 올 거라고 생각했다.
  ↳ 주절의 동사가 과거   ↳ 과거에서 본 미래
- I **thought** that he **had come** to the party. 나는 그가 파티에 왔었다고 생각했다.
  ↳ 주절의 동사가 과거   ↳ 주절의 동사보다 더 먼저 일어난 일이므로 과거완료가 사용되었음.

③ 시제 일치의 예외

(1) 습관, 불변의 진리는 항상 현재

- The Sun **rises** in the east. 태양은 동쪽에서 뜬다.

(2) 역사적 사실은 항상 과거

• I **learned** the Korean war **broke out** in 1950. 한국전쟁은 1950년에 발발했다고 배웠다.
  ↳ 주절의 시제 과거　　　　↳ [배운 것]보다 [한국전쟁이 일어난 것]이 먼저 임에도 불구하고
  　　　　　　　　　　　　　　 과거완료가 아니라 과거 시제가 사용되었음.

(3) 시간과 조건 부사절에서는 현재시제가 미래시제를 대신한다.

• I **will watch** a movie at home if it **rains** tomorrow.
  나는 내일 비가 내리면 집에서 영화를 볼 것이다.

다음 우리말에 맞도록 어법상 어색한 부분을 올바르게 고치시오.

1. 그가 오면, 나는 너에게 진실을 말해 주겠다.

= When he will come, I will tell you the truth.

→ _____

2. 엄마는 나에게 그 가방을 사 주겠다고 말했다.

= Mom told me that she will buy me the bag.

→ _____

3. 나는 그녀가 보고서를 끝냈다고 생각했다.

= I thought she has finished her report.

→ _____

4. 그녀는 매일 아침을 먹는다고 나에게 말했다.

= She told me that she had breakfast every day.

→ _____

5. 나는 곧 눈이 올 것이라고 생각했다.

= I thought it is going to snow soon.

→ _____

6. 선생님은 지구는 둥글다고 말씀하셨다.

= The teacher said that the earth was round.

→ _____

7. 나는 한국전쟁이 1950년에 발발했다고 배웠다.

= I learned that the Korean War had broken out in 1950.

→ _____

8. 나의 과학 선생님은 물은 100℃에서 끓는다고 말씀하셨다.

= My science teacher said that water boiled at 100℃.

→ _____

Concept 099 주어와 동사의 단수/복수 일치

① 주어가 3인칭, 단수이면서 동사가 현재형일 때 일반동사에 (e)s를 붙인다

명사 + (e)s → 복수   동사 + (e)s → 단수

- That boy **looks** so serious. 저 소년은 매우 심각해 보인다.
  ↳ 주어가 3인칭, 단수이고, 시제가 현재이다.
- Those boys **look** so serious. 저 소년들은 매우 심각해 보인다.
  ↳ 주어가 3인칭, 복수이고, 시제가 현재이다.

📝 최상위로 가는 비법 노트

영어에서 수를 일치시킨다는 것은 주어와 동사의 단수 또는 복수를 일치시킨다는 것이다. 즉, 주어가 단수이면 동사도 단수, 주어가 복수이면 동사도 복수이어야 한다는 것이다. 또한 수 일치는 현재시제와 현재완료 시제일 경우에 해당되며, 과거 시제일 경우는 [was/were]만 확인하면 되고, 나머지는 해당되지 않는다.

② 단수, 복수의 개념이 없는 구와 절은 단수 취급한다

동명사, 부정사, what절 등이 문장의 주어인 경우   +   단수동사

- <u>To take pictures of my friends</u> **is** my hobby. 친구들의 사진을 찍는 것은 나의 취미이다.
  ↳ to부정사 주어   ↳ 동사 is 바로 앞에 있는 복수 명사 friends에 속지 말 것!
  → 보통 가주어-진주어로 사용되기 때문에 이런 문장을 거의 볼일이 없다.

CHAPTER

16

CHAPTER 16

CONCEPT 099 주어와 동사의 단수/복수 일치   **435**

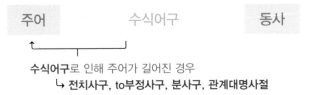

- Understanding other people **is** not easy. 다른 사람들을 이해하는 것은 쉽지 않다.
  ↳ 동명사 주어   ↳ 동사 is 바로 앞에 있는 복수 명사 people에 속지 말 것!
- What makes me happy **is** your smile. 나를 행복하게 하는 것은 너의 미소이다.
  ↳ 관계대명사 what절 주어

③ 수식어구에 의해서 길어진 주어와 동사의 수 일치에 주의한다

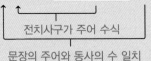

| 주어 | 수식어구 | 동사 |

수식어구로 인해 주어가 길어진 경우
↳ 전치사구, to부정사구, 분사구, 관계대명사절

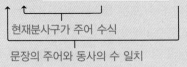

- The books **on the table** are interesting. 책상 위에 있는 책들은 재미있다.
  전치사구가 주어 수식
  문장의 주어와 동사의 수 일치

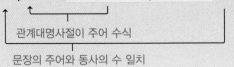

- The man **playing with children** is my father. 아이들과 놀고 있는 남자는 나의 아빠이다.
  현재분사구가 주어 수식
  문장의 주어와 동사의 수 일치

- Smart phones **that attract my attention** are expensive. 나의 관심을 끄는 스마트폰은 비싸다.
  관계대명사절이 주어 수식
  문장의 주어와 동사의 수 일치

④ 주격 관계대명사의 동사는 선행사(앞의 명사)의 수에 일치시킨다

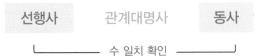

| 선행사 | 관계대명사 | 동사 |

수 일치 확인

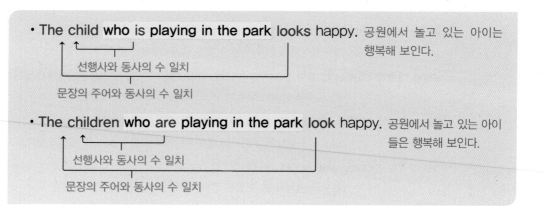

- The child **who is playing in the park looks** happy. 공원에서 놀고 있는 아이는 행복해 보인다.

    선행사와 동사의 수 일치
    문장의 주어와 동사의 수 일치

- The children **who are playing in the park look** happy. 공원에서 놀고 있는 아이들은 행복해 보인다.

    선행사와 동사의 수 일치
    문장의 주어와 동사의 수 일치

⑤ 주어에 each, every가 있으면 항상 단수 취급한다

Each ~~~~~
Every ~~~~~   **+**   단수동사

- **Each** boy in the classroom **studies** hard. 교실에 있는 각각의 소년은 열심히 공부한다.
- **Each** of the boys **has** his own book. 각각의 소년들이 자신의 책을 가지고 있다.
    ↳ boys가 복수 명사라고 해서 복수 동사 have를 쓰지 않도록 주의!

⑥ one of the 복수 명사 + 단수 동사

- **One** of the most popular sports **is** soccer. 가장 인기 있는 스포츠 중에 하나는 축구이다.
    ↳ sports가 복수 명사라고 해서 복수 동사 are를 쓰지 않도록 주의!

⑦ 주어에 부분을 나타내는 수량표현은 of 뒤의 명사와 동사를 일치시킨다

most / some / half / 분수 / 퍼센트   **+**   of   **+**   단수 명사 → 단수 동사
복수 명사 → 복수 동사

- Some of **the information is** useful. 몇몇 정보는 유용하다.
  - ↳ [of] 뒤의 명사가 셀 수 없는 명사이므로 동사 [is]가 연결되었다.
- Some of **the students are** playing on the ground. 학생들 몇몇이 운동장에서 놀고 있다.
  - ↳ [of] 뒤의 명사가 복수 명사이므로 동사 [are]가 연결되었다.
- 50 percent of **the students skip** breakfast. 학생들의 50%가 아침을 거른다.
  - ↳ [of] 뒤의 명사가 복수 명사이므로 동사 [skip]이 연결되었다.
- Half of **the money was** spent on booking hotels. 돈의 절반이 호텔을 예약하는 데 쓰였다.
  - ↳ [of] 뒤의 명사가 셀 수 없는 명사이므로 동사 [was]가 연결되었다.

⑧ B에 수를 일치시킨다

either	A	or	B		
neither	A	nor	B		
not	A	but	B	**+**	동사는 B에 일치시킨다.
not only	A	but (also)	B		
	B	as well as	A		

- **He** as well as I **has** a cat. 나뿐만 아니라 그도 고양이를 기른다.
- Not only you but **your brother wants** to go to the concert.
  너뿐만 아니라 너의 동생도 콘서트에 가길 원한다.

⑨ both A and B는 "A와 B 둘 다"를 의미하므로 복수 동사를 사용한다

- Both Jack and Davis **have** curly hair. Jack과 Davis 둘 다 곱슬머리이다.
  - ↳ [Davis]만 주어가 아니라 [Both Jack and Davis] 전체가 주어이다.

⑩ A and B는 원칙상 복수 취급한다. 단, 전체가 하나를 나타내면 단수 취급한다

- Brian and Tony **are** good friends. Brian과 Tony는 좋은 친구 사이이다.
- *Romeo and Juliet* **is** my favorite novel. 〈로미오와 줄리엣〉은 내가 가장 좋아하는 소설이다.
  - ↳ 〈로미오와 줄리엣〉은 두 사람을 의미하는 것이 아니라 [소설의 제목]이다. 따라서 단수 동사인 [is]로 받아 주었다.
- Curry and rice **is** her favorite food. 카레라이스는 그녀가 가장 좋아하는 음식이다.
  - ↳ 카레라이스는 카레와 밥을 따로 이야기하는 것이 아니라 일종의 [음식 이름]이다. 따라서 단수 동사인 [is]로 받아 주었다.

개념 확인 문제

✍ 다음 괄호 안에서 알맞은 것을 고르시오.

1. I hope every student (like / likes) English.

2. Solving the math problems (was / were) not easy to me.

3. What he said (was / were) really interesting.

4. Both Jenny and Sandy (is / are) friendly.

5. The girl playing with dogs (look / looks) happy.

6. Finding mistakes (is / are) another fun way to enjoy dramas.

7. One of the most popular jobs in Korea (is / are) a doctor.

8. Some of your friends (is / are) waiting for you in front of the gate.

9. Some of the information on the Internet (is / are) not true.

10. Either you or she (has / have) to go there.

11. Watches produced in Switzerland (is / are) known as the best in the world.

12. Many of the people who watched the baseball game (was / were) excited.

13. The number of students who (like / likes) English (is / are) increasing.

14. Most of money I got on the New Year's Day (was / were) spent on clothes.

15. To learn foreign languages (help / helps) you understand other cultures better.

화법 전환

① 화법은 말하는 방식을 뜻하며, 직접화법과 간접화법으로 나뉜다

(1) **직접화법**: 다른 사람이 한 말을 인용부호를 사용해서 그대로 전달하는 방법

> • Tom said to me, "I will love you forever."
>   전달문   피전달문(다른 사람이 한 말)
>
> Tom은 나에게 "나는 너를 영원히 사랑할 거야."라고 말했다.

(2) **간접화법**: 다른 사람이 한 말을 전달하는 사람의 입장에서 보도하듯이 전달하는 방법

> • Tom told me that he would love me forever.
>
> Tom은 그가 나를 영원히 사랑할 거라고 말했다.

(3) " " 안의 문장에 따라 화법 전환방법이 각각 다르다.

② 평서문의 화법 전환: 따옴표 안의 문장이 평서문이다

① 전달동사	■ say → say ■ say to → tell
② 연결어	쉼표와 인용부호를 없애고, 접속사 that을 넣는다. (that 생략가능)
③ 인칭	■ 1인칭 – I, my, me… ⇨ 전달문의 주어와 일치 ■ 2인칭 – you, your… ⇨ 전달문의 목적어와 일치 ■ 3인칭 – she(he), her(his)… ⇨ 변화 없음.
④ 시제	■ 주절의 시제가 현재일 때 시제 변화 없다. ■ 주절의 시제가 과거일 때 시제일치의 원칙에 따라 바꾼다.
⑤ 대명사와 부사	this → that ago → before now → then today → that day here → there tomorrow → the next day (the following day) yesterday → the day before (the previous day) last night → the night before (the previous night)

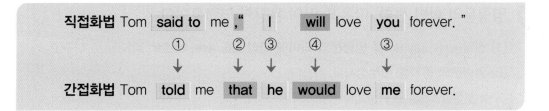

직접화법 Tom **said to** me **,"** I **will** love **you** forever. **"**
　　　　　　①　　　② ③　　④　　　③

간접화법 Tom **told** me **that** he **would** love **me** forever.

① 전달동사가 said to 이므로 told로 전환한다.
② 쉼표와 따옴표를 삭제하고 접속사 that을 넣었다. 이때 that은 생략할 수 있다.
③ I는 1인칭이므로 전달문의 주어인 Tom과 일치시켜 대명사 he로 받아 주었다.
　　또한, you는 2인칭이므로 전달문의 목적어인 me와 일치시켰다.
④ 전달동사의 시제가 과거이므로 will은 would로 일치시켰다.

3 의문문의 화법 전환: 따옴표 안의 문장이 의문문이다

(1) 전달동사: say (to)를 ask로 바꿔 준다.
(2) 연결어

　　① 쉼표, 인용부호, 물음표를 없애고,
　　② 큰 따옴표 안에 의문사가 있는 경우 → **의문사** + 주어 + 동사
　　③ 큰 따옴표 안에 의문사가 없는 경우 → **if (whether)** + 주어 + 동사

(3) 피전달문의 인칭, 시제, 대명사와 부사는 평서문에서와 동일하다.
　　① 의문사가 없는 경우

> • He **said to** me, **"Do you like** her?" 그는 나에게 "너 그녀 좋아해?"라고 물었다.
> • He **asked** me **if(whether) I liked** her. 그는 나에게 내가 그녀를 좋아하는지 물었다.

　　② 의문사가 있는 경우

> • She said to me, "**What is your name**?" 그녀는 나에게 "당신의 이름이 뭐예요?"라고 말했다.
> 　　　　　　　　　 의문사 동사 　주어
> • She asked me **what my name was**. 그녀는 나의 이름이 무엇이냐고 물었다.
> 　　　　　　　　 의문사 　주어 　　동사

4 명령문의 화법 전환: 따옴표 안의 문장이 명령문이다

(1) 전달동사: say (to)를 **명령문의 의미에 따라 tell, ask, order, advise로** 바꾸고

(2) 명령문의 동사를 **to부정사로** 바꾼다.

※ 부정명령문의 경우 [not to부정사]로 바꾼다.

	전달동사		큰 따옴표 안에 있는 문장
주어	say (to) → tell, ask, order, advise	목적어	to 동사원형 ~.

- Dad said to me, "Stay home." 아빠는 나에게 "집에 있어."라고 말씀하셨다.
→ Dad told me to stay home. 아빠는 나에게 집에 있으라고 말씀하셨다.

📝 최상위로 가는 비법 노트

✏️ 문장의 종류에 따른 화법 전환 방법 정리

	전달동사	연결어	
평서문	say → say say to → tell	that	인칭, 수, 시제, 대명사와 부사 등의 변화에 유의한다.
의문문	say (to) → ask	의문사 if (whether)	
명령문	say (to) → tell, order, ask, advise 등	to-부정사	

개념 확인 문제

✎ 다음 직접화법 문장을 간접화법 문장으로 고쳐 쓰시오.

1. He said to me, "I bought this book yesterday."

→ _____

2. She said to me, "I will come back here tomorrow."

→ _____

3. He said to me, "You are my best friend."

→ _____

4. She says, "I want to be a K-pop star."

→ _____

5. He said, "I have never seen such a pretty girl."

→ _____

6. She said to me, "What are you doing now?"

→ _____

7. He said to me, "Why are you so happy today?"

→ _____

8. Mom said to my brother, "Did you finish your homework?"

→ _____

9. Brian said to her, "Do you need my help?"

→ _____

10. Mom said to me, "Do your best."

→ _____

11. My teacher said to us, "Don't give up in any situation."

→ _____

12. The police officer said to me, "Show me your driver's licence."

→ _____

C 096

1. 밑줄 친 do[does/did] 동사의 쓰임이 나머지 넷과 다른 것은?

① I did go there.

② She does like him.

③ He does not like playing soccer.

④ I did hand in the report yesterday.

⑤ I do remember the terrible accident.

C 096

2. 밑줄 친 did의 쓰임이 다른 하나는?

① I did call you last night.

② I did the dishes yesterday.

③ He did arrive here on time.

④ She did change her hairstyle.

⑤ They did succeed in putting the puzzle together.

C 097

3. 다음 중 어법상 어색한 것은?

① In my room is the key.

② Next to you is my mother.

③ In the kitchen mom cooks dinner.

④ Behind the trees are a nice house.

⑤ Among the supporters was the new president.

C 096

4. 다음 문장을 밑줄 친 부분을 강조하여 다시 쓸 때, 빈칸에 알맞은 말은?

I met him in Paris.
→ It _____ in Paris that I met him.

① is
② was
③ does
④ did
⑤ had been

C 099

5. 빈칸에 들어갈 말이 바르게 짝지어진 것은?

• The number of abandoned animals _____ increasing.
• A number of bicycles _____ chained to the bicycle rack.

① is − is
② is − are
③ are − is
④ are − are
⑤ are − were

C 099

6. 다음 중 어법상 어색한 것은?

① Tom as well as I is good at swimming.
② Wearing sunglasses is good for your eyes.
③ Every student in my class are pretty and friendly.
④ Most of the money was used to buy a new jacket.
⑤ One of the students in my class comes to me with questions.

7. 다음 중 어법상 <u>어색한</u> 것은?

① We thought he had already left.

② I knew that they were not going to help us.

③ Rachel said that she gets up at 6 every morning.

④ My father said that a friend in need is a friend indeed.

⑤ Do you know that America had been discovered in 1492?

8. 다음 문장을 밑줄 친 부분을 강조하여 다시 쓸 때, 빈칸에 알맞은 말은?

He knows how to read and write.

→ He _____ know how to read and write.

① do   ② does   ③ did

④ himself   ⑤ that

9. 다음 중 어법상 <u>어색한</u> 것은?

① Not you but she is my true friend.

② Neither she nor I are responsible for it.

③ She as well as I wants to join the chess club.

④ Not only I but also Jake is interested in your plan.

⑤ Either your mom or I am going to see your teacher.

C 096

10. 밑줄 친 부분의 쓰임이 나머지 넷과 <u>다른</u> 것은?

① It was Fred <u>that</u> wrote the card.

② It was the bag <u>that</u> I bought for her.

③ It was surprising <u>that</u> he won the race.

④ It was on the plane <u>that</u> they first met.

⑤ It was last winter <u>that</u> I bought the scarf.

C 100

11. 두 문장의 의미가 같을 때, 빈칸에 들어갈 말로 알맞은 것은?

> Mom said to me, "Don't make fun of your brother."
> = Mom told me _____ fun of my brother.

① makes

② to make

③ have made

④ not making

⑤ not to make

C 099

12. 다음 중 어법상 옳은 것은?

① Listening to others are important.

② Most of the information is useful.

③ The apples in the basket tastes good.

④ Each of the members are doing their best.

⑤ The children who have breakfast is healthy.

13. 빈칸에 들어갈 말로 알맞은 것은?

> Mina: Yesterday I was so tired. I went to bed early.
>
> Jenny: _____. I went straight to bed when I got home.

① So did I
② So I did
③ So I was
④ Neither did I
⑤ Neither I did

14. 다음 밑줄 친 부분의 쓰임이 [보기]와 같은 것은?

> It was Steve Jobs that first introduced a smartphone in the world.

① It was believed that the earth was flat.
② It was strange that she was absent from school.
③ It is important that we protect the environment.
④ It is said that you can't judge a book by its cover.
⑤ It is my family that is the most important thing in life.

15. 두 문장의 의미가 같도록 빈칸에 알맞은 말을 쓰시오.

> Kevin said to me, "Jack went out."
>
> = Kevin _____ me that Jack _____.

16. 어법상 어색한 부분을 바르게 고치시오.

> I didn't know that New York was not the capital of the United States.

_____ → _____

17. 우리말과 일치하도록 빈칸에 들어갈 말을 쓰시오.

(1) Here _____ _____ _____.
(여기로 버스가 온다.)

(2) Never _____ _____ _____ such a pretty girl.
(나는 그렇게 예쁜 소녀를 본 적이 없다.)

18. 밑줄 친 부분을 강조하여 문장을 다시 쓰시오.

> Sojin met Peter at the movie theater in the morning.
> ①   ②   ③   ④

① _____
② _____
③ _____
④ _____

19. 우리말과 일치하도록 빈칸에 알맞은 말을 쓰시오.

> 그는 매주 토요일 아침에 농구를 한다고 말했다.
> = He _____ that he _____ basketball every Saturday
> morning.

20. 다음 직접화법을 간접화법으로 바꾸시오.

(1) She said, "I ate a tuna sandwich for lunch."

→ _____

(2) My sister said to me, "I will follow you tomorrow."

→ _____

(3) She said to me, "Where are we going for dinner today?"

→ _____

(4) The doctor said to me, "Did you eat uncooked food yesterday?"

→ _____

(5) My teacher always says to us, "Come to school early."

→ _____

(6) The guide said to all tourists, "Please don't take pictures here."

→ _____

Concept 001

1. 그는 키가 크다.
   → He is tall.

2. 그녀는 피아노를 잘 친다.
   → She plays the piano well.

3. 나는 친한 친구가 세 명 있다.
   → I have three close friends.

4. 나의 오빠와 나는 같은 학교에 다닌다.
   → My brother and I go to the same school.

5. 나는 올해 덜 말하고 더 많이 들을 것이다.
   → I will talk less and listen more this year.

6. 야구는 한국에서 매우 인기 있다.
   → Baseball is very popular in Korea.

7. 엄마와 나는 어제 시장에 갔다.
   → Mom and I went to the market yesterday.

8. 친구들과 나는 이번 주말에 영화 보러 갈 예정이다.
   → My friends and I are going to go to the movies this weekend.

Concept 002

A

1. 명사 2. 대명사 3. 동사 4. 부사 5. 형용사
6. 조동사 7. 전치사 8. 접속사 9. 형용사 10. 명사

B

1. This   is   very   expensive.
   대명사 동사 부사   형용사

2. Put   the   toys   in   the   box.
   동사 관사 명사 전치사 관사 명사

3. I   like   English   and   math.
   대명사 동사 명사   접속사 명사

4. Oh,   that   sounds   great.
   감탄사 대명사   동사   형용사

5. The   cat   looks   really   cute.
   관사   명사   동사   부사   형용사

Concept 003

1. Everybody   likes   me.
   주어   동사   목적어

2. We   are   strong.
   주어 동사   보어

3. He   makes   me   happy.
   주어 동사   목적어 목적격보어

4. Dad   teaches   me   English.
   주어   동사   간접목적어 직접목적어

5. She   is   my homeroom teacher.
   주어 동사   주격 보어

6. You   can do   it.
   주어   동사   목적어

7. People   call   her   Ice Princess.
   주어   동사   목적어   목적격보어

Concept 004

A

1. his 2. You 3. their 4. My 5. me

B

1. him 2. He 3. them 4. our 5. We 6. Her
7. He, him 8. She, her 9. They, them
10. us 11. its 12. They 13. His 14. She 15. him

Concept 005

A

1. dishes 2. women 3. children 4. tomatoes 5. puppies 6. leaves 7. feet 8. stories 9. toys 10. benches

B

1. X 2. months 3. X 4. photos 5. X 6. heroes

A

1. is 2. is 3. are 4. are 5. are 6. is 7. is 8. am
9. are 10. are

B

1. Am 2. Are 3. Is 4. Are 5. Is

C

1. (부정문) We are not(aren't) late for school.
   (의문문) Are we late for school?

2. (부정문) These boxes are not(aren't) heavy.
   (의문문) Are these boxes heavy?

A

1. was 2. Was 3. were 4. weren't

B

1. The news was not(wasn't) true. 2. Were the
books cheap? 3. I was not(wasn't) in the kitchen.
4. Was Lou Gehrig a great baseball player?

1. reads 2. goes 3. flies 4. has 5. cries 6. enjoys
7. washes 8. does 9. shows 10. carries 11. pays
12. starts 13. catches 14. listens 15. swims 16.
stops 17. worries 18. buys 19. writes 20. gives
21. sends 22. walks 23. takes 24. wants 25.
asks 26. misses 27. watches 28. mixes 28. plays
30. visits

1. saved 2. went 3. said 4. read 5. made 6.
showed 7. played 8. took 9. loved 10. put 11.
swam 12. cried 13. came 14. listened

15. thought

A

1. I do not(don't) like fish. 2. Paul does
not(doesn't) go to school alone. 3. He did
not(didn't) read a newspaper last night. 4. I do
not(don't) wear a school uniform. 5. Sam and
Marry did not(didn't) watch TV at night.

B

1. Do you like math? 2. Does Jenny have long
hair? 3. Did you go to the park yesterday?

REVIEW TEST 01 학교 시험에 꼭 나오는 문제

1. ④ 2. ④ 3. ⑤ 4. ③ 5. ④ 6. ② 7. ⑤ 8. ④ 9.
⑤ 10. ⑤ 11. ④ 12. ④ 13. ③ 14. ② 15. ② 16.
(1) She didn't come to school today. (2) Did she
come to school today? 17. (1) Does he live in
Seoul? (2) No, he doesn't. 18. went, woke, took,
met, bought, watched, ate

A

1. played → play 2. cans → can 3. drives →
drive 4. can → be able to 5. makes → make 6.
is → be

B

1. You can't(cannot) use my phone. 2. May I
go to the bathroom? 3. I won't(will not) invite my
friends. 4. Will he come to the party?

A

1. 추측 2. 허락 3. 허락 4. 추측 5. 허락

B

1. will rain 2. are going to 3. is going to 4. can
do

Concept 013

A

1. 강한 추측 2. 의무 3. 강한 추측 4. 의무 5. 의무

B

1. doesn't have to 2. must not 3. don't have to 4. must

C

1. Should I leave now? 2. Do I have to go to the dentist? 3. You didn't have to tell the truth. 4. We should not(shouldn't) talk loudly in the library. 5. Julia doens't have to finish the report by tomorrow.

Concept 014

1. gets 2. moved 3. will send 4. fix 5. was 6. rises 7. broke 8. went

Concept 015

A

1. being 2. making 3. cutting 4. saying 5. referring 6. swimming 7. running 8. playing 9. doing 10. meeting 11. sleeping 12. writing 13. taking 14. dying 15. riding 16. bringing 17. listening 18. living 19. getting 20. lying 21. winning 22. coming 23. going 24. having 25. crying 26. visiting 27. eating 28. walking 29. stopping 30. studying

B

1. am reading 2. was 3. watching 4. was 5. am not 6. were 7. was 8. are 9. works 10. was

C

1. I am not watering the plants. 2. Are you having breakfast? 3. Were you doing your homework last night? 4. We weren't playing with the ball.

REVIEW TEST 02 학교 시험에 꼭 나오는 문제

1. ④ 2. ② 3. ③ 4. ① 5. ① 6. ④ 7. ③ 8. ① 9. ⑤ 10. (1) You can't solve this math problem. (2) Can you solve this math problem? 11. ② 12. ② 13. ⑤ 14. ③ 15. (1) Minho isn't playing computer games. (2) What were you doing last night? (3) Is Cindy listening to music?

Concept 016

A

1. 비인칭주어 2. 대명사 3. 비인칭주어 4. 비인칭주어 5. 비인칭주어 6. 대명사

B

1. This 2. Those 3. that 4. This is

Concept 017

1. are 2. was 3. are 4. were 5. Is, is 6. is

Concept 018

A

1. How 2. What 3. How 4. What 5. How

B

1. funny you are 2. an interesting festival it is 3. big your school is 4. beautiful flowers they are

Concept 019

A

1. Open 2. Be 3. Don't 4. Don't be

B

1. and 2. and 3. or 4. and

Concept 020

A

1. Who 2. When 3. Where 4. What 5. How 6. Why

B

1. am always 2. usually wakes 3. will never find

Concept 021

1. can't he 2. did you 3. don't they 4. couldn't he 5. isn't it 6. shall we 7. will you 8. doesn't she 9. will you 10. didn't you

REVIEW TEST 03 학교 시험에 꼭 나오는 문제

1. ② 2. ⑤ 3. ② 4. ① 5. ②, ⑤ 6. ④ 7. ④ 8. ④ 9. (1) can't he (2) will you (3) didn't you (4) are you (5) shall we 10. ③ 11. ③ 12. (1) and (2) or 13. (1) What a cute dog it is! (2) How cheap this food is! 14. (1) Don't(Do not) feed the animal(s). (2) Don't(Do not) take pictures! 15. (1) Where are you from? (2) What is your favorite Korean food? (3) What is your hobby?

Concept 022

A

1. 목적어 2. 목적어 3. 보어 4. 목적어 5. 목적어 6. 보어 7. 주어

B

1. has → have 2. going → to go 3. Break → To break 4. drink → to drink

Concept 023

A

1. how to go 2. when to go, where to go 3. what to do 4. what to bring 5. how to bake

B

1. when I should push this button 2. what I should eat for dinner 3. where I can find a Chinese restaurant

C

1. not to eat 2. not to smoke

Concept 024

A

1. 명사적 용법 2. 명사적 용법 3. 형용사적 용법 4. 형용사적 용법 5. 형용사적 용법 6. 명사적 용법 7. 형용사적 용법

B

1. in 2. X 3. with 4. on 5. X 6. on

Concept 025

1. 정도, 학생들은 가르치기에 매우 어렵다. 2. 원인, 나는 그런 멋진 학생을 만나서 행복하다. 3. 결과, 그녀는 깨어보니 자신이 유명해져 있다는 것을 알게 되었다. 4. 목적, 그녀는 일출을 보기 위해서 일찍 일어났다. 5. 원인, 나는 그것을 들어서 유감이다. 6. 목적, 제가 살을 빼기 위해서 무엇을 해야 할까요? 7. 목적, 나는 인터넷을 사용하기 위해서 컴퓨터를 켰다. 8. 원인, 그들은 그 소식을 듣고 실망했다. 9. 근거, 어르신들을 돕는 것을 보니 당신은 친절한 것이 틀림없다. 10. 정도, 젓가락은 사용하기 쉽지 않다. 11. 결과, 그는 살아서 70세가 되었다. 12. 근거, 그렇게 행동하는 것을 보니 그는 어리석은 것이 틀림없다.

Concept 026

1. cooking, 그녀는 요리를 잘한다. 2. eating, 나는 중국 음식 먹는 것을 즐긴다. 3. to take / taking, 너의 일은 아이들을 돌보는 것이다. 4. to eat / eating, 가장 중요한 것은 잘 먹는 것이다. 5. watching, 나는 TV를 보는 것에 관심이 없다. 6. reading, 나는 그 책 읽는 것을 끝낼 수 없었다. 7. coming, 나의 생일 파티에 와줘서 고마워. 8. to draw / drawing, 나는 만화 그리는 것을 사랑한다. 9. is, 친구들과 캠핑하러 가는 것은 항상 재미있다. 10. To take / Taking, is, 사진을 찍는 것은 나의 취미이다.

Concept 027

A

1. eating 2. used to 3. make 4. seeing 5. taking

6. buying 7. used to

B

1. feel like studying 2. prevent you from

1. ④ 2. ④ 3. ⑤ 4. ① 5. ④ 6. ③ 7. ② 8. ③ 9. ③ 10. ④ 11. ① 12. ③ 13. ①, ⑤ 14. ② 15. ④ 16. ③, ⑤ 17. ① 18. ③ 19. in order to get / so as to get 20. how I should write 21. Michael came to Korea to learn taekwondo.

Concept 028

A

1. 1형식 2. 2형식 3. 1형식 4. 2형식 5. 2형식

B

1. beautiful 2. sounds 3. nice 4. delicious 5. look like 6. soft

Concept 029

A

1. 4형식 2. 3형식 3. 3형식 4. 4형식

B

1. to 2. for 3. of

C

1. She made a cake for her son. 2. She showed her pictures to me. 3. My brother cooked ramen for me. 4. She asked many questions of me. 5. Mom bought a new backpack for me.

Concept 030

A

1. sad 2. tidy 3. interesting 4. convenient 5. possible

B

1. useful 2. angry / upset 3. happy

Concept 031

A

1. ride 2. not to make 3. shake, shaking 4. to come 5. burning 6. calling 7. get 8. cross, crossing 9. set, to set 10. clean 11. to turn 12. to wash 13. open 14. fasten 15. to go

B

1. take → to take 2. start → to start 3. famously → famous 4. crosses → cross/crossing 5. to walk → walk

1. ⑤ 2. ④ 3. ④ 4. ⑤ 5. ①, ⑤ 6. ③ 7. ② 8. ③ 9. ④ 10. ⑤ 11. ① 12. ② 13. ③ 14. ⑤ 15. ③

Concept 032

1. smarter – smartest 2. more useful – most useful 3. more expensive – most expensive 4. cheaper – cheapest 5. more difficult – most difficult 6. more special – most special 7. more – most 8. stronger – strongest 9. sadder – saddest 10. easier – easiest 11. fatter – fattest 12. prettier – prettiest 13. wiser – wisest 14. better – best 15. nicer – nicest 16. longer – longest 17. older – oldest 18. shorter – shortest 19. worse – worst 20. more easily – most easily 21. healthier – healthiest 22. more dangerous – most dangerous 23. more exciting – most exciting 24. more popular – most popular 25. faster – fastest

Concept 033

1. as strong as 2. not as(so) tall as 3. as popular as 4. as large as 5. not as(so) heavy as 6. as clean as 7. as high as

Concept 034

A

1. hotter than 2. lighter than 3. less expensive than 4. better than

B

1. Jina was much(even/still/far/a lot) prettier than the other girls 2. Your dad's car much(even/still/far/a lot) bigger than my dad's 3. The park is much(even/still/far/a lot) more beautiful in summer.

Concept 035

A

1. The more exercise you do, the healthier you get. 2. The older we get, the wiser we become. 3. The harder you study, the better grades you get. 4. The more you give, the more you get in return. 5. The less you spend, the more you save. 6. The more paper you recycle, the more trees you can save.

B

1. soon as, can 2. possible

Concept 036

A

1. most 2. the most 3. prettiest 4. cheaper 5. actors

B

1. is the longest river in the world 2. is the funniest student in my class 3. was the most difficult question in this exam 4. is the coldest day 5. is one of the most important things in this game

C

1. No, more 2. busier, other, city 3. important, than, family

D

1. No student in his class is as diligent as Peter.

2. No student in his class is more diligent than Peter. 3. Peter is more diligent than any other student in his class. 4. Peter is more diligent than all the other students in his class.

REVIEW TEST 06 학교 시험에 꼭 나오는 문제

1. ① 2. ④ 3. ③ 4. ② 5. ③ 6. ② 7. ⑤ 8. ② 9. ④ 10. ④ 11. less old 12. teacher → teachers 13. less tall 14. the 15. (1) the fattest boy (2) the most difficult 16. (1) The more we have, the more we want (2) The more books you read, the wiser you will become

Concept 037

A

1. but 2. and 3. or 4. so

B

1. run → runs 2. finds → found

Concept 038

A

1. also 2. is 3. are 4. but 5. and 6. loves 7. but 8. likes 9. not 10. well 11. Either 12. finishes

B

1. Either, or 2. not only, but also 3. neither, nor 4. not, but 5. as well as

Concept 039

A

1. 접속사 2. 지시형용사 3. 지시대명사 4. 접속사

B

1. I think (that) it is not true. 2. I believe (that) you can do it. 3. She knows (that) I like her.

Concept 041

A

1. while 2. When

B

1. (1) ~이후로 (2) ~때문에 2. (1) ~인 반면에 (2) ~하는 동안 3. (1) ~ 할 때 (2) 언제

C

1. After, before 2. After, before

Concept 042

A

1. will come 2. want 3. is 4. miss

B

1. ~라면 2. ~라면 3. ~인지 4. ~라면

C

1. If I finish my homework, I will go to the movies.
2. If you don't go to bed now, you will get up late tomorrow.

Concept 043

A

1. so 2. because of 3. because of 4. because 5. so 6. because

B

1. although 2. though 3. though

Concept 044

1. However 2. Therefore 3. In addition 4. For example.

REVIEW TEST 07 학교 시험에 꼭 나오는 문제

1. ② 2. ④ 3. ② 4. ③ 5. ④ 6. ② 7. ③ 8. ⑤ 9. ② 10. ③ 11. ④ 12. ③ 13. ④ 14. ③ 15. ④ 16. ⑤ 17. ⑤ 18. ① 19. ④ 20. ③ 21. (1) Both Sejun and Minho are good at dancing. (2) Turtles can live both in water and on land.

Concept 045

A

1. a 2. an 3. a 4. X 5. an 6. an 7. X 8. an 9. an 10. A

B

1. X 2. X 3. the 4. The 5. the 6. The

Concept 046

A

1. myself 2. yourself 3. herself 4. her

B

1. 강조적 용법 2. 재귀적 용법 3. 강조적 용법 4. 재귀적 용법

C

1. himself 2. themselves

Concept 047

1. one 2. another 3. one 4. it

Concept 048

A

1. the other 2. The others 3. another, the other

B

1. the other 2. the others 3. others 4. the others 5. One, another, the other 6. the others

Concept 049

A

1. is 2. have 3. has 4. was 5. was 6. is

B

1. any 2. something 3. any 4. anything 5. some 6. any

Concept 050

A

1. much 2. Many 3. much 4. many 5. many
B
1. little 2. a few 3. a little 4. Few

Concept 051

A
1. I can't eat anything spicy. 2. We need someone stronger. 3. Is there anything interesting on TV? 4. Let's talk about something new.
B
1. ten-years-old boy → ten-year-old boy 2. Hundred → Hundreds 3. year → years

Concept 052

A
1. try it on 2. give it up 3. turn it down 4. took them back
B
1. too 2. either

REVIEW TEST 08 학교 시험에 꼭 나오는 문제

1. ① 2. ② 3. ⑤ 4. ② 5. ③ 6. ③ 7. ② 8. ② 9. ② 10. ⑤ 11. ③ 12. (1) little (2) Few 13. ② 14. ③ 15. (1) the other (2) One, another, the other (3) the others

Concept 054

1. He has just finished it. (완료) 2. He has lived in Paris since 2005 (계속) 3. They have gone to America. (결과) 4. I have never seen a dragon before. (경험) 5. Minho has been to the Great Wall twice. (경험) 6. The library has already opened. (완료) 7. Have you ever seen a horror film? (경험) 8. She has tried Thai food several times. (경험) 9. I have lost my bag. (결과) 10. I haven't started the project yet. (완료) 11. Tom has played tennis for two years. (계속) 12. My father has just come back from the business trip. (완료)

Concept 055

A
1. in 2. since 3. for
B
1. lost 2. has gone 3. hasn't eaten 4. has taught 5. finished 6. bought 7. did you meet 8. have worked
C
1. just 2. since 3. already 4. never 5. for
D
1. has lost 2. has gone

Concept 056

A
1. has been raining 2. reading 3. done
B
1. She has been taking piano lessons since January. 2. It has been snowing for five days. 3. We have been working together since last year.

Concept 057

A
1. hadn't had 2. had studied 3. had lost
B
1. had already left 2. had eaten 3. had already left
C
1. had given 2. had lost 3. hadn't brought

Concept 058

A
1. have → had 2. had not better → had better not 3. don't have better → had better not 4. turning → turn

B

1. used to 2. would / used to 3. eating 4. would / used to 5. used to 6. used to

C

1. used to study hard 2. used to eat ice cream a lot

Concept 059

1. shouldn't, 나는 배가 아프다. 나는 너무 많이 먹지 말았어야 했는데. 2. can't, 나의 아빠는 매우 조심성 있는 분이다. 그가 그런 심각한 실수를 했을 리가 없다. 3. cannot, 그는 매우 정직하다. 그가 거짓말을 했을 리가 없다. 4. should, 나는 과학시험에서 다시 떨어졌다. 나는 열심히 공부했어야 했는데. 5. must, 그는 말하기 대회에서 우승을 했다. 그는 많이 연습했음에 틀림없다. 6. shouldn't, 나는 잠들지 말았어야 했는데. 나는 내가 가장 좋아하는 드라마를 못 봤다.

REVIEW TEST 09 학교 시험에 꼭 나오는 문제

1. ③ 2. ④ 3. ③ 4. ⑤ 5. ④ 6. ④ 7. ④ 8. ④ 9. ③ 10. ⑤ 11. ② 12. ② 13. ② 14. ④ 15. were used to → used to 16. must → can't 17. ②, ④ 18. broke → had broken 19. has left his bag on the bus 20. (1) I have been studying English for five years. (2) Tom has been reading a book since this morning.

Concept 060

A

1. It is wrong to cheat on exams. 2. It is good for your health to have breakfast. 3. It is always exciting to go camping with my family. 4. It is very important to follow the safty rules.

B

1. 대명사 2. 비인칭주어 3. 가주어 4. 가주어

Concept 061

1. for me 2. of her 3. of you 4. for you 5. of them 6. for him 7. of you 8. for me

Concept 062

A

1. I was so tired that I couldn't go there. 2. You are so young that you can't drive a car. 3. The boxes were so heavy that you couldn't carry them. 4. The weather was so bad that we couldn't play soccer.

B

1. I am too busy to meet you. 2. The puzzle was too difficult for me to solve. 3. It is too cold for me to go out.

Concept 063

A

1. enough time 2. tall enough 3. strong enough

B

1. The knife is so sharp that it can cut coconuts. 2. My sister is so old that she can go to school. 3. I am so strong that I can move the table.

Concept 064

1. 나는 엄마가 아침에 쉴 수 있도록 아침을 준비했다. 2. 그들은 너무 배가 고파서 더 이상 걸을 수 없었다. 3. 선생님은 우리가 그녀를 이해할 수 있도록 천천히 말씀하셨다. 4. 나는 너무 긴장해서 계속 손톱을 물어뜯었다. 5. 시험이 너무 쉬워서 나는 높은 점수를 받을 수 있었다. 6. 수업시간에 집중할 수 있도록 충분한 수면을 취해라.

Concept 065

1. She seems to be angry at me. 2. He seems to like Korean food. 3. It seems that Mina and

Yuri are bored. 4. It seemed that the students enjoyed the festival. 5. It seemed that the boys were working together to solve the problem.

Concept 066

1. reading 2. to go 3. speaking 4. thinking 5. turning 6. crying 7. knitting 8. running 9. to have 10. winning 11. to travel

Concept 067

A

1. seeing 2. to play / playing 3. to lock 4. eating 5. to call 6. to finish 7. to play / playing 8. watching 9. to take 10. borrowing

B

1. putting the vegetables in the refrigerator 2. sending an email to her

REVIEW TEST 10 학교 시험에 꼭 나오는 문제

1. ② 2. ② 3. ② 4. ⑤ 5. ③, ④ 6. ④ 7. ③ 8. ①, ⑤ 9. ① 10. that 11. watering, to send 12. ① 13. ④ 14. ③ 15. ④ 16. ④ 17. ④ 18. (1) The math problems were so difficult that I(we) couldn't solve them. (2) The blue jeans are too small for me to wear. (3) I am so strong that I can move the table. (4) The movie was sad enough to make me cry. 19. (1) seems that Jenny enjoys swimming in the pool. (2) seemed that the man was looking at the woman.

Concept 068

1. singing 2. made 3. painted 4. broken 5. taken 6. called 7. written 8. living 9. called 10. used 11. wearing 12. covered 13. found 14. surprising 15. advertised

Concept 069

1. 동명사 2. 현재분사 3. 현재분사 4. 동명사 5. 동명사 6. 현재분사 7. 동명사 8. 현재분사

Concept 070

A

1. surprising 2. surprised 3. interested 4. exciting 5. touching 6. moved 7. amazing 8. embarrassed 9. depressed 10. confusing

B

1. cut 2. burning 3. dry-cleaned 4. go 5. washed 6. shout / shouting 7. wait / waiting 8. washed 9. delivered 10. touch / touching

Concept 071

1. following 2. full 3. turned on 4. closed 5. closed

Concept 072

A

1. Because[Since/As]I had 2. After we finished 3. If you turn 4. Though[Although/Even though] she read 5. When[As] I entered 6. while he was listening

B

1. Seeing Kate 2. Feeling tired 3. listening to music 4. Studying hard 5. Leaving now 6. Not knowing what to do

REVIEW TEST 11 학교 시험에 꼭 나오는 문제

1. ④ 2. ④ 3. ③ 4. ③ 5. ③ 6. ③, ⑤ 7. ② 8. ⑤ 9. ④ 10. ⑤ 11. ④ 12. ④ 13. ④ 14. ② 15. ③ 16. ② 17. ⑤ 18. had, repaired 19. boring, bored 20. (1) Because[Since/As] I don't know what to do, I'm asking for your help. (2) Although[Though/Even though] she was weak, she spent her whole life helping the poor. (3)

While Dad was reading the newspaper, he dropped his cup in surprise.

Concept 074

A

1. broke 2. were written 3. is spoken 4. were found

B

1. The house was painted by my father and me. 2. My bicycle was stolen yesterday (by someone). 3. My room is cleaned by Mom every day. 4. These cookies were made by her. 5. This book was written in English by him.

C

1. Many young people saw the movie. 2. King Sejong invented Hangeul. 3. A famous architect designed this house.

Concept 075

A

1. She was laughed at by my friends. 2. The school walls will be painted by us. 3. The paintings must not be touched by you. 4. These flowers should be taken good care of by you.

B

1. You should turn off the computer. 2. People can see many stars at night. 3. You must return the books by tomorrow. 4. I will find the treasure box.

Concept 076

1. By whom was this glass broken? 2. Was she invited to the party by them? 3. When was this house built by him? 4. He isn't loved by her. 5. What is this plant called by you? 6. I wasn't invited to the party by her. 7. Is your room cleaned by you every day? 8. By whom were these pictures taken? 9. Where was the missing child found by you? 10. The products from Japan aren't bought by Koreans.

Concept 077

1. with 2. with 3. at[by] 4. with 5. about 6. from 7. in 8. of 9. of 10. for

REVIEW TEST 12 학교 시험에 꼭 나오는 문제

1. ② 2. ③ 3. ④ 4. ④ 5. ⑤ 6. ③ 7. ④ 8. ⑤ 9. ⑤ 10. was brought 11. ① 12. ④ 13. ⑤ 14. ④ 15. ③ 16. fix → be fixed 17. (1) By whom was it[Hangeul] invented? (2) When was it[Hangeul] invented? 18. (1) This house wasn't built by him. (2) Was this letter written by Kevin? (3) It should be dealt with carefully by them. (4) When was this novel written by him?

Concept 079

A

1. who 2. which 3. which 4. which 5. who / whom

B

1. who/whom/that 2. who/that 3. who/whom/that 4. which/that 5. who/that 6. which/that 7. that

Concept 080

A

1. is 2. was 3. has 4. have 5. play, are

B

1. Look at the boy (who is) standing next to his mother. 2. This is the book (which) I bought yesterday. 3. The girl (who is) playing the piano is my sister. 4. This is the woman (whom) we saw last night. 5. This is the house (which) he lives in. 6. The movie (that) we watched yesterday was very interesting. 7. These are the

pictures (which were) painted by Jane. 8. English is the language (which is) used all over the world.

Concept 081

1. She painted a mother who[that] is looking at her daughter. 2. This is the book which[that] many people want to read. 3. I'd like to live in a house which[that] has a fine view. 4. The steak which[that] I ate at the restaurant was great. 5. The meeting which[that] I was interested in was canceled. 6. The boy who[that] is singing on the stage is my best friend. 7. The rumor which[that] I told you last night wasn't true. 8. The girl who[whom/that] I saw at the park this morning lives next door.

Concept 082

A

1. whose 2. which 3. whose 4. whose

B

1. whose 2. whose 3. who[that] 4. whose

C

1. He has a sister whose eyes are blue. 2. I met a boy whose name is the same as me. 3. I need a table whose color matches the wall. 4. I read a story about a woman whose life was saved by her dog.

Concept 083

A

1. who 2. which 3. who 4. which

B

I. that → who 2. that → which

Concept 084

A

1. which → that 2. who → that 3. which → that 4. that → which 5. which → that

B

1. 접속사 2. 관계대명사 3. 접속사 4. 관계대명사

Concept 085

A

1. What 2. what 3. what 4. what

B

1. what 2. that 3. that 4. What 5. that 6. that 7. what 8. what 9. what 10. what

---

Concept 086

A

1. how 2. why 3. when 4. which 5. where 6. which 7. which 8. which

B

1. I visited the office where my mom works. 2. I don't like how he talks to me. 3. Do you know the reason why she cries? 4. Please let me know the day when you will come to my house. 5. The town where I was born used to be calm and peaceful.

REVIEW TEST 13 학교 시험에 꼭 나오는 문제

1. ② 2. ③ 3. ④ 4. ④ 5. ⑤ 6. ④ 7. ④ 8. ⑤ 9. ⑤ 10. ① 11. ② 12. ① 13. ③ 14. ②15. ②16. ②, ④ 17. ④ 18. (1) I know a boy who[that] can speak English fluently. (2) This is the computer which[that] my uncle bought for me. (3) Can you remember the place where I parked my car? (4) I can't understand the reason why she was angry with me. (5) I will never forget the moment when you asked me out. (6) I still don't know how you climbed the tree.

---

1. were 2. had 3. have caught 4. could 5. had made 6. had woken 7. would 8. have dropped 9. have passed

Concept 089

A

1. don't have wings, can't fly 2. didn't come, couldn't meet 3. doesn't listen to others, doens't have 4. didn't hear, couldn't answer

B

1. If he were wise, he wouldn't do such a silly thing. 2. If you were here, I wouldn't feel lonely. 3. If you had called me, I wouldn't have been worried about you. 4. If she had handed in her homework, I wouldn't have given her a low mark.

Concept 090

1. I am not taller and thinner 2. you are not in my shoes 3. you are not a positive person 4. you didn't tell me about it earlier 5. I didn't learn to drive a car then

REVIEW TEST 14 학교 시험에 꼭 나오는 문제

1. ④ 2. ③ 3. ④ 4. ④ 5. ④ 6. ③ 7. ③ 8. ⑤ 9. ⑤ 10. ③ 11. ② 12. won, would travel 13. ④ 14. (1) doesn't do her best (2) heard about it (3) I were tall, I could dunk (4) you knew me, you wouldn't think of me that way

Concept 091

1. It is true that history repeats itself. 2. It is important that we should listen to the voice of our students. 3. It is interesting that many animals can use tools. 4. It is not surprising that you spent all of your money on books.

Concept 092

A

1. 당신이 부자인지 아닌지는 중요하지 않다. 2. 저는 당신이 제 의견에 동의하는지, 동의하지 않는지 궁금해요.

B

1. ~인지 아닌지 2. 만약 ~라면 3. ~인지 아닌지 4. ~인지 아닌지

Concept 093

1. ~대로 2. ~함에 따라 3. ~ 때문에 4. ~하다가(~하는 동안) 5. ~ 때문에 6. ~만큼 7. ~로서 8. ~할 때 9. ~ 때문에 10. ~처럼 11. ~때문에 12. ~함에 따라

Concept 094

1. Do you know where Tom bought it? 2. I wonder if[whether] you came to the party. 3. Can you tell me if[whether] there is a bank near here? 4. I want to know who broke the window. 5. I don't know why she was late for school. 6. Please tell me what she wants. 7. I don't know where he lives. 8. Do you know when the movie will start? 9. I want to know if[whether] you found your smartphone. 10. I wonder if[whether] your mom likes Mexican food.

Concept 095

1. What do you think he wants to have? 2. Can you tell me who won the speaking contest? 3. Who do you guess will win this game? 4. I am not sure if[whether] the baby is hungry or sick. 5. Can you tell me how far it is from here to the airport? 6. Who do you think is responsible for the accident? 7. When do you guess you lost your bag? 8. Where do you suppose he

studies? 9. I wonder how many books you read a month. 10. I want to know what color you like the most.

1. ① 2. ② 3. ③ 4. ① 5. ② 6. ② 7. ⑤ 8. ③ 9. ②, ③ 10. (1) Why do you think he likes you? (2) I want to know what time it is now? (3) I remember when we took this picture. (4) Nobody knows how old Mrs. Smith is. (5) Can you tell me why she took a bus instead of a taxi? (6) Do you know if[whether] he always goes to the library after school? 11. (1) what you want to be in the future (2) where I parked my car (3) what you are interested in

Concept 096

A

1. 강조의 do 2. 강조의 do 3. 조동사 do 4. 일반동사 5. 조동사 do 6. 강조의 do

B

1. ① It was I that[who] met Jinsu at the park yesterday. ② It was Jinsu that[who/whom] I met at the park yesterday. ③ It was at the park that[where] I met Jinsu yesterday. ④ It was yesterday that[when] I met Jinsu at the park. 2. ① It was Hojin that[who] broke the window. ② It was the window that[which] Hojin broke.

C

1. 가주어-진주어 2. 강조구문 3. 가주어-진주어 4. 강조구문 5. 강조구문

Concept 097

A

1. On your left is the bank. 2. Never does he keep his words. 3. Hardly could I believe it.

B

1. So am I. 2. Neither am I. 3. Neither did I. 4. So does Chris.

Concept 098

1. will come → comes 2. will → would 3. has → had 4. had → has 5. is → was 6. was → is 7. had broken → broke 8. boiled → boils

Concept 099

1. likes 2. was 3. was 4. are 5. looks 6. is 7. is 8. are 9. is 10. has 11. are 12. were 13. like, is 14. was 15. helps

Concept 100

1. He told me (that) he had bought that book the day before[the previous day]. 2. She told me (that) she would come back there the next day[the following day]. 3. He told me (that) I was his best friend. 4. She says (that) she wanst to be a K-pop star. 5. He said (that) he had never seen such a pretty girl. 6. She asked me what I was doing then. 7. He asked me why I was so happy that day. 8. Mom asked my brother if[whether] he had finished his homework. 9. Brian asked her if[whether] she needed his help? 10. Mom told me to do my best. 11. My teacher told us not to give up in any situation. 12. The police officer told me to show him my driver's licence.

1. ③ 2. ② 3. ④ 4. ② 5. ② 6. ③ 7. ⑤ 8. ② 9. ② 10. ③ 11. ⑤ 12. ② 13. ① 14. ⑤ 15. told, had gone out 16. was → is 17. (1) comes the bus (2) have I seen 18. ① It was Sojin that[who] met Peter at the movie theater in the morning. ② It was Peter that[who/whom] Sojin met at the

movie theater in the morning. ③ It was at the movie theater that[where] Sojin met Peter in the morning. ④ It was in the morning that[when] Sojin met Peter at the movie theater. 19. said, plays 20. (1) She said (that) she had eaten a tuna sandwich for lunch. (2) My sister told me (that) she would follow me the next day[the following day]. (3) She asked me where we were going for dinner that day. (4) The doctor asked me if[whether] I had eaten uncooked food the day before[the previous day]. (5) My teacher always tells us to come to school early. (6) The guide told all tourists not to take picture there.

이정우 쌤 EBS 중학 영어 수강 후기 모음

그간 많은 책으로 영어를 공부해 왔지만 정우 쌤처럼 쉽고 자세하게 가르쳐 주시는 선생님은 처음입니다. 영어는 어렵다는 편견을 없애주는 정우 쌤!

— 김*빈 님

샘이 명품 강의해 주신 덕분에 완전 머리에 쏙쏙 들어오고 어설프게 알았던 것들이 아하~ 이래서 이런 거였구나 하고 알게 됩니다. 좋은 강의 정말 감사드립니다. 끝까지 열심히 들을게요.

— 김*현 님

벼락치기 공부 후 시험 보고 나서 다 까먹는 악순환을 반복하다가 방학 동안 꾸준히 하자는 마음으로 하루에 한 강씩 보고 있습니다. 하나씩 알아가는 게 얼마나 재밌는지 요즘 영어 문법에 재미에 푹 빠져 삽니다.

— 나*경 님

초6 겨울방학에 부모님과 함께 이 강의를 듣고 어느덧 4년이 지났네요. 선생님 강의는 중학 과정을 넘어 고등 과정도 어느 정도 대비가 되고, 심지어 고3 수준까지도 포함되어 있네요.

— 김*교 님

이정우 쌤 강의는 어렵지 않게 필요한 모든 부분의 기초를 탄탄히 잡아줍니다. 예전 강의도 너무 좋았는데 지금 강의도 많은 도움이 되고, 모든 문법을 정리하는 데 짱입니다. 많이들 공부하세요. 정말 좋은 강의입니다.

— 박*란 님

유튜브 동영상강의

보자마자 암기할 게 많아서 놀랐는데 하나하나 설명을 해주시니 이해가 잘되고 부담을 덜게 되어 좋았습니다. 중학교 때 이 강의 들었더라면 하고 후회하게 되네요. 지금이라도 들으니 다행입니다.
— 이*진 님

40여 년 전 고등학교 때 문법 만져보고 처음입니다. 주로 회화를 하다 보니 문법이 많이 필요한 것을 느꼈어요. 선생님의 탁월한 교수법이 빠른 이해와 재미를 줍니다. 진짜 개념 끝장내 줍니다.
— 김*희 님

공무원시험 준비하는데 영어가 제일 걸려서 아무것도 못 하고 있었습니다. 선생님 문법 강의를 들을 수 있었던 건 정말 운이었던 것 같습니다. 손도 못 대던 문제들이 보이기 시작했거든요.
— 호*규 님

"이걸 어떻게 외워?" 생각하면 어찌 귀신같이 선생님만의 팁으로 외우기 쉽게 알려 주시는지 정말 놀랍습니다. 중학교 때 이렇게 공부했다면 영어를 포기하진 않았을 텐데요. 선생님 수업이 최고입니다.
— 박*연 님

전 평범한 주부입니다. 온 정성을 담아 가르쳐 주시는 선생님의 아름다운 열정이 너무도 멋지고 감동적이어서 더 열심히 공부를 하게 된 거 같아요. 공부하는 내내 많이 즐겁고 행복했습니다.
— 길*순 님

유튜브 동영상강의

한 권으로 끝내는 중학 영문법 마스터
ⓒ 이정우, 2019

초판 1쇄 발행 2019년 11월 11일
초판 10쇄 발행 2024년 8월 5일

지은이 이정우
펴낸이 이성림
펴낸곳 성림북스

책임편집 노은정
디자인 쏘울기획

출판등록 2014년 9월 3일 제25100-2014-000054호
주소 서울시 은평구 연서로3길 12-8, 502
대표전화 02-356-5762 팩스 02-356-5769
이메일 sunglimonebooks@naver.com

ISBN 979-11-887620-8-8   43740